本书受北京市财政专项"公共事业管理新专业建设（PXM2013 014210 000143）"支持

西方城市管理：历史、理论与政策

陈松川　著

中国建筑工业出版社

图书在版编目（CIP）数据

西方城市管理：历史、理论与政策 / 陈松川著. — 北京：中国建筑
工业出版社，2018.8（2022.8重印）
ISBN 978-7-112-22556-9

Ⅰ. ①西… Ⅱ. ①陈… Ⅲ. ①城市管理 — 西方国家 Ⅳ. ① F299.1

中国版本图书馆CIP数据核字（2018）第186672号

　　城市管理具有很强的综合性、复合性、交叉性，当前国内外对西方城市管理历史、理论、政策的研究，在不同程度上存在与城市发展、城市规划、公共管理等相关学科相混杂的现象，没有反映出清晰严谨的城市管理学体系和特征。本书力图通过甄别归拢国内外现有的城市史、城市问题、公共管理、城市规划等多学科专著和期刊的史实、理论、政策点滴，并进行重新串接，从历史演变、理论体系和政策模式三个方面对以欧美为主体的西方城市管理进行一个较为全面的概括，明确西方城市管理发展过程中形成的城市管理学体系轮廓。西方城市管理的基本内容包含对外的城市结构管理，对内的城市公共事务管理，其中对内的城市公共事务管理又分为城市行政管理和城市服务管理；从理论上，西方城市管理理论包括城市政府与上级政府的关系理论，城市管理的过程理论，城市管理的工具理论；在政策实践方面，西方城市管理政策包括价值导向、政策模式和政策工具。希望对后来的城市管理学习者、研究者和实践者有所借鉴。

责任编辑：牛　松　冯江晓　张国友　赵梦梅
责任校对：姜小莲

西方城市管理：历史、理论与政策

陈松川　著

＊

中国建筑工业出版社出版、发行（北京海淀三里河路9号）
各地新华书店、建筑书店经销
北京点击世代文化传媒有限公司制版
北京建筑工业印刷厂印刷

＊

开本：787×960毫米　1/16　印张：13½　字数：218千字
2018年8月第一版　2022年8月第三次印刷
定价：38.00元
ISBN 978-7-112-22556-9
　（32588）

序 言

古希腊著名思想家亚里士多德曾经说过："人们来到城市是为了生活，人们居住在城市是为了生活得更好"，改革开放以来中国城市化的进程恰好为这一名言做了有力的阐释。在这经济高速发展的40年里，中国大量的农村人口为了更好的生活来到城市，汇成了人类历史上规模最为宏大的城市化洪流，促使中国跨入了城市化时代。然而，因人口过度膨胀带来的环境污染、交通拥堵、房价高企等严峻的"城市病"同样困扰着中国，严重制约了中国全面建设小康社会的步伐。面对这一困境，中央城市工作会议指出，"抓城市工作，一定要抓住城市管理和服务这个重点，不断完善城市管理和服务"。管理和服务是解决问题的路径依赖，建立和完善现代城市管理和服务体系既是重大政策课题，也是重要的理论问题。

从城市管理在西方的诞生之日起，它就天然有一种与城市规划、区域经济相区别的特质，城市管理的重点在于公共品及服务的有效供给。对于公共品及服务的有效供给来说，起关键作用的有两个影响因素，即政府与市场的关系，政府之间（府际）的关系，这是影响城市管理水平或效果的核心解释变量，也是城市管理研究不可或缺的内容。陈松川博士毕业于清华大学公共管理学院，接受过严谨的学术理论训练，具有国际比较研究的视野。对于公共管理学科专业的研究者而言，政府与市场、政府与社会和政府与政府之间关系是其研究问题的基本理论视角，故陈松川博士来研究城市管理这个问题是名正言顺。

本书从公共管理学的视角出发，结合城市管理的个性特征，通过大量阅读国内外现有的城市史、城市问题、公共管理、城市规划等多学科专著和期刊的史实、理论、政策等相关内容，在进行了细致梳理和深入思考的基础上，较为全面地建构起了历史、理论、政策三位一体的西方城市管理认识体系。这一体系以城市管理的主要兴起地——西欧和美国为主要素材，将西方城市管理基本内涵的边界限定为：对外的城市结构管理，对内的城市公共事务管理，并将对内的城市公共事务管理划分为城市行政管理和城市服务管理,将这一界定作为分析西方城市管理史的主线。同时,这一体系借鉴了公共管理的央地关系和政治过程等范式,将西方城市管理理论归纳为纵向结构理论、横向过程理论和工具理论;另外,这一体系还结合韦伯的价值理性和工具理性概念,从价值导向、政策模式和政策工具三个方面阐述了西方城市管理政策实践。虽然这一体系说不上尽善尽美,但它为希望了解西方城市管理的人们提供了一张急需的"全景式"的"攻略"图。

正如巴西著名城市管理专家杰米·莱纳所说:"如果说 20 世纪是城市化的世纪,那么 21 世纪是城市的世纪。在城市里,人们为生活的质量而展开决定性的战斗,战斗的结果则是对地球的环境与人类关系产生深刻的影响。"21 世纪,中国城市管理将要完成新型城镇化、国家治理体系和治理能力现代化等艰巨任务,还要面对各种严峻的已知和未知的挑战,这些都需要城市管理学界和业界的同仁们通过不断加深对西方城市管理的理解和借鉴,推动中国城市管理的理论创新和实践创新,热切期望陈松川博士的这本书能够在这个过程中发挥其应有的基础性建设作用。

殷存毅

2018 年 6 月 20 日

目　录

V

第二篇   西方城市管理理论

第三篇　西方城市管理政策

第1章 绪论

1.1 背景

1.1.1 当前中国城市发展的阶段要求对西方城市管理进行系统化了解

改革开放以来，中国经历了世界历史上规模最大、速度最快的城镇化进程，截至 2017 年底，我国常住人口城镇化率已接近 58.52%❶，相比改革开放之初不足 20% 的城镇化率，有了巨大进步。这标志着中国已经由农村时代步入了城市时代，是城市经济、社会发展的一个质的变革，中国城市的发展已经转入一个新的阶段。这个新阶段要求更加重视城市质量提升，城市发展的主要内容由城市的"大建设"为主转入城市的"大管理"。但是，中国城市发展同时也面临着"城市病"的困扰，对于城市问题认为需要从专业技术的层面入手处理的观点仍然占据主流，"许多城市政府关注的不是城市发展的战略研究，而是积极干预具体项目的决策开发，大抓标志性工程。"❷ "传统城市规划决策模式更多地强调技术因素，强调如何把事情'做好'，缺乏针对现实社会政治环境中的特征研究，而不能够细致地阐述社会问题。"❸ 殊不知，"平淡无奇的城市管理表明：推动城市化进程的技术和制度力量与城市生活人性化管理所需的各种变革之间存在巨大差异。"❹ "在表面看来喧器无序未经规划的城市中事实上存在某种自发的秩序，而相反，在许多战后精心规划表面光鲜亮丽的城市环境背后却是社会秩序的严重缺失。"❺ 这迫切需要对西方城市管理的历史、理论、政策有一个全面系统的认

---

❶ 李岩 . 国家统计局：截至 2017 年末全国人口城镇化率超 58%. http：//news. ynet. com/2018/01/18/875709t70. html.

❷ 童明 . 政府视角的城市规划 . 北京：中国建筑工业出版社，2005：IV.

❸ 童明 . 政府视角的城市规划 . 北京：中国建筑工业出版社，2005：IV.

❹ [美] 保罗·M. 霍恩伯格，林恩·霍伦·利斯 . 都市欧洲的形成 1000-1994. 北京：商务印书馆，2009：295.

❺ [英] 诺南·帕迪森 . 城市研究手册 . 上海：格致出版社，2009：65.

识，从深层次的价值取向的角度认识城市管理的问题。在 2015 年 12 月召开的第四次中央城市工作会议提出了"加强城市公共管理"的要求❶，反映了这一时代的需求。

1.1.2　国家治理体系与治理能力现代化中城市管理现代化提出的任务需求

随着改革开放建设的不断深入和继续向前发展，中国的国家现代化建设也面临着重大转折。党的十八届三中全会提出，把"推进国家治理体系和治理能力现代化"作为全面深化改革的总目标，作为其中的重要构成，以城市治理体系和治理能力现代化为核心的城市管理现代化问题也随之提上日程。但是在当前国内外的城市管理理论研究和政策实践中，都存在这样一个现状："城市研究的细化、碎片化，需要全局化分析的矛盾，城市总是被细分为不同的方面独立并各自用相关的社会科学方法独立进行研究，缺乏从城市视角这样一个首要或首选框架，在各学科中，城市研究都能构成一个独立而完整的分支学科,并在所隶属的学科领域中占主导地位。"❷ "具有讽刺意味的是，在越来越多的城市研究趋向于细化，甚至在一定程度上显得有些琐碎的时候，人们却越来越需要一个对于城市的全局化的分析。"❸ 这既给国内城市管理业界提出了巨大的挑战——如何用现有的零碎的城市管理工具箱解决面临的城市巨系统问题，也给国内城市管理学界提出了难得的机遇——尽快利用当前中国城市现代化的机会探索能够反映城市系统全貌的城市管理学科体系。清华大学薛澜教授提出中国国家治理现代化之路是一个"顶层设计与泥泞前行"相结合的过程❹，中国城市管理现代化之路何尝不是如此，这是时代赋予当代城市管理学者的使命和任务。完成这一使命和任务需要立足于全面认识和把握西方城市管理历史、理论和政策的基础之上。

---

❶ 中共中央国务院关于深入推进城市执法体制改革改进城市管理工作的指导意见．北京：人民出版社，2016：1.

❷ [英]诺南·帕迪森．城市研究手册．上海：格致出版社，2009：5.

❸ [英]诺南·帕迪森．城市研究手册．上海：格致出版社，2009：1.

❹ 薛澜．顶层设计与泥泞前行：中国国家治理现代化之路．公共管理学报，2014（4）：1.

1.1.3 探寻反映中国城市发展特色之路的现代城市管理路径的需要

"尽管城市化存在很多共性，但可以肯定不会只有一种，而是有多种路径，各自的成因及相应后果不同。现在许多实用型城市学家也开始认识到需要构建新的理论框架。"❶ 但是，"城市之间差异很大，一方面是政治体制、治理方式、特定文化和民族历史的差异，另一方面是对城市问题的举措和反应的差异。"❷ 因此，无论是否意识到，城市的发展及管理同样要受到价值观等民族性格的影响和规定，而反映出差异甚至截然不同的路径，"从宏观文明的角度看，只存在西方与中国两类城市；而在不同的历史阶段，西方城市的变化比中国城市的变化较大。"❸ 亚当·斯密把中国的城市化之路称为"自然的"和"自我中心"❹ 的自足型发展道路，并与"非自然和倒退的"❺ 欧洲城市化道路形成鲜明对比；马克斯·韦伯把中国都市作为东方都市的代表，通过西欧都市、东方都市作为两种类型进行对比❻。有学者将之归结为世界发展史上的两条城市化道路：一条是国家权力消解城市权力之路，一条是城市权力与国家权力明确分野之路。中国古代的城市化之路以前者为代表，在西欧中古时期及近现代大部分时间以后者为主。❼ 当前的中国城市化治理则正如著名历史学家阿诺德·汤因比曾深刻预言的："如果共产党中国能够在社会和经济的战略选择方面开辟出一条新路，那么它也会证明自己有能力给全世界提供中国和世界都需要的礼物。这个礼物应该是现代西方的活力和传统中国的稳定二者恰当的结合体。"这是一个把传统的"正题"与现代西方的"反题"结合起来，创造出一个能够使人类免于自我毁灭的"综合体"。❽

❶ [美]布莱恩·贝利.比较城市化.北京：商务印书馆，2014：5.
❷ [英]加里·布里奇，[英]索菲·沃森.城市概论.桂林：漓江出版社，2015：533.
❸ 薛凤旋.中国城市及其文明的演变.北京：世界图书出版公司，2015：319.
❹ Adam Smith, An Inquiry into the Nature and Cause of the Wealth of Nations (London, Methuen, 1961), Vol. II, pp. 279-282.
❺ Adam Smith, An Inquiry into the Nature and Cause of the Wealth of Nations (London, Methuen, 1961), Vol. II, pp. 405-406.
❻ [德]韦伯.韦伯作品集 VI：非正当性的支配——城市的类型学.桂林：广西师范大学出版社，2005.
❼ 刘君德，范今朝.中国市制的历史演变与当代改革.南京：东南大学出版社，2015：26-27.
❽ [英]阿诺德·汤因比.历史研究[M].上海：上海人民出版社，2000：394.

1.2　理论意义与现实意义

1.2.1　历史上，从西方城市政治史和发展史中辨识出脉络清晰的西方城市管理史

　　由于城市管理范式形成得较晚，造成西方城市管理的历史资料是散乱的，一方面分散隐藏在西方政治史和城市发展史之中，另一方面夹杂在城市管理的工具学科：城市地理学、城市规划学、城市经济学、城市社会学的发展史之中，就像一颗颗珍珠，需要通过耐心的梳理和系统的归纳。这就造成现有的国内外城市管理的历史、理论内容体系性不太强，总给人有种似是而非的感觉，生吞活剥的痕迹比较明显，与城市管理自身特点结合得不够紧密，城市管理的主线不够清晰、材料再组织化的程度不深。"目前，国内出版了不少与城市管理有关的教材、专著和文章。纵观这些文章，在阐述城市管理思想源流时，倾向于将城市规划理论当做城市管理理论的重要来源。但城市规划和城市管理还是有相当大的差别的。"❶ 这需要城市管理学界辨清西方城市管理史、西方城市管理理论与相关领域的区别，不能简单的把城市管理史等同城市史或城市政治史，也不能简单的把城市管理史等同于城市发展史，需要从城市管理学所拥有的行政管理、公共服务等要素出发精拣出脉络清晰、体系完整的真正的西方城市管理史。本书一个重要的初衷就是试图在理清城市管理发展主线的基础上，梳理出具有城市管理自己逻辑和体系的西方城市管理史，使城市管理的学科轮廓更加明确。

1.2.2　理论上，构建基于公共管理但又符合城市特性的城市管理理论框架

　　城市管理研究，即针对城市的规划、重建以及城市政策的衍生进行研究❷，这是国内外对城市管理理论的一般认识。这一状况造成了很多的城市管理学著作"可供最一般地了解通称为'市'的地方社会、经济、文化等等方面的运行情况之用，但对切实地承担城市管理职责和任务的单位和个人来说，这些著作并没有回答人们应当如何管理好城市的种种疑难问题。"❸ 虽然这与城

---

❶　赵锦辉. 西方城市管理理论：起源、发展及其应用. 渤海大学学报，2008（5）：112.

❷　[英]诺南·帕迪森. 城市研究手册. 上海：格致出版社，2009：10.

❸　杜启铭. 城市管理的理论基点溯源和组织措施. 城市，1992（2）：33.

市管理更多的体现、停留在为城市公共管理和公共政策的具体实践层面有很大关系，但也与城市管理理论框架不够严谨、明晰的问题分不开，已经成为制约城市管理发展作为一个独立学科的困境。因此，"尽管城市化存在很多共性，但可以肯定不会只有一种，而是有多种路径，各自的成因及相应后果不同。现在许多实用型城市学家也开始认识到需要构建新的理论框架。"❶城市管理属于公共管理的学科范畴已经为其自身发展演变的历史所证明，但"城市就是地方层次的"❷，同时"城市管理不是在国家行政体系之外的'无上级'的管理"❸，这样的特征也使其不能简单套用公共管理的理论体系，需要构建基于公共管理但又符合城市特性的城市管理理论框架，这是从理论上进行正本清源的重要性。西方城市管理学者认为，"城市管理的两大主题，一个是城市行政管理，另一个是自治问题"❹，初步框定了西方城市管理的范围，即城市管理理论包括城市的外部管理理论和内部管理理论，外部管理理论是指城市与国家之间的关系，内部管理理论是指城市自身内部的关系。目前的西方城市管理理论体系主要有三个部分组成：中央政府—城市政府关系；城市政府形式；城市治理（政府与非政府主体的关系）模式。

1.2.3 政策上，从简单的技术导向实践出发探索西方城市管理政策模式

城市研究的一贯主题，也是城市研究的传统，便是对如何更好地管理城市进行研究❺。"本质上来说，一个地区的政治活动就是为增强正外部性、抵制副外部性而进行的斗争。"❻也就是说城市管理政策更多的体现在零碎具体的实践层面上，却没法有一个严整的政策理论规范。许多市长们关注的不是城市发展的战略分析，而是乐衷于干预房地产项目的决策开发，大抓标志性项目，实施城市街景的亮化、美化、优化等工程，许多政府部门缺乏实质性的政策

---

❶ ［美］布莱恩·贝利. 比较城市化. 北京：商务印书馆，2014：5.

❷ ［英］乔纳斯·S. 戴维斯，［美］戴维·L. 英布罗肖. 城市政治学理论前沿（第二版）. 上海：格致出版社，2013：20.

❸ 夏书章. 市政学引论. 广州：中山大学出版社，2017：39.

❹ ［英］彼得·卡拉克. 欧洲城镇史：400-2000 年. 北京：商务印书馆，2015：86.

❺ ［英］诺南·帕迪森. 城市研究手册. 上海：格致出版社，2009：13.

❻ ［英］约翰·伦尼·肖特. 城市秩序：城市、文化与权力导论. 上海：上海人民出版社，2015：293.

研究支持。**❶** 因此，"任何撰写一部综述全球城市政策书籍的企图，毫无疑问都会归于失败。"**❷** 这就需要认真梳理、辨识西方城市管理政策的规范体系，特别是从实用主义的实践取向背后挖掘出它的理论根源和思维共性，"简而言之，一个国家的城市政策主要包括三个基本目标：人力资源、城市环境与城市情况（包括生产实体）及城市管理系统。"**❸** 同时，"政府的政策其实就是社会力量平衡和总体经济形势的函数。"**❹** 最重要的是，"制定城市政策的目的主要在于确定城市体系的整体目标。这是国民和市民领导的责任。这些政策必须是未来导向型的。它不能局限于过去产生的问题，以及仅仅限于现在产生的问题，它必须预测未来可能产生的问题"，**❺** 在细致的梳理中形成全面理解西方城市管理政策范式框架。

1.3 城市管理的概念

1.3.1 西方城市管理的诞生

"城市实际上就是人民，因为人民喜欢住在城市里，所以才有了城市的存在。"**❻** "从广义上来说，除非和社会努力的目标结合起来，否则城市硬件设施的规划和经济规划都没有任何意义。社会努力的目标就是，或者说应当是：让城市成为一个可以把孩子养育、教育成为健康正常人的地方；在那里，人们可以找到足以养家糊口的工作，并且有适当的保障；在那里，生活便利、社会交往、休闲娱乐、文化提升等都能够实现。"**❼** 从另一个角度上说，城市管理发展的过程是城市政府对城市破坏能力的回应，城市化进程破坏了人口与资源之间的平衡，是城市政府在城市化过程中对所遇到的不利影响逐渐发挥它的关键作用的过程。

可以说，城市是与国家相伴而生的，因为最初的国家都是城市国家（或

---

❶ 童明 . 城市政策研究思想模式的转型 . 城市规划汇刊，2002（1）：6.

❷ [英] 加里·布里奇，[英] 索菲·沃森 . 城市概论 . 桂林：漓江出版社，2015：533.

❸ 张翼，顾朝林 . 国家城市政策 . 城市规划 . 2002（9）：91.

❹ [英] 约翰·伦尼·肖特 . 城市秩序：城市、文化与权力导论 . 上海：上海人民出版社，2015：307.

❺ [美] 布莱恩·贝利 . 比较城市化 . 北京：商务印书馆，2014：196.

❻ [美] 亨利·丘吉尔 . 城市即人民 . 武汉：华中科技大学出版社，2016：38.

❼ [美] 亨利·丘吉尔 . 城市即人民 . 武汉：华中科技大学出版社，2016：79.

者叫城邦国家），从这个意义上讲，城市管理学与国家管理有着直接的联系，因此公共管理学思想是城市管理学的首要的主要来源。一个直接体现就是城市研究的相关学科几乎都将其理论的思想渊源追溯到古希腊柏拉图的《理想国》和亚里士多德的《政治学》。芒福德认为：城市具有一个更为普遍的特性："它能以专门化的、职业性的、集体的形式解决人类的各种需求"❶，判断城市管理是否出现的一个重要标志，是一个城市布局大部分是未经规划的还是规划过的，其实就是是否有政府干预的痕迹。城市管理最初是与国家行政管理融合在一起的，城市管理与国家管理的区别在于其更加微观，更加具体，最初的和狭义的城市管理主要是市政方面的管理，如古罗马城的城市建设的方格网络建设（规划管理）、地下水道和地表水供应设施（高架水渠和淡水蓄水池）、公共厕所等，后续发展为解决城市化或集聚经济形成的负外部性。

"政府根据宪法赋予的司法权，为建筑活动奠定坚实的法律基础，目的就是为了保护公共健康、安全和社会福祉。"❷这一对西方城市管理内涵比较规范的概括在中世纪出现的自治城市就已经适用了。"西方的 City 等，首先是一种城市地区的管理制度和组织体系"❸，这一方面就是在中世纪自治城市的基础上形成的。同时，这一时期还形成了西方城市管理的两大主题，"一个是城市行政管理，另一个是自治问题"。❹这两大主题一是对外城市管理，一是对内城市管理，形成了完整的城市管理体系。在世界范围内，城市的变迁既有国家的历史投射，也有城市自身的历史反映。中世纪西方市的历史其实是一部从城市国家向国家城市嬗变的过程。在这一过程中，城市权力实现了两次变化，一次是城市权力被国家权力替代的过程，另一次是国家权力重新赋予城市的过程。❺从而实现了由游离于国家行政体系之外的城市自治理论向内嵌于国家行政体系之中的城市管理理论的转变。与美国后来越来越重视理论思想的引导不同，传统与法律始终是欧洲城市管理发展的两大主要依据，其中的法律因素就主要奠基于中世纪欧洲城市管理史上占据核心地位的特许状。

城市管理研究，即针对城市的规划、重建以及城市政策的衍生进行研

❶ [美]刘易斯·芒福德.城市发展史——起源、演变和前景.北京:中国建筑工业出版社,2005:113.

❷ [美]亨利·丘吉尔.城市即人民.武汉:华中科技大学出版社,2016:54.

❸ 刘君德,范今朝.中国市制的历史演变与当代改革.南京:东南大学出版社,2015:26-27.

❹ [英]彼得·卡拉克.欧洲城镇史:400-2000年.北京:商务印书馆,2015:86.

❺ 姚尚建.城市政治——正义的供给与权力的捍卫.北京:北京大学出版社,2015:163.

究 ❶。这是对中世纪后期文艺复兴运动以来的西方城市管理的概括。特别是从19世纪后期开始，就开始了如何更好地管理城市的探究，主要是早期城市规划家极力避免19世纪高速发展的工业化城市中产生的各种经济、交通及社会问题的努力。现代西方城市管理最早是由泰勒于20世纪初提出的，强调政府采用企业管理的最新方法来进行管理 ❷，并在美国城市得到最先应用。西方城市管理转变为城市政府决策沿城市政府组织的等级结构进行执行的过程，让专业的管理者应用技术思维进行管理，从而使城市方方面面的兴衰起伏深深嵌刻在城市政府职能范围的变化演变之内。20世纪50年代以来，不论是工业化较发达的国家还是发展中国家，研究城市管理问题的专家学者越来越多。城市学者们纷纷将20世纪以来的城市规划、设计以及经济学理论与新兴的行为理论和管理科学相结合，深入研究现代城市发展中的各类具体问题，在城市管理学领域发表的研究成果及论著的数量与日俱增，质量不断提高。正是由于美国城市管理学发展最为迅速，其学者、论著也多于各国，并由此而涌现出各不相同的学术观点和理论学派。❸

总的来说，从产生的时间和不同的管理类型的延续性上看，世界的城市可以分为三类：西欧的城市、东亚的城市和北美的城市。应该说，西欧和东亚都不是产生最早的城市，但它们都成功地延续到了现代，并与后出现的北美城市一起，形成了具有明显自身特征的城市类型和管理思想。与东西方文化紧密联系，西欧更多体现的是变革，东亚尤其是中国更多体现的是稳定，西欧城市以神权与贸易产生的权力与市场二元为主，北美的城市以殖民和市场为主，东亚则始终是以稳定的政治和安全为主。西欧的城市管理以自治城市为主、北美的城市是地方分权与城市自治的综合、东亚尤其是中国的城市则以地方放权的城市管理为主。

1.3.2 城市管理的概念

在城市化进程中产生了各种城市问题，为应对城市问题产生了城市管理。

❶ [英]诺南·帕迪森. 城市研究手册. 上海：格致出版社，2009：10.
❷ Pierre J. Models of Urban Governance：The Institutional Dimension of Urban Politics [J]. Urban Affairs Review，1999，34（03）：372-379
❸ 叶南客，李芸. 现代城市管理理论的诞生与演进. 东南大学学报（哲学社会科学版），2000（2）：48.

城市问题大致可以分为三类：一是城市人口膨胀所引发的人居环境问题；二是传统经济发展方式所带来的生态环境严重恶化、自然资源和能源过度消耗问题；三是信息不对称及科学预测手段缺乏从而导致城市管理规划的不合理不科学问题。❶城市管理可以被定义为："将公共部门和私人部门协调与整合起来，解决城市居民所面临的主要问题，建设一个更富有竞争性、平等、可持续发展城市的努力过程。"❷城市管理强调城市政府决策沿用城市政府组织的等级结构执行的过程，而城市治理是说明城市政府的决策包含着非传统政府因素在内的决策多元化的发展。这种决策进程的转变，一方面显示传统政府职能的稀释和政府组织的精干，另一方面说明在复杂多变的环境中，越来越多的城市利益相关者对城市发展的一种主动参与。城市的兴衰不再是政府的事，而是与城市价值相关主体的事情。❸

城市管理本质上是权力对城市公共事务的外部干预，随着城市的发展，特别是城市公共事务的日益繁杂而日益专业化。所以，从本质上城市管理是公共管理，只不过是对一个特定空间区域的公共管理，它伴随公共管理的前身行政管理而产生，一度湮没于行政管理之中，随着工业革命引发的城市化而再度发展。因此，城市管理的特点表现为，"城市就是地方层次的"❹；"城市政府履行两项基本功能：提供服务和管理政治冲突"❺；其中要特别注意的是"城市管理是整个城市和应该管的全部事务"❻，"城市管理不是在国家行政体系之外的'无上级'的管理。"❼ 总的来说，要从三个方面来理解城市管理：中央政府—城市政府关系；城市政府形式；城市治理（政府与非政府主体的关系）模式。

---

❶ 唐建荣等.智慧南京——城市发展新模式.南京：南京师范大学出版社，2011：7.

❷ [荷兰]曼纳·彼得·范戴克.新兴经济中的城市管理.北京：中国人民大学出版社，2006：7.

❸ 踪家峰.城市公共管理研究的新领域——城市治理研究及其发展.天津大学学报（社会科学版），2003（4）：359.

❹ [英]乔纳斯·S.戴维斯，[美]戴维·L.英布罗肖.城市政治学理论前沿（第二版）.上海：格致出版社，2013：20.

❺ [美]戴维·R.摩根，罗伯特·E.英格兰，约翰·P.佩利塞罗.城市管理学：美国视角（第六版）.北京：中国人民大学出版社，2011：60.

❻ 夏书章.市政学引论.广州：中山大学出版社，2017：38.

❼ 夏书章.市政学引论.广州：中山大学出版社，2017：39.

1.4　本书的结构框架

　　本书主要从三个部分阐述西方城市管理的构成：从思想渊源演变层次回顾西方城市管理历史；从理论规范层次总结西方城市管理理论；从实践模式层次介绍西方城市管理政策。具体来说，在强调西方城市管理史与西方政治史和西方城市发展史的区别与联系的基础上，西方城市管理史部分论述了西方城市管理历史的分期，并从古希腊、古罗马时期西方城市管理的萌芽，中世纪商业时代西方城市管理的奠基，工业时期西方城市管理的成型和后工业时期西方城市管理的变革四个时期，对欧洲和美国的城市管理做了较为全面的梳理；在辨析西方城市管理理论与西方城市规划理论和西方公共管理理论的基础上，系统归纳了西方城市管理的结构理论、过程理论和工具理论；在突出西方城市管理政策地方性、公共性和实践取向的特性基础上，阐述了西方城市管理政策的模式和工具。

第一篇

西方城市管理发展史

第2章 西方城市管理的历史演变

2.1 西方城市管理史的特性

西方城市管理发展史不能简单地泛化等同于西方城市史，也不能不加辨别地等同于西方城市发展史，虽然西方城市管理史寓于这两者之中，但需要从西方城市管理的政府活动特征出发，在区分城市政治、城市发展与城市管理的基础上，认真精炼出真正的城市管理史。

2.1.1 西方城市管理史不能简单地等同于西方城市史

虽然城市管理主要是政府对城市公共事务进行干预的活动，城市管理是城市公共管理包括城市行政管理，但不止于城市行政管理，因此西方城市发展史既不能简单的泛化为西方城市史，更不能等同于西方政治思想史。当前即使西方也没有一个单纯的城市管理史，西方城市管理史的相关内容散见于城市史、地方政府政治、城市化、城市规划等相关的书籍中，真正比较集中出现城市管理章节的一本书就是英国学者彼得·卡拉克的《欧洲城镇史：400-2000年》，但更多的是反映了西方城市管理的行政方面。因此，当前出版的一些教材书籍中，在西方城市管理史部分很多简单地把西方政治思想史甚至城市史照搬过来，无法准确的反应西方城市管理的发展脉络和内容，有待各方有志者排除困难继续努力，发展出真正的西方城市管理史。

2.1.2 西方城市管理史不能简单地等同于西方城市发展史

当前西方城市管理史存在的另一个趋向是以西方城市发展史代替西方城市管理史。的确，由于西方城市发展史更多的偏重城市建设和城市规划，反映了城市管理的空间特性，折射出了城市管理的某些影子，在西方的很多城市学者眼中也把城市规划等同为城市政策，但它与城市管理有着本质的区别。首先，城市管理的重点在于公共物品及服务的有效供给，其针对的对象既包括物，也包括人。城市规划是关于城市未来发展的一种构想，其重点在探讨城市空间该如何布局，其针对的对象是物。其次，城市管理的一个基本职能就是计划，因此它在一定程度上包含了城市规划的职能。两者的主体也存在一定的差别。城市管理中起关键作用的一定是城市政府，城市政府在整个城市居民的同意下才有权力代表市民管理城市，这种权力从本质上说是不可转移的；城市规划则不同，只要政府同意，它完全可以将规划委托给第三方，政府只要负责对第三方做好的规划进行验收即可。❶ 因此，西方城市管理史要更多的从城市管理的公共管理特性出发，体现对城市政府的活动的关注。

2.1.3 要构建清晰反映城市管理要素演变线索的西方城市管理史

在世界范围内，城市的变迁既有国家的历史投射，也有城市自身的历史反映。城市的历史其实是一部从城市国家向国家城市嬗变的过程。在这一过程中，城市权力实现了两次变化，一次是城市权力被国家权力替代的过程，另一次是国家权力重新赋予城市的过程。❷ 也就是说，西方城市管理有两大主题，一个是城市行政管理，另一个是自治问题。❸ 即城市管理的内涵至少要包括城市内部管理（城市自身的管理）和城市外部管理（即在国家体系或结构中的城市管理）两大部分。这种划分应该是反映了城市管理的基本特点，那就是：一方面"城市管理是整个城市和应该管的全部事务"❹，另一方面"城市管理不是在国家行政体系之外的'无上级'的管理"❺，这两个方面规定了城市管理的内部边界和外部边界，反映了西方城市在整个国家政治权力结构体系中的地位由不清晰到清晰的过程。另外，现代西方城市管理史由早期注重城市规划向城市公共管理的转变也体现了其"优先考虑的问题……逐渐从物质取向转向以人为本。"❻ 从以上西方城市管理的转变特征出发，本书的西方城市发展史部分将按照宏观的城市与中央政府的关系、中观的城市自身的行政管

---

❶ 赵锦辉.西方城市管理理论：起源、发展及其应用.渤海大学学报，2008（5）：112.

❷ 姚尚建.城市政治——正义的供给与权力的捍卫.北京：北京大学出版社，2015：163.

❸ [英]彼得·卡拉克.欧洲城镇史：400-2000年.北京：商务印书馆，2015：86.

❹ 夏书章.市政学引论.广州：中山大学出版社，2017：38.

❺ 夏书章.市政学引论.广州：中山大学出版社，2017：39.

❻ Thomas W. Fletcher, "What Is the Futrue for Our Cities and the City Manager?" Public Administration Review 31（January-February 1971）: 6.

理发展、微观的城市管理与服务实践三个层次来梳理西方城市管理的进程。

2.2 西方城市管理史的阶段划分

韦伯就指出，"真正的城市是西方特有的一个制度"，"西方之外没有城市"，❶并认为西方城市管理经历了由城市消费政治向城市生产政治的转变。芒福德认为：城市具有一个更为普遍的特性："它能以专门化的、职业性的、集体的形式解决人类的各种需求"❷，"早在发轫之初，城市区域就已扮演三种不同的重要功能：构建神圣的空间；提供基本的安全保障；拥有一个商业市场。"❸从城市政治主体发展的历史逻辑来看，从城市国家到国家的城市，从市场的城市到社会的城市；从经济主体来看，城市类型又分为：农业城市、商业城市、工业城市、全球化城市、信息城市。利希滕伯格则将欧洲的历史性城市划分为四种类型：中世纪封建领土国家的市民城市、专制国家专为享乐而建的贵族城市、自由放任时期的工业城市、社会福利国家和社会主义制度下的新城。❹

从城市化的过程来看城市管理学的演变和理论发展，从商业城市演变为工业城市，进而演变为现在的大都市区。再详细点可以分为：商业城市（大约1840年之前），早期工业城市（1840～1875年），工业城市（1875～1925年），出现了工业布局和社会隔离的双重过程。从美国城市管理的发展看主要经历了三个阶段（见图2-1）：美国城市管理的发展是与资本主义企业的发展紧密相关的，20世纪初，"在随后的大约75年里，经济的进展伴以组织化资本主义（Organized Capitalism）为特征。"它与福特主义（Fordism）紧密相关，具体地说基于装配线技术和"科学的"管理（泰勒主义，Taylorism）的大生产，基于高工资和尖端的广告技术的大消费的理念。这就造就了城市的组织化，从而使城市政府的职能扩大，开始部分承担规范自主经营资本主义企业难以承担的功能，特别是在1929—1934年的大萧条之后，进一步扩大到就业、国

❶ [德]马克斯·韦伯.文明的历史脚步.上海：上海三联书店，1988：170.

❷ [美]刘易斯·芒福德.城市发展史——起源、演变和前景.北京：中国建筑工业出版社，2005：113.

❸ [美]乔尔·科特金.全球城市史.北京：社会科学文献出版社，2014：3.

❹ [美]布莱恩·贝利.比较城市化.北京：商务印书馆，2014：132.

民经济以及不同的社会福利分配等职能。第二次世界大战后，从工业向服务业转型，产业开始去工业化，这导致了新福特主义的出现（Neo-Fordism），专业化取代了标准化，形成了多样性和弹性生产体系；接下来的阶段是非组织化的资本主义（Disorganized Capitalism），这些都提倡建设新型城市，大家都寄希望于城市政府能够在全球化过程中对所遇到的不利影响逐渐发挥它的关键作用。"通过交流和贸易之间的良好管治和有效合作关系，有可能降低城市贫困和不公平性。"❶ 朱迪和坎特认为美国城市管理模式存在四个周期，在1870年前是企业型城市（Entrepreneurial City），接着是机器政治城市，20世纪30至70年代新政联盟城市，当代是刺激经济发展和政治包容性主导。

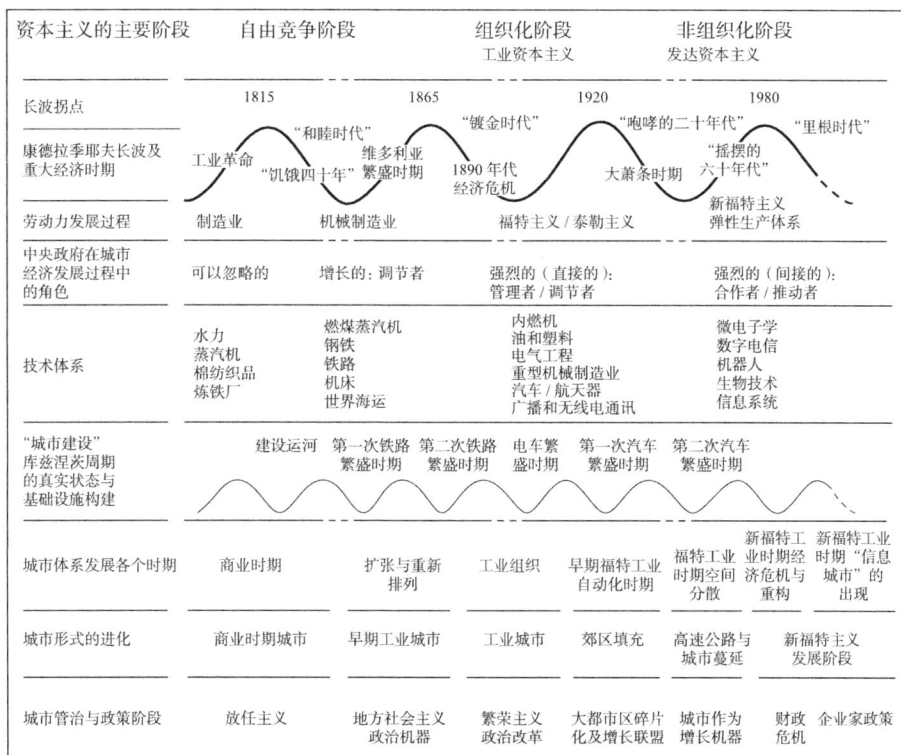

图 2-1 美国城市管理的时期划分及特征

资料来源：[美] 保罗·诺克斯，琳达·麦克卡西. 城市化. 北京：科学出版社，2009：12.

---

❶ [美] 保罗·诺克斯，琳达·麦克卡西. 城市化. 北京：科学出版社，2009：13.

综合起来，本书将西方城市管理发展史分为四个阶段：第一个阶段，西方城市管理的萌芽时期（主要是古希腊、古罗马帝国时期），这个时期是城邦国家向国家城市转变的时期，同时也是城市管理学与政治学或者说公共管理学合流的阶段。第二个阶段是西方城市管理的商业城市时期，这个时期城市管理的一些特征开始显现，"城市在政治组织方面的作用在古典时代比在中世纪为大，城市的经济影响在中世纪则远远超过古典时代。" ❶ 第三个阶段西方城市管理的工业城市阶段，工业化伴随的是管理专业化思想的出现，这一时期城市本身逐渐被看作是可以作为一个整体且可以理性管理的复杂"机器" ❷，这应该是城市管理史上的一个重要发展里程碑。第四个阶段是西方城市管理的后工业化阶段，治理成为这一时期的主要特征，尤其是"公私伙伴关系"。除了早期的萌芽阶段外，美欧城市管理的发展阶段基本类似，但是相对来说，欧洲城市管理的发展比较缓慢，渐进性比较明显，每个阶段时间都比较长，特色不是十分明显，发展的不够彻底；而美国城市管理发展比较快速，每个阶段时间比较集中，特色比较鲜明，发展的比较彻底。

2.3 西方城市管理史的发展演变

2.3.1 萌芽时期的西方城市管理

西方城市管理萌芽于西欧，特别是地中海地区的古希腊、古罗马。古雅典先后出现的卫城与议事厅代表了这一时期给西方城市管理留下的遗产。芒福德认为古代社会发展主要来源于社会性和宗教性两种推动力，城市也不例外，"正是在这两种推动力的协同作用之下，人类才最终形成了城市。" ❸ 因为"所谓城市，系指一种新型的具有象征意义的世界，它不仅代表了当地的人民，还代表了城市的守护神祇，以及整个儿井然有序的空间。" ❹ 尤其是在罗马帝国后期，教会的力量在城市的形成中起着重要的作用，很多后来的城市管理理念和形式都发源于这一时期的宗教活动。

---

❶ [比利时]亨利·皮雷纳.中世纪的城市.北京：商务印书馆，2006：66.

❷ [美]保罗·诺克斯，琳达·麦克卡西.城市化.北京：科学出版社，2009：142.

❸ [美]刘易斯·芒福德.城市发展史——起源、演变和前景.北京：中国建筑工业出版社，2005：7.

❹ [美]刘易斯·芒福德.城市发展史——起源、演变和前景.北京：中国建筑工业出版社，2005：39.

古希腊城邦国家的城市是相互独立的，不存在与中央政府的关系，城市制度在古典时代等于政府组织制度❶。公元前4世纪晚期，雅典开始建造议事厅，作为议事会执行委员会的集会场所，实际上成为市政管理的公共会堂或总部，而公共会堂在某种程度上可以看作一个城市的象征。有西方学者称议事会执行委员会会厅为"市政厅"，将其视为"政治权力从宗教权力分离在希腊城市的一个转折点"❷。古希腊城邦开创了新形式的政府，其影响反映在随后的民主参与式城市管理模式中。最重要的是公民身份在罗马城市之中得到确认。古罗马城市与古希腊城市不同，不是独立的城邦国家，这为西欧城市系统奠定了基础。

古希腊、古罗马城市都建起了城墙，"由于有了城墙，城市生活便有了一个共同基础"❸，使之保持一定的秩序，"城墙的作用无非在于以下两个方面：一是作为军事设施，另一个就是对城里的居民进行有效的统辖。"❹从这个意义上说，城墙是最早的城市管理工具代表了城市、城市管理最初及最基本的功能和内容：安全与秩序。最初的城市管理是一种自然而然的管理，例如城市的公共卫生管理，在很长时间是沿用人、动物、植物三者共生的自然关系解决的。同时，亚历山大时期出现了大型公共工程有计划的系统化建设。古罗马修建了前所未有的公共工程：道路、引水渠、排水系统，使城市有能力承受不断增加的人口。在城市管理中，大量的医院、检疫等公共部门出现，使城市具有相对独立的系统。❺

2.3.2　商业城市时期的西方城市管理

中世纪欧洲的城市所发生的最明显的变化，是中世纪之初繁荣的意大利城市都是围绕着一个教堂发展的，而到中世纪结束时欧洲城市都是围绕一个中心城堡形成起来的。比利时城市史学家亨利·皮雷纳这样深刻地总结了这一变化："中世纪的城市从十二世纪起是一个公社，受到筑有防御工事的城墙的保护，靠工商业维持生存，享有特别的法律、行政和司法，这使它成为一个

---

❶ ［比利时］亨利·皮雷纳. 中世纪的城市. 北京：商务印书馆，2006：37.
❷ Lewis Mumford, The City in History, Penguin Books, 1979, p. 182.
❸ ［美］刘易斯·芒福德. 城市发展史——起源、演变和前景. 北京：中国建筑工业出版社，2005：53.
❹ ［美］刘易斯·芒福德. 城市发展史——起源、演变和前景. 北京：中国建筑工业出版社，2005：72.
❺ 姚尚建. 城市政治——正义的供给与权力的捍卫. 北京：北京大学出版社，2015：49.

享有特权的集体法人。"❶

在中世纪开始的欧洲城市，神权制度完全代替了古代的城市制度❷。在罗马时期，教会按照罗马帝国行政区划分教区，在很大程度上保护了古典城市。在罗马帝国衰退到最低谷之际，天主教会孕育了欧洲城市复兴的希望。教区的结构被看成是城市辖区和公民权力的基础❸。同时，"由于不能够完全依靠教会，也没有强大的帝国确保安全，欧洲孤立的城市社区不得不依靠自己的力量谋求生存。"❹

中世纪伴随着重商主义的兴起，城市逐渐实现了自由和多样性。10世纪时在西部欧洲重新形成一个专业商人的阶级，这是城市发展的一个重要标志。以城堡为中心形成的商人聚居地的居民，最迟从11世纪初期起得到市民这个名称，这个名称从来没有用于旧有的封建城堡的居民。❺他们要求的首先是人身自由，以保证他们来往和居住在他们愿意的地方，并使自己和孩子摆脱对领主的人身依附；第二是一个特别法庭，第三是建立城市治安，第四是废除与商业、工业和获得土地最不相容的捐税，最后是要求相当广泛的政治自治和地方自治。❻严格意义上的市民可能要求得到的全部东西是：独具特色的组织制度，主教权利同市民的权利明确分开，以及通过强有力的合作组织专心致志于保卫市民的地位。❼几乎在任何城市特许状中都不会没有这样一项条款：市民阶级只能受他们自己的地方长官审判。

中世纪的欧洲城市管理，城市自治权力和城市自治机关的法律基础有两种。一种是城市居民根据共同订立的互助誓约组成自治团体，被称作"宣誓的自治市"或"公社"。另一种是城市的领土与城市全体居民之间订立的一种契约，这种契约叫"特许状"。"志愿合作、契约规定的义务和相互之间的责任部分地代替了盲目服从和单方面的强制高压"❽。在12世纪时终于达到把基

---

❶ [比利时]亨利·皮雷纳.中世纪的城市.北京：商务印书馆，2006：525.
❷ [比利时]亨利·皮雷纳.中世纪的城市.北京：商务印书馆，2006：43.
❸ [美]乔尔·科特金.全球城市史.北京：社会科学文献出版社，2014：107.
❹ [美]乔尔·科特金.全球城市史.北京：社会科学文献出版社，2014：108.
❺ [比利时]亨利·皮雷纳.中世纪的城市.北京：商务印书馆，2006：97.
❻ [比利时]亨利·皮雷纳.中世纪的城市.北京：商务印书馆，2006：108.
❼ [比利时]亨利·皮雷纳.中世纪的城市.北京：商务印书馆，2006：115.
❽ [美]刘易斯·芒福德.城市发展史——起源、演变和前景.北京：中国建筑工业出版社，2005：335.

本的城市制度授予城市的目的，这将成为城市组织的基础。❶

　　商人是城市居民中最活跃、最富裕、最有影响的分子，他们最难忍受损害他们的利益和自信心的处境。❷商业的繁荣与城市的组织是否良好存在着非常直接的关系，所以商人不得不主动负责供应城市最不可少的必需品，城堡主也没有任何理由阻止他们用自己的财力供应明显急需的公共物品。从12世纪起，商人将其利润的很大一部分用来为同乡造福——建造医院，赎买通行税。只有在城市之中他们才受到保护，因而他们对于城市有一种近乎热爱的感激之情。❸总体而言，中产阶级已经在城市管理中建立了不可撼动的优势地位，而这一地位又因其在经济和社会生活中所享有的权力得到强化。城市的独立主体性城市公社的财政制度既不承认例外也不承认特权。全体市民平等地享受公社的好处，也平等的有义务分担公社的费用。每人的分担份额与其财产成正比。❹

　　自治权力必须与富有创造力的公民领导相结合才能够充分发挥积极作用❺。12世纪时长吏的出现是政治进步的第一个征候，执政官制度逐渐被以统治委员会为中心的制度所代替。执政官从社会各阶级（资本家、武士、公民）中选聘，不同于封建制度所独有的终身官职，这一职位是年度性的，一种新型的政府出现了。从13世纪起，城市管理人员中越来越普遍的使用本国方言，"总而言之，黑死病灾难之前，欧洲城镇管理已经奠定了基础；包括基本概念和初步实践，诸如城镇自治、城市社区、公民权、精英治理。"❻这些内容一直沿用到19世纪。

　　中世纪的城市管理机构主要由四部分组成：市长作为城市的最高负责人；由市民选举产生的大总管掌管财政；市政会作为城市最高权力机关；城市法庭处理城内各种法律事务以及各种纠纷。中世纪城市对城市事务的管理是"自主"的，并主要依靠市政机构实施，依据城市共同体自我约定的章程，或是领主赐予的各种特许状。

❶ [比利时]亨利·皮雷纳.中世纪的城市.北京：商务印书馆，2006：109.

❷ [比利时]亨利·皮雷纳.中世纪的城市.北京：商务印书馆，2006：109.

❸ [比利时]亨利·皮雷纳.中世纪的城市.北京：商务印书馆，2006：132.

❹ [比利时]亨利·皮雷纳.中世纪的城市.北京：商务印书馆，2006：130.

❺ [英]彼得·卡拉克.欧洲城镇史：400-2000年.北京：商务印书馆，2015：363.

❻ [英]彼得·卡拉克.欧洲城镇史：400-2000年.北京：商务印书馆，2015：94.

中世纪教区奠定了后来城市管理的行政管理方式，商业奠定了城市管理公共服务的提供来源。中世纪城市引入了城市发展和城市管理所必须的自由流动。中世纪的城市先后从封建主或主教手中获得了独立宪章，意味着城市必须获得批准才能获得行政管理权力。但是城市在整个国家政治权力体系中的地位并不清晰。中世纪以后，城市权力开始逐步向国家转移。虽然从 15-16 世纪，自治城市逐渐为民族国家所取代，但自治的传统却被这些城市一直延续下来。

2.3.3 工业城市时期西方组织化城市管理

18 世纪中期西方城市的最主要特点就是工业化和城市互相促进，也就是说工业经济所需要的恰好是城市可以提供的：工厂、仓库、商店和办公室、交通网络、大型劳动力市场和消费者市场等物质基础设施。工人居住的棚户区，过度拥挤，公共卫生和供水系统很贫乏或根本不存在，由水造成的疾病，特别是霍乱和伤寒等经常发生。是什么引起了人们的危机意识，导致执政精英们对市政服务工作转变了态度呢？犯罪、卫生条件恶劣和街道堵塞这些慢性问题不仅降低了城市居民的生活质量，而且对当地经济发展构成威胁。面对这一现实，公民精英和商业领导愿意支持公共服务的建设，他们不愿意眼睁睁地看着城市走下坡路。工业时代发展起来的给水、排水、供气、供电、电报、电话、街车和地铁系统是城市演变的基础。因为在工业革命发生之后，人类对于机器的迷信掩盖了城市背后的公共生活❶，现代化和工业化的内在逻辑联系被应用到城市化中。这一时期城市本身逐渐被看作是可以作为一个整体且可以理性管理的复杂"机器"❷，这应该是城市管理史上的一个重要发展里程碑。工程师、公共健康专家和改革家凭借这样的观点积极支持改进基础设施系统，为混乱、嘈杂的大都市带来秩序、理性和公共健康。霍斯曼在 1853 ～ 1870 年期间负责的巴黎城市改造，是综合性及技术性思维方法在城市管理和规划中的运用。直到 19 世纪五六十年代之后，奥斯曼在巴黎的成就才激发公众真正参与到城市的改进工作中来。

从西欧来看，13 世纪以后，一些大的城市逐渐取得了自治的权力，开始成为一个独立于国王或封建领主之外的法人实体。13 世纪中期，布里斯托尔

---

❶ 姚尚建. 城市政治——正义的供给与权力的捍卫. 北京：北京大学出版社，2015：33.
❷ [美] 保罗·诺克斯，琳达·麦克卡西. 城市化. 北京：科学出版社，2009：142.

（Bristol）成为第一个获得自治权力的城市，以此为起点，到15世纪60年代左右，英格兰有 8 个自治城市，开始建立起新型的城市政府管理体制。在自治市体制下，城市法庭和城市商人行会是城市政府管理体制最重要的组成部分。

从 16 世纪开始，英国城市亟待解决的政治、经济、社会等领域的矛盾和问题纷至沓来，为了及时对这些现实问题作出有效的回应，英国城市政府管理体制开始显现出权力集中的现象，城市寡头制（City Oligarch）在英国的城市中普遍建立起来了。16 世纪至 18 世纪在英国城市中出现的城市寡头制，在本质上违反了城市自治中对民主体制的追求，它引发的腐败现象、政府的内部争斗此起彼伏，在城市寡头制下，城市官员权力不断增长。同时，其行政效率也大幅度提高，社会秩序并没有出现真正的崩溃。因此城市寡头制作为一种过渡型的城市政府管理体制，在英国城市政府管理体制向现代转型的过程中，也发挥出了一定的积极作用。

1835 年，英国中央政府通过了《城市自治机关法》，试图在民主的基础上改造自治城市政府。《城市自治机关法》规定，在 178 个城市里，取消陈旧过时的城市自治团体，用选举产生的城市政府取代旧的城市政府。城市政府由市议会、市长和市参事会组成。市议会是城市的权力机关，其成员由该城所有缴纳地方税、并有三年居住资格的成年男子投票选举产生；由市议会选举市长、市参事会。城市议会行使决策权、市长为代表的行政机关行使执行权、市参事会行使监督权。由此，以三元主体构成的民主的城市政府管理体制代替了旧式的城市寡头制。

美国城市是中世纪和工业革命欧洲城市发展进程的叠加。美国城市管理体制大体上实行市政自治制度，也就是说，城市从法律地位上是一种自治体，根据居民自愿申请，经州特许成立，是自下而上结成的法人团体，享有较多的自治权。它在职能上是一级国家机关，从法律性质上又执行"私的营业职能"。进步运动对美国城市管理体制发挥了至关重要的作用。作为对工业化和城市化引起的问题的反应，进步运动引发的"市政改革改变了城市政府的面貌，城市委员会制、城市经理制及强市长制的出现，使城市的管理跟上了现代城市的发展"，❶彰显出现代城市管理的理性原则与科学管理原则。

---

❶ 李剑鸣.大转折的年代——美国进步主义运动研究.天津：天津教育出版社，1992：290.

工业初期城市的有效管理亟待加强的两大基础条件：专业的公务员队伍和足够的财政资金。工业城市产生的第一个变化是城市政府机构规模扩张和专业化程度提升，导致城市政府在城市公共服务中所占份额不断稳步增长，提高了城市管理的成效。"城市政策的制定和执行被专业化的新一代全职市政官员所接管，而他们的专业素养通过技术培训、专业机构和资质认证体系的发展以及国际会议、出国学习等方式的国际交流得到加强。这种人员的专业化可以在一定程度上避免由于传统的政治委托关系而导致的腐败现象。"❶

工业城市晚期，中产阶级在城市中的作用越来越大，中产阶级采取减少腐败和消除城市机器政治的改革，移民成为机器政治的基础，这一阶段公众利益更多的从整体经济利益方面来定义，新的城市政府组织形式由指定的"城市管理者"代替原来经选举产生的行政职员，但与机器政治的垄断政治运作逻辑一脉相承。

在北美地区，直线网格状道路成为组织街道和公用事业的统一模式，这创造了前所未有的开场城市体系。在工业城市中，道路被认为是大城市机器的运行系统的重要组成部分，道路的大小和设计逐渐标准化，然后铺装、调配和管理。道路也为保障城市卫生和安全的地下设施的铺设创造了前提条件，包括水渠、泵房、井筒和给排水管道。❷1888年春天，电力马车在弗吉尼亚州的里士满商业化运营，使中产阶级可以比较容易的到郊区生活。第二年，通过改用电力作能源，电车速度得到大幅提升，电车郊区的出现，打破了只有一个中心的简单城市结构。土地利用区划出现并成为美国城市中协调土地分区和隔离的核心制度，19世纪80年代，土地利用区划根源于旧金山的对华人开设洗衣店的歧视性政策。1916年通过的纽约区划条例，基于以下原则：对于土地利用的约束是符合宪法的，因为这样可以使得城市政府能够执行保护市民健康、安全、道德和基本福利的职责。❸这是最初土地所有权作为神圣自由权利的重要调整，后来首先采用区划法规的城市开始把它作为排斥因为某种原因不受欢迎的社会群体的主要手段❹。从开始到后来，不管是潜在还是

---

❶ [英]彼得·卡拉克.欧洲城镇史：400-2000年.北京：商务印书馆，2015：341-342.

❷ [美]保罗·诺克斯，琳达·麦克卡西.城市化.北京：科学出版社，2009：142-143.

❸ [美]保罗·诺克斯，琳达·麦克卡西.城市化.北京：科学出版社，2009：144.

❹ [美]保罗·诺克斯，琳达·麦克卡西.城市化.北京：科学出版社，2009：144.

直接，作为排斥某类社会群体政策工具，土地规划的作用一直存在。

19世纪由于政府执行救济的责任过于分散，以至于许多社区几乎被贫困的失业工人和乡村难民所拖垮。然而到了19世纪末，城市政府开始了一段为大部分居民分配和提供日益完善的服务的黄金时期，而正是市政府与中央政府之间愈发紧密的合作关系、改善的城市财政状态以及扩大化的资产阶级，共同支撑起了这一时期的发展。到了19世纪和20世纪之交，由于工人阶级教育和生活水平的提高，欧洲国家社会和政府对市政重视程度越来越高，城市管理开始将社会福利的考量置于关键地位。城市政府的规模仍然继续着19世纪70年代以来的稳步扩张，这除了地方政府自身追求改变之外，也是由于中央政府担忧城市问题会威胁到社会和政治稳定而给予的支持。市政委员会在社区中越来越重要的各种新型城市服务分配和办理这两个方面逐渐地占据了决定性地位。"城市再一次像16世纪那样成为了公共政策发展和尝试的实验室。"❶ 高效的城市管理，欧洲城市轮廓紧凑、管理高效、注重环保、合作与竞争共存、传承与革新并行的特征，值得全世界借鉴❷。

到19、20世纪之交，总的来说，美国的城市比起欧洲国家的城市所提供的服务种类更多、质量更高。19世纪晚期是美国城市建设的黄金时期，对基础设施的大面积投资将城市政府推到了技术的风口浪尖，"郊区化的超常发展也受美国居民哲学、社会以及宗教价值观的影响。美国人习惯于居住在有传统田园风光的地方，亲近自然，享受独立安宁，远离问题成堆的中心城市。从殖民地时期起，就形成崇尚自治和个人主义的观念，政府越小越好，离选民越近越好，几乎成为人们的共识。"❸ "欧洲郊区与美国郊区有细微的区别，欧洲郊区居民可以利用火车或公共汽车到中心城市，私家车数量低于美国，发展是有规划控制的。当然，欧洲人也为此付出了高昂的经济代价。支付数百万用于公共交通和昂贵的汽油税以限制人们使用汽车，并靠近城市居住。"❹ 大都市区的发展减速和非大都市地区的兴起被称之为逆城市化

❶ [英]彼得·卡拉克.欧洲城镇史：400-2000年.北京：商务印书馆，2015；336.
❷ [英]彼得·卡拉克.欧洲城镇史：400-2000年.北京：商务印书馆，2015；367.
❸ 王旭，罗思东.美国新城市化时期的地方政府——区域统筹与地方自治的博弈.厦门：厦门大学出版社，2010；53.
❹ 王旭，罗思东.美国新城市化时期的地方政府——区域统筹与地方自治的博弈.厦门：厦门大学出版社，2010；43.

（Counterurbanization）❶。传统的大制造业中心的支配性地位成为 20 世纪初至 50 年代美国和西欧的城市体系的特征，城市增长和管理问题的政治冲突与种族、阶级冲突的激化。城市管理对象的向后顺序大致如此：健康与安全问题迫在眉睫，应首位考虑，尤其是火灾、水源和垃圾处理，当然在 20 世纪上半叶才实现的标准不可能一蹴而就。广泛意义上的治安问题包括贸易条规、公共安全与刑事犯罪是第二个亟待解决的对象。❷

2.3.4　后工业时期西方城市管理

　　工业时代城市管理是以政府控制成为城市管理手段的新特色结束的。如果说美国的进步运动是使城市管理的权力重新回归城市政府，那么罗斯福"新政"则是以联邦政府干预城市事务开始的。联邦政府一方面把市政工程作为城市管理的重要工具，通过以工代赈的措施缓和严峻的城市失业率；另一方面大力推进公共住房建设并对贫民窟进行清理，缓解因城市居民住房紧张带来的社会问题。同时，城市政府拥有的权力也得到空前的扩张，从市政建设领域进入城市规划领域。20 世纪五六十年代，城市管理中出现的一个重大转变就是城市规划权与城市政府相分离的局面被改变。以前美国的城市规划由独立的规划委员会负责，但是规划委员会在分区规划下"各自为政"，政府的应有协调和综合规划功能没有被重视。从 20 世纪五六十年代起，城市规划逐渐转变为一项政府职能，"多数城镇的社区规划都已经由隶属于市政府的机构负责"，强化了政府统筹之下城市规划的协调性。20 世纪 60 年代城市管理所面临的新问题，意味着之前城市管理面临的问题已经发生转变，如建设城市基础设施、发展行政科学以提升城市管理效率等已告一段落，此时"优先考虑的问题……逐渐从物质取向转向以人为本。"❸

　　二十世纪后期，生产方式由福特制向弹性生产与消费并重的后福特制转变，相应的新自由主义思潮取代了凯恩斯主义成为西方政府管理思想的主流。新自由主义对于城市治理的促进意义在于将企业的经营意识和市场竞争机制

---

❶ ［美］保罗·诺克斯，琳达·麦克卡西. 城市化. 北京：科学出版社，2009：124.

❷ ［美］保罗·M. 霍恩伯格，林恩·霍伦·利斯. 都市欧洲的形成 1000-1994. 北京：商务印书馆，2009：298.

❸ Thomas W. Fletcher，"What Is the Future for Our Cites and the City Manager？" Public Administration Review 31（January-February 1971）：5.

引入了城市管理。推动减少政府财政赤字、降低社会公共投资，提高公共服务效率，减少政府对经济活动的全面干预等，间接地促进了公共服务需求的多样化和政府管理方式的多样化。企业家型城市管理在此背景下产生，这一管理模式强调城市在难以预测的全球经济中采取积极主动的策略正符合全球化与新自由主义的话语体系。

新自由主义思想对城市管理的影响始于20世纪80年代。英国前首相撒切尔夫人上台之后，针对政府强化对城市公共服务干预而造成的效率低下和管理松弛的问题，在城市管理办法上采取由政府确定标准和目标，然后采取政府采购的形式向全社会进行公开招标，吸引私营企业及合作伙伴来投标竞包。这一模式的最大特点就是将原来由城市地方政府管理的职能，包括各种公共服务的生产、公共项目的建设和管理等，通过拟定契约、发包、招标和租赁等各种方式进行私有化。这种通过中间部门将先前由政府各专业部门承担的公共事务授权给私营公司和个人的做法，达到了减少国家财政赤字，大幅度削减地方政府预算，减小城市地方政府对经济活动控制的目的。但是，相对于中央政府和私营企业在城市公共管理中影响力的增强，城市地方政府的权力无疑被弱化了。从新自由主义盛行的英美等国来看，中央政府和私人企业之间的关系的加强，以及城市地方政府的权力的削弱，无疑不利于城市的整体发展。

与此相差不久，美国现代公私合作关系的变革起始于1980年，直接推动了美国公共服务供给领域的改革进程。经过30多年的改革，当前美国城市公共服务的生产和供给已经建立了完善的、制度化的运作程序，主要由三个基本环节组成：计划（Planning）、融资（Financing）和监控（Monitoring）。其中，第一个环节——"计划"，就是关于公共服务的质量、水平和影响，以及决定谁将获得某种公共产品或服务的决策过程；第二个环节——"融资"，则不只是获取资金来支付服务成本的决策和安排，还包括相应的保持成本与收益平衡的成本配置；第三个环节——"监控"，是对公共服务的供给过程进行全方位监督，并通过实时反馈进行调整或更改。在整个运作程序中，第三个环节——"监控"是最为重要的环节，任何供给过程都不会缺少这个必要的环节。在公共服务的供给方面，美国城市政府主要采用两种类型的服务机制。一是政府代替私营供应商来直接生产或分配公共产品和服务，政府直接对服务实践的计划、融资和监控负责，但服务供给的责任可能会与其他主体分担或直接转移给另一方。二是城市政府转变角色，将服务供给的部分责任以及服务生产的责任委派给其他政府组织或私营供应商。新自由主义理论契合了美国城市的自治传统，在 20 世纪 60 年代成为一时显学，对城市管理理论和实践产生了较大影响。

新自由主义在西方城市管理中的最重要体现就是产生了企业化城市治理模式。该模式的特点为：①城市政府组织的企业化，这主要表现在将竞争机制引入城市政府与政府服务工作中；大量采用企业化的管理方法，如质量管理、成本管理、顾客管理和战略管理等；政府职能的市场化，即将政府的大量职能转移给城市非政府组织；政府的成本与效率倾向明显，因此，城市政府机构设置简单、大量职能被跨城市的管理部门承担；②城市政府将城市看做是企业来经营和管理，城市政府的作用和重要活动就是经营城市和管理城市，创造良好的城市服务，以吸引投资发展城市经济为城市的整体目标和着眼点，以此联系社会不同的阶层；城市政府的目标从城市福利转向城市经济的持续增长；③一般存在一个具有魅力的市长/经理或市长/经理群体，城市形象设计和城市营销成为城市发展的重要战略方法和思路。

到了 20 世纪末，国家权力的介入、财政削减以及私有化政策导致市政权力有所收缩，并且建构起了更加多元化的城市管理体系，志愿组织、商业利益以及本地居民都会在这一体系中发挥作用❶。与政府转型到治理的同时，公共服务的组织与运营方式出现了另一个显著的转型，其包括从公共行政到工商管理，与工商管理到新公共管理两个交叠阶段。❷这一点在英国地方政府变革中较为明显。

2.4 西方城市管理史的总体发展趋势

城市管理发展史重在对城市管理每个阶段在什么背景下，城市管理的相关要素是怎样产生的这个过程进行陈述，重点是将相关的要素点滴观点现实摘录出来。而理论则重在讲重点的理论的具体内容是什么。要把相互之间的

---

❶ ［英］彼得·卡拉克. 欧洲城镇史：400-2000 年. 北京：商务印书馆，2015：355.
❷ 张庆才. 西方新城市管理理论轮廓与反思. 公共管理学报，2005（3）：72 页.

侧重点分开。宗教和社会一直是推动西方城市管理的主线，只不过宗教和自治在不同时期，在欧洲和美国的表现会有所区别。欧洲城市管理没有美国这么清晰的主线。

2.4.1　在价值取向上，西方城市管理史清晰反映了西方城市管理由价值理性向工具理性演变的总体趋势

价值理性和工具理性的概念是由马克斯·韦伯（Max Weber）提出来的。所谓价值理性即"通过有意识地对一个特定的举止的——伦理的、美学的、宗教的或作任何其他阐释的——无条件的固有价值的纯粹信仰，不管是否取得成就。"价值理性基于某种价值信仰之上，强调终极的价值关怀。在价值理性的导引下，只要认为自己选定的行为具有绝对的价值和意义，为了实现这种价值，人们一般不考虑行为的手段和后果。❶ 所谓工具理性则指"通过对外界事物的情况和其他人的举止的期待，并利用这种期待作为'条件'或者'手段'，以期实现自己合乎理性所争取和考虑的作为成果的目的。"工具理性一般把目的、手段和附带后果作为行为取向的依据，它通常既把手段与目的，也把目的与附带后果，以及各种可能的目的加以比较，作出合乎理性的权衡。❷ 更通俗一点说，马克斯·韦伯将数学符号和逻辑定律等自然科学研究领域所具有的计算和推理等理性"算计"的手段，适用于资本主义社会中人自身的行为及其后果的过程，称为"工具理性"。❸ 韦伯提醒人们："从价值合理性观点上看，纯粹工具合理性是实质上的非理性，因为对于一个具有一致自由的独立自主的人格来说，最合理性的手段选择不能不具有终极价值、意义或理想的成分。所以，价值合理性反而是工具非理性的，而形式合理性反而是实质非理性的。" ❹

城市管理作为一种公共部门尤其是政府部门的管理活动，它与一般管理活动的本质区别就在于它具有公共管理的"公共性"，而这种"公共性"正是城市管理价值理性的底色：对公共生存状态改善的向往、对公共秩序和公共安全的希冀与维护、对公正地分配公共产品的正义要求等，形成了"公共性"的

---

❶ ［德］马克斯·韦伯.经济与社会（上卷）[M].北京：商务印书馆，1998：57.

❷ ［德］马克斯·韦伯.经济与社会（上卷）[M].北京：商务印书馆，1998：57.

❸ 刘科，李东晓.价值理性与工具理性：从历史分离到现实整合.河南师范大学学报（哲学社会科学版），2005（6）：37.

❹ 苏国勋.理性化及其限制——韦伯思想引论 [M].上海：上海人民出版社，1988：89.

价值追求。古希腊、古罗马就是从城市的个性出发所萌发出的城市管理（执政官）的幼芽，一个重大的体现就是古希腊的"理想城市"思想树立了城市管理最基本的指导原则。亚里士多德的城市梦想："城邦的长成出于人类'生活'的发展，而其实际的存在却是为了'优良的生活'"[1]，一直回荡至今。亚里士多德认为，城市"应着眼于四个要点。第一，最关紧要的是应该顾及健康（卫生）。城市的阳坡东向者常得东风的嘘拂，这最合于健康；其次，如果北有屏障，（其坡南向）可以挡住北风，宜于冬季。……其他两点为城市要安排好便于政治和军事的活动"[2]。"建设一个城市，必须让生活在其中的市民感到快乐和有安全感"[3]，安全与健康成为后续所有宜居城市的发展最核心的内涵。

中世纪商业与城市的紧密结合，使城市管理的务实倾向开始加强，而工具理性与资本主义生产追求最大限度剩余价值的本性相结合，在实践的过程中引发了追求物的最大效率为人的某种功利的实现而服务的倾向。"平淡无奇的城市管理表明：推动城市化进程的技术和制度力量与城市生活人性化管理所需的各种变革之间存在巨大差异。当今对污染问题事无巨细的关注，将可能导致我们忘记早期工业环境更为残酷，远远超出我们今日的承受能力——主要因人们的无知、操之过急的放任自由所致。结果事故频发，几乎不存在对工人和消费者的公共保护措施，对污染物及其危害也仅有模糊的认知。市政当局能关注并的确关注了的只是那些更显眼的危险及有碍公益的事情，但除了阻止各种人身侵害外，缺乏必要的技术手段来解决问题。因此，城市管理史便是不断建设专业服务以及建立足够强大的市政府的过程。加之来自纳税人、工业家、财产所有者、中央政府和其他竞争对手的各种阻力，问题变得更加严重、复杂。毫无疑问，改革者、工程师、公共卫生人员和犯罪学家都是工业城市化进程中的无名英雄。"[4] 恰恰是这种专业技术人员的大量涉入，进一步塑造了西方城市管理中以技术思维为导向的极强的工具理性取向，专业化把西方城市管理的工具理性取向推向了极致。

城市化的不断深入使公共领域持续扩大、公共管理事务不断增多，与之

---

❶ [古希腊]亚里士多德.政治学.北京：商务印书馆，1965：7.

❷ Aristotle, Politics. 1330a, 35-40.

❸ [英]A. E. J. 莫里斯.城市形态史.北京：商务印书馆，2011：149.

❹ [美]保罗·M.霍恩伯格、林恩·霍伦·利斯.都市欧洲的形成1000-1994.北京：商务印书馆，2009：295.

伴生的必然是城市管理从业者的不断增加和"专业化",这种情况下出现的基于政治行政二分、官僚制理论和科学管理原理之上的"管理型"城市管理虽然仍然将效率作为核心价值追求,但在一定程度上强调了城市管理的公共性本质,出现了价值理性的初步觉醒与复归和工具理性在价值诉求上的"理性化"。于是,20世纪60年代城市管理所面临的新问题,意味着之前城市管理面临的问题已经发生转变,如建设城市基础设施、发展行政科学以提升城市管理效率等已告一段落,此时"优先考虑的问题……逐渐从物质取向转向以人为本。"❶ 特别是新公共管理运动提出将公民视为顾客,并给"顾客"以最满意服务,这进一步为城市管理模式的发展方向提供了启迪。在批评新公共管理运动存在价值倾向的局限性的基础上,新公共服务将价值理性和工具理性相结合,认为应把传统的对效率和业绩的关注转移到公共性、民主性、参与性和回应性上来。相对于新公共管理,新公共服务要求应该将公共管理建立在公共利益的观念之上,并要求公共管理人员应该"为公民服务并确实全心全意为他们服务"。❷ 这为矫正城市管理工具理性的"异化"倾向,强化其中价值理性的价值关怀,用价值理性自觉地调适工具理性的非理性倾向,使其在追求效率和效益的同时,不失应有的人文和价值关怀,提供了新的思路。

2.4.2 从内容上看,西方城市管理史中城市权力的两次兴起完整界定了城市管理的两大内涵

西方城市的历史其实是一部从城市国家向国家城市嬗变的过程。在这一过程中,城市权力实现了两次变化,一次是城市权力被国家权力替代的过程,另一次是国家权力重新赋予城市的过程。❸ 这与西欧独特的政治发展史有关。在古希腊的城邦国家时期,城市就是国家,国家就是城市,从政府的视角看国家管理就是城市管理,而从城市的角度看城市管理则更多是私人的事务,这就是古希腊、古罗马时期的城市管理。这之后的很长时间内,西欧权力格局的一个独特历史现实是,西欧长时间缺乏一个强有力的国家权威,封

---

❶ Thomas W. Fletcher, "What Is the Future for Our Cites and the City Manager?" Public Administration Review 31 (January-February 1971): 5.

❷ [美] 罗伯特·B·登哈特. 公共组织理论. 北京:中国人民大学出版社,2003:207.

❸ 姚尚建. 城市政治——正义的供给与权力的捍卫. 北京:北京大学出版社,2015:163.

建贵族特别是宗教的教会组织填补了这一空缺，虽然事实上承担了这一角色，但毕竟与真正的国家权威有着本质的区别。这之后随着封建君主的逐渐变强，国家与教会之间的权力争斗愈演愈烈，这为新兴的城市贵族兴起提供了有利的空间。也就是说，欧洲的城市管理制度是在城市市民力量、民族国家的王权与封建的神权之间相互斗争妥协的复杂过程中形成的，在同教权、贵族领主进行争夺权力斗争的过程中，王权需要联合城市自治力量壮大自己，因而通过颁发特许状的形式城市自治权力得以不断强大；在王权确立后，经历了一个中央干预不断强化削弱城市自治的过程，最终形成强中央下的弱自治制度。

中世纪城市的第一次兴起，以城市自治的形式界定了城市管理的外部涵义，同时也形成了一明一暗的城市管理发展格局。中世纪城市在宗教的基础上进一步发展，在本地政权覆亡后承担了为城市发展续命的功能，延续了本土城市管理的主线。主教城市这种中世纪的城市管理开启了城市管理内部管理的模式，即城市管理者需要承担城市个人无力或无法承担的较小范围的基本公共事务，包括救济和医院等；修城墙由皇家权力转为城市权力，开启了城市收取费用用于服务城市居民需要的公共工程的先例；而饮水、市容等与居民生活直接相关的事务则主要由家庭或私人企业来承担。这一时期城市管理的一个重大的结构性的进步是出现了城市自治的授权模式。10世纪时在西部欧洲重新形成一个专业的商人阶级，在10世纪末以后的三个世纪里，通过激烈的斗争，在封建贵族的支持下，城市社会获准建立越来越多的管理机构，得到了越来越多的行政管理权限，这进一步鼓舞了他们要求城市自治的步伐。从11世纪到12世纪，城市普遍获得了自治权。这奠定了西方（包括欧、美）城市管理外部管理的模式，即城市独立管理城市事务的权力合法性需要来自上级权力机构的授予，从中世纪起城市形成了一个法人。这样内、外两个方面基本模式的形成确立了城市管理体系的基本架构，特别是城市与上级政府之间的关系框架基本确定，后续的发展是在这一基础上的细化和补充。城市从围绕教堂形成转变为都是围绕一个可以说是它们的核心的中心城堡形成起来的。这一时期，占据强势的是城市自治这一外部管理，而以城市行政管理为主要内容的城市内部管理则相对的处于弱势的地位，发展也非常不完善，更多的由私人承担，因此在一定程度上被忽视了。

民族国家战胜宗教教会占据强势地位后，开始反噬城市自治的强势权力，城市管理的权力被从外部紧逼，城市在国家中的地位被明确限定，城市管理开始了蛰伏期。随着工业的发展，城市的内部管理逐渐强大，城市的权力再次强大，虽然城市外部管理的自治权力也得到相应的调整，但城市自治这种基本结构形式已经一直被继承下来；城市的内部管理的内容和形式不断膨胀、不断出新，成为城市管理变革的主要方面，城市管理的重点发生了转换，外部管理相对稳定成了暗线，而内部管理异常活跃成为明线。以 1835 年的《城市自治机关法》为开端，工业化城市的先驱英国的城市管理完善走在了欧洲城市管理改革的前列。这一改革的基本原则是在民主的基础上改造自治城市政府，建立在权利（选票）与义务（纳税）相统一的基础城市政府，重在其职责——为城镇大众服务，而不在其官位和个人得失，"因此这种新的市政官员已不再是旧式的城市寡头，而是现代'公务员'了"❶，打破了城镇寡头对城镇的行政垄断，标志着英国城市政府逐步发展成为现代城市政府。英国城市政府的改革初步建立了城市专业化的管理机构，并将权力日益集中化，加强了中央对地方的行政管理。同时，19 世纪英国市政方面的大部分问题是通过地方性立法解决的。其立法大都是对城市问题的应付和即时回应，开启了政府干预城市公共事务的先河，城市的管理还处于探索阶段，还缺乏总体规划。在城市各级管理机构日益健全和更新的同时，各城市增强了城市政府行政管理的透明度，使城市管理日益向民主公开的方向发展。一是决策程序的公开性，以 19 世纪中后期各城镇建设市政厅为例。各城市在市政厅的建设与否、建筑的风格、建筑选址、预算、招标等都在公开的原则下进行。二是市议会的会议允许市民旁听，体现了现代政治过程中的公众参与。最后在市政府经费上实行公开原则。市政府定期公布市政账目和年度预算，进行账目审计，审察地方政府开支情况，审计员由市民选举产生，市镇司库受命对账目进行摘要，其备份由纳税人公开审查。19 世纪的城市管理在城市现代化方面，主要是增强了城镇行政决策和日常工作的透明度，建立起了现代化的城市民主行政制度。工业革命以后城市管理出现飞速的发展，主要是应对城市前所未有的扩张带来的诸多城市具体问题。"美国和欧洲的消费者们很显然更在意政府提供的公共服务，并据此来选择自己的居住地。"❷城市管理对象的向后顺序大致如此：健康与安全问题迫在眉睫，应首位考虑，尤其是火灾、水源和垃圾处理，

❶ 陈恒等.西方城市史学.北京：商务印书馆，2017：270.
❷ [英]加里·布里奇，[英]索菲·沃森.城市概论.桂林：漓江出版社，2015：163.

广泛意义上的治安问题包括贸易条规、公共安全与刑事犯罪是第二个亟待解决的对象。❶ 再就是服务于大多数城市人口的基础设施、社会福利和规划绿地，这些成为欧洲城市管理从 19 世纪以来到 20 世纪所取得的重要成就。20 世纪中后期西方国家开始步入后工业社会和信息时代，城市内部日趋复杂，城市地域范围不断扩大，城市之间的界限逐渐模糊，开始出现由众多城市连接而成的大都市区。进入 21 世纪以来，西方城市政府管理体制又呈现出如下新的发展趋势：城市政府管理体制的企业化，城市政府管理体制的分权化，城市政府管理体制的虚拟化等。

2.4.3 从工具上看，西方城市管理史经历了一个"市场——政府——市场与政府混合"的循环

从古希腊、古罗马时期的城市管理就是以私人为主要主体的原始的市场管理占据绝对的主导地位，这一局面一直延续到工业革命的初期。古希腊、古罗马时期最初的城市管理是一种自然而然的管理，如当时的相关法律规定：私人负责自己家的墙和房屋临街处封闭的墙得到良好的修理，这些墙体的所有者应当按照要求清洁和修复它们。如果他们没有进行清洁和修复，管理者将会对他们进行惩罚，直到这些墙体变得安全为止；每个人需要负责他自己住宅外面公共街道的维修，清洁排水沟，并且保证车辆可以畅通行驶。出租房屋中的居住者必须自己承担上述修理工作，如果所有者没有完成上述工作，那么将从他们的租金中扣除这些费用。❷ 到了中世纪，由于商业的繁荣与城市的组织是否良好存在着非常直接的关系，所以商人不得不主动负责供应城市最不可少的必需品，城堡主也没有任何理由阻止他们用自己的财力供应明显急需的公共物品。就这样在 11 世纪圣奥美尔商人的自发组织和城堡主之间达成协议，虽然没有任何法律的依据，商人行会主动地从事于新生城市的建设与管理，较多的城市管理职能开始由更加成熟的市场来承担。当然，其他的城市维护与服务仍然按照原来形成的习惯由私人承担。

英国是世界上第一个实现城市化的国家，起初他们把城市公用设施建设与城市工商业的发展等同看待，并没有认识到在考虑利润的同时，还应该考虑其

❶ [美]保罗·M.霍恩伯格，林恩·霍伦·利斯.都市欧洲的形成 1000-1994.北京：商务印书馆，2009：298.
❷ 转引自：[英]A.E.J.莫里斯.城市形态史.北京：商务印书馆，2011：56.

公益性。因此，政府对公用设施建设大多采取自由放任的态度。英国城市公用事业的发展最初走的是一般工业发展道路，即完全私有和完全自由竞争，由私人主宰城市，因此城市的建筑、自来水、下水道、煤气照明等，都是资本家个人意志的产物，追求利润成为最大的经济动因，忽视了公用事业的公益性特征。城市的发展，城市环境问题及瘟疫的打击，使人们逐渐认识到公用事业的特殊性，因此各个城市在发展过程中，逐渐地进行公用事业经营管理方面的摸索。

随着工业革命带来的城市迅猛发展，面对日益复杂的城市问题，19 世纪后期，西欧的大城市开始通过政策手段加强对燃气、水和电等公共资源的管理和控制。英国城市大多提请议会"特事特办"以通过地方法案的方式，通过建立各式改善委员会、征收地方特别税等来应付必要的开支，以解决专门问题，这一时期出现了约 300 个城镇改善委员会❶，此外还有大量名目繁多的专门组织。其中，伯明翰和曼彻斯特的改善委员会工作较为成功。到 19 世纪 40 年代，伯明翰的改善委员会已涉足铺路、照明、拆迁、消防、供水、清洁和煤气供应等领域，进行专项治理。❷1835 年《城市自治机关法》选举产生的市政府逐渐成为公用事业发展的重要载体。从 1846 ~ 1865 年，一共有 51 个城市政府新建或购买了私人供水公司。❸ 从 1866 ~ 1895 年，又有 176 个城市实现了自来水市营。❹ 经过 19 世纪中下叶的供水市营后，英国大体上解决了城市的用水问题。19 世纪 50 ~ 60 年代，煤气作为城市人民生活和生产的要素越来越重要，于是，煤气市营又成了新的热点。1867 年，格拉斯哥市政府一致同意购买两家私营煤气公司，到 1875 年，全英已有 76 个市政府拥有了自己的煤气公司。❺19 世纪 90 年代，城市交通出现了突破性发展，德国城市出现统一管理的公交车系统，并引入了电气化运营。1900 年巴黎建设了第一段地下铁路。在市政服务的发展上，地位越来越重要的城市政府领导人的管理理念起到决定性的作用，英国的伯明翰市长约瑟夫·张伯伦在公用事业市

❶　陆伟芳，余大庆. 19 世纪英国城市政府改革与民主化进程. 史学月刊，2003（6）：107.

❷　陈恒等. 西方城市史学. 北京：商务印书馆，2017：270.

❸　Asa Briggs. Victorian Cities[M]. London：Odhams press Ltd，1963. p. 59

❹　Harold Carter &C Roy Lewis. An Urban Geography of England and Wales in the Nineteenth Century[M]. London：Edward Arnold，1990. p. 208 -209

❺　Harold Carter &C Roy Lewis. An Urban Geography of England and Wales in the Nineteenth Century[M]. London：Edward Arnold，1990. p. 209

营领域提出的"市政社会主义"尤为著称。1911 年，随着普选权的实现，米兰产生了一位信奉社会主义理念的市长，城市的现代化步伐明显加快。到 20 世纪 30 年代以凯恩斯主义的兴起为标志，政府对城市管理的干预及城市公共事业公营化达到了顶峰，美国甚至还出现了专为提供跨区公共服务的专区，这一趋势一直持续到 20 世纪 70 年代的经济危机时期。

20 世纪初，欧洲在城市管理领域就出现了一种政府和企业之间的新型合作关系。20 世纪二三十年代，北欧的城市中公共与私人合作关系比较常见，许多城市由政府负责修建场地，然后交给体育俱乐部或工人协会维护，这一方式在 20 世纪 70 年代后逐步发展为西方国家的影响深远的"公私伙伴关系"。在 20 世纪 70、80 年代，欧洲城市公共服务的供给几乎完全由政府提供，这给城市政府带来了不断上升的财政负担。20 世纪 70 年代，由于经济危机的影响，欧洲国家财政能力受到极大地削弱。这样，城市政府面临着前所未有的两难困境：一方面要求政府要减少预算，另一方面又要提供充足公共服务以满足社会的需要。在这样的背景下，现在人们所提到的公私伙伴关系的原型产生于 1979 年英国撒切尔夫人执政时兴起的"私有化"改革时期，私人部门的参与开始不断增加进来，1992 年英国梅杰政府正式提出"私人主动融资"（PFI），标志着公私伙伴关系（PPPs）开始成为英国政府公共政策或公共治理的工具。到了 20 世纪 90 年代，绝大多数西欧城市已经或多或少的进行了私有化改革或者将部分市政服务分离出去。同时，城市政府与中央政府之间的政治关系发生了决定性的转变，这一转变导致城市政府寻求与私人机构建立更为紧密的联系。英国削弱了城市政府的自治权力，把一部分城市公共服务责任转移给城市开发公司或者经济开发区等机构，加大了影响市政部门提供城市服务的能力。法国在国家、地区与城市之间建立了多方合作关系。另外，20 世纪末的城市议会不仅重新建立了与私人机构之间的合作桥梁，而且还试图将志愿组织纳入政治体系之中❶。于是，20 世纪 90 年代以来，在世界范围内兴起了一种公共政策的重要工具——公私伙伴关系（Public—Private Partnerships，PPPs），甚至被认为是西方语境中治理形成的本质。20 世纪末的这一转变看似又回到了 19 世纪，但是公共事业的私有化、政府管理的放松以及新技术的发展一起推动了城市服务的多

---

❶ ［英］彼得·卡拉克．欧洲城镇史：400-2000 年．北京：商务印书馆，2015：349.

样化，扭转了 19 世纪末形成的市政机构主导的单一化趋势。

2.4.4　从主体上看，西方城市管理史体现了由精英向多元的变迁

无论古希腊、古罗马贵族，还是中世纪教会城市的主教及后继的商业贵族再到欧美工业城市的寡头政治，西方城市管理长期被各种少数的精英贵族所垄断，直到 19 世纪中期以后，随着民主政治在城市管理中的深入，普通市民的影响力开始显现，政治和行政的分离及官僚制的确立，进一步为城市管理的主体多样化提供了制度保障，特别是 20 世纪 80 年代的新公共管理运动与城市治理理论的兴起，使城市管理彻底完成了多元化的变迁。肖特认为，始终围绕"谁在统治，他们是怎样统治的？"这样一个核心问题，有三种观点：一是精英模式，二是多元模式，三是基于前两者之上的三维视角。精英模式认为是自信的工商业精英阶层在管理着城市，倾向于通过声誉确认权力所有者，研究者会关注：谁掌握着有效权力？多元模式认为权力分散在许多的相互竞争的利益集团之中，焦点集中在确认参与具体决策的利益集团上。新精英模式进一步指出权力并不是很明显的体现在为某个具体决策而进行的斗争上，而是体现在对哪些决策能被列入政治日程表的影响力上。卢克斯（Lucks，1974）的三维视角，将行为、决策和非决策、问题和潜在问题、看得见的和看不见的冲突、主观的和实际的利益整合在一起（见表 2-1）。❶

对权力的观点

表 2-1

多元主义	新精英主义	三维视角
行为	行为	行为
决策	决策和非决策	决策，非决策及控制政治日程
问题	问题和潜在问题	问题和潜在问题
可见冲突	可见冲突	可见冲突和潜在冲突
主观利益	主观利益	主观利益和实际利益

资料来源：[英] 约翰·伦尼·肖特：《城市秩序：城市、文化与权力导论》，上海人民出版社，2015 年版，第 315 页。

中世纪的城市管理先后为主教和商业精英所垄断，最终形成了延续到工

---

❶　[英] 约翰·伦尼·肖特 . 城市秩序：城市、文化与权力导论 . 上海：上海人民出版社，2015：314-315.

业城市时期的"城市寡头"。在中世纪城市产生之前，总的来讲有三种政治势力：封建君主、封建诸侯和教会贵族。教会在罗马帝国崩溃之后的西欧很多地区城市生活方式得以维持中承担起了至关重要的角色。"从6世纪起，civitas这个词专指'主教城市'，即主教教区的中心所在。"❶这一阶段城市管理垄断在主教手中。到1300年时，欧洲城市管理取得的一项较大的发展就是城市寡头政治开始形成。寡头政治的社会基础是城市贵族，即城市中的富有者。从中世纪早期开始，一些城市经济和社会的秩序就垄断在包括王公贵族及其代理人的少数城市精英手中，甚至还实行家族世袭制。"总而言之，黑死病灾难之前，欧洲城镇管理已经奠定了基础；包括基本概念和初步实践，诸如城镇自治、城市社区、公民权、精英治理。"❷从16世纪开始，英国城市亟待解决的政治、经济、社会等领域的矛盾和问题纷至沓来，为了及时对这些现实问题作出有效的回应，英国城市政府管理体制开始显现出权力集中的现象，城市寡头制（City Oligarch）在英国的城市中普遍建立起来了。16世纪至18世纪在英国城市中出现的城市寡头制，在实现城市官员权力不断增长的同时，其行政效率也大幅度提高，社会秩序并没有出现真正的崩溃。因此城市寡头制作为一种过渡型的城市政府管理体制，在英国城市政府管理体制向现代转型的过程中，也发挥出了一定的积极作用。在美国则形成了广泛的城市"机器政治"，机器型政权及其后以改革"机器政治"为目标的改革型政权，其共同点十分清晰，"两类政治联盟都通过动员选民、识别核心选民、协调执政联盟来获得统治权力。""机器型和改革型政府的执政联盟将管理城市的权力偏斜于政权中的精英或核心成员，而将其他团体的利益边缘化。"❸其核心仍然是一种垄断政治，只不过程度上有所不同，垄断在发展的过程中不断被削弱。

这一时期，美国城市管理思想呈现出一种精英主义的倾向。精英主义主张，在城市快速发展及城市物质资源快速增长和集聚过程中，涌现出来的掌握优势资源、拥有较高社会影响力的少数人所组成的群体，即精英群体，在城市管理和公共决策中具有主导影响力。这些观点在规划理论中有着鲜明的表现，其代表人物勒·柯布西耶（Le Corbusier）聚焦于宏观的城市建设；城市政治理

---

❶ Smith, An Historical Geography of Western Europe before 1800.

❷ [英]彼得·卡拉克.欧洲城镇史：400-2000年.北京：商务印书馆，2015：94.

❸ [美]杰西卡·特朗斯汀.美国城市的政治垄断.上海：格致出版社、上海出版社，2017：232.

论的代表人物亨特（Hunter）则考察了城市微观的权力运行，提出了具有代表性的精英主义倾向的城市管理理念。随着城市规划的兴起，城市规划学家的规划思想对城市管理实践产生了重要的影响。其中，著名城市规划师柯布西耶的规划理念主导并控制了 20 世纪早期美国的城市建设。他的核心观念之一就是城市的集中主义。尽管柯布西耶及其追随者也承认现实中没有贤明君主来主宰城市的和谐发展，但其规划理论仍坚持，引导城市发展的权力应集中在以专家为代表的精英手里，每个城市计划必须以专家所作的准确的研究为根据。集中首先意味着权力掌握在少数人手中。集中还意味着通过控制以实现特定秩序。城市规划家将对机器的崇拜融合进对美好城市的追求中，塑造了这一时期机械理性城市规划观念。柯布西耶将城市的繁荣归功于机器生产，并且以工具的视角去审视城市和城市里的各要素。城市化工业时代也是一种精英式的权力结构。精英主义认为，城市管理的权力掌握在少数社会精英群体手中。这些精英来自于不同的社会群体或利益集团，掌握着城市中的大量财富和优势资源，基于共同利益进行合作，影响乃至主导政府的决策活动。柯布西耶强调"城市设计太重要了，它不能交给市民"。

权力的傲慢产生了一种凝聚效果，小业主、专业职业者、妇女组织、工会领导人和其他过去从未联合过的人被团结到一起，推动了 19 世纪中期以来西方的各种进步改革运动。在英国，以 1835 年的《城市自治机关法》为开端，其基本原则是在民主的基础上改造自治城市政府。通过市府财政公开，定期公布账目和年度预算，进行账目审计，审察地方政府开支情况，审计员由市民选举产生，市镇司库受命对账目进行摘要，其备份由纳税人公开审查，从而增加了市府财政和透明度；市议会的讨论公开，允许公众旁听。这样，通过1835 年的市政改革，自由、公开、民主的城镇政府取代了旧式城镇寡头的统治，加快了现代城市管理的多元化参与进程。20 世纪 60 年代末 70 年代初，当面对公众服务需求的不断扩大，政府开支的急速膨胀以及政府服务低效等问题时，"全能政府"已经不能解决城市中出现的许多问题，需要其他相关利益者参与到城市治理中，发挥社会各个力量的共同合作，城市治理主体由政府这一单一主体转变为多元主体，公共服务合同外包和"第三方治理"等成为医治欧美这些痼疾的良方。在美国，政府的角色被描述为"在分散多元的体系中将不同的利益整合起来"，形成了全社会共同参与的多中心治理模式，政策影响下集合政府、利益集团、社会公众及电子媒体的增长联盟是多中心治理主要形式。到了 20 世纪 90 年代，美国政府、企业与社会组织发展呈现出"三足鼎立"之势，彼此依赖的程度逐步加深。

2.4.5 从地域上看，西方城市管理史由欧到美表现出越来越清晰、越来越规范的趋势

在西方城市管理史的演变历程中，欧洲和美国城市管理的发展有一个承接的关系，这对于把握西方城市管理演变的整体脉络十分重要。从时间序列上，在 19 世纪后期以前，城市管理的发展一直是欧洲一枝独秀，到 19 世纪后期美国加入进来，并后来居上逐渐接替了旗手的作用。总体上西方城市管理的发展与西方城市发展一样经历了从地中海起源到西欧发展，再到美国兴盛这样一个地缘中心上的变迁。与美国后来越来越重视理论思想的引导不同，传统与法律始终是欧洲城市管理发展的两大主要依据，在欧洲城市管理史上占据核心地位的特许状，其实质更多的是一种法律。欧洲城市管理的思想体系更多地寓于国际城市史和欧洲城市史的发展过程之中，缺乏严谨的体系性和理论性，美国城市管理则比较全面，既有城市史研究，也有城市管理理论研究，形成了较为严谨的体系。"在市政的层面上，城市领导者（及其政策）的品质和性格会带来施政效果的显著差异。同样关键的还有不同国家之间（受到国家政治的影响）和不同地区之间的差异性，而这种差异性往往是由城市化水平和经济发展水平不同所导致的。"[1] 比如说，虽然城市自治起源于欧洲，但欧洲一直没有实现完全的城市自治，完全的城市自治实现于美国。因为美国是自下而上形成的国家，所以地方自治的传统一直很强，形成了弱中央干预强城市自治的城市管理制度。欧洲尤其是西欧提供了样板和思路，美国则提供了规范化。

另外，在西方城市管理史上欧、美还根据各自的传统和城市特征形成了完全不同的城市管理模式。[2]

（1）欧洲城市管理组织模式。欧洲各国的城市管理模式，一般都具有双重职能，一方面作为中央代理机构，一方面作为地方自治机构，办理地方公共事务，为市民服务。例如欧洲不少国家城市行政体制中的"城市行政官制"，

---

❶ ［英］彼得·卡拉克．欧洲城镇史：400-2000 年．北京：商务印书馆，2015：329.
❷ 叶南客．城市管理模式比较论．学海，2000（1）.

这种城市管理模式目前已被挪威、爱尔兰、德国、瑞典等许多国家广泛采用。这种城市管理模式既有利于城市管理的科学化，也有利于市行政管理工作的连续性，并使市政官及其下属有可能投入全部精力去悉心地管理所主持的事务。

①英国城市管理模式。19世纪末，英国采取的是地方自然发展原则，产生了城区、商埠、分区、教育局区、救资联区、灯火及警察区、宗教教区等多种管理机构，异常混乱。直到1933年，制定了地方政府方案，这些机构组织才得以规范。城市设市议会，市议员任期6年，每两年改选1/3；市长由市议员与参议员共同选举产生。英国的不同地区，如英格兰、威尔士、苏格兰等地的城市政府管理职能各不相同，英国官方把城市的管理职能概括划分为"环境的、保卫的和私人的"三类。"环境的"事务主要指城市的公用设施，如公路、桥梁、街道、公用建筑、公共场所的建设、管理和维修，以及环境卫生等方面；"私人的"事务则是指教育、住宅、居民卫生、保护儿童、老年人、残疾人等福利事业；"保卫的"事务则是指警务和消防方面。

②法国城市管理模式。法国是一个中央集权的国家，法国法律规定市政府的首要任务是实施中央的法律、法令，贯彻省长的指示，维护市镇的治安；其次是执行市议会的决议，编制市镇预算、管理市镇财产，领导公安和司法工作。市议会的主要职能是，表决预算，负责税收，制定市政规划，法国共有3万多个市，半数以上的市，人口不到50万人，法国境内无土不市。市设市议会，作为地方自治机关，议员人数不多，由10人至36人组成，但绝对脱离政治而独立，不讨论有关政治决案。法国城市为数虽多，但市议会没有实权，一切有关市政设施方案均须经上级政府批准才能执行。首都巴黎市的组织，与一般市又不相同，巴黎市不设市长，但组成巴黎市所属的20个市政区则各设市长一人及副市长若干人，由内政部长提请总统任免。各市受省长指挥，因为巴黎市无市长，因而莱茵省长同时具有巴黎市长的职权。

③西班牙城市管理模式。西班牙也属中央集权的市制，但城市管理模式却处处体现着集权与民主的矛盾现象。以首都马德里市为例，它隶属于内政部，但市长由元首任命，市政府下设秘书处等14个直属单位，分别掌管市政工作，市议会以市长为主席，按区每5万人选出一位市议员。选举方法为三三制，1/3由选民选举，1/3由马德里市工会选出，另1/3由市区经济文化界人士选出，任期为6年。但议会无其他民主国家的议会权力，仅仅是市长的咨询机构。

（2）美国城市管理模式

在世界各国的城市管理体制中，以美国城市组织形态最为多样化。主要有四种类型：市长议会制、市委员会制、市经理制和市行政长制。

①市长议会制。市长议会制又分为弱市长制和强市长制。所谓弱市长制，即市长徒有其名，缺乏行政权，政府各部门的首长，都由市民直接选举或推派人员担任，市长只能委任少数不重要的人员，且须征求市议会的同意。市长无法对下属使用处分权。对市议会的决议，市长虽有否决权，但市议会多数议员通过的决议，可使市长的否决权无效，市长的监督权也等于零。弱市长制的缺点在于，责任划分不清，行政不统一，市政容易被政治斗争所影响。19世纪后期，强市长制兴起，行政权集中于市长之手，政策的拟定，为市议会与市长的共同职责。强市长制的特点是，负责立法的市议会，与负责执行的市长，同为民选产生，互相制衡。市民有权任免市长，不受市议会的制约，市议会只能行使市政决策及立法大权，不能干涉市行政事务。强市长制的缺点在于，政治与行政不能密切配合，因而不能充分发挥城市的政治功能。

②市委员会制。市委员会制是由选民选举5人组成委员会，拥有立法与行政权力，直接对选民负责。委员中一人为市长，其余委员各担任一部门工作。重大问题集体讨论、决议，如决议和法令违反市民的愿望，选民可以直接行使创制权，加以废止。如委员有贪污或失职行为，可另选他人接替。市委员会制符合精简原则，立法与行政一体化，行政决策效率高。其缺点在于，5人各行其是，没有监督的机构，无法发挥统制的作用。这种管理体制相对适宜于小城市，大城市极少采用。

③市经理制。市经理制的特点是，市议会由议员若干人组成，负责决定市政方针，行政方面的工作，则由市议会聘请市经理负责。市议会如同商业团体的董事会，负责制定业务政策，市经理等于公司的经理，有权管理一切行政，并任免各部门负责人及职员。市经理拥有一切行政权，且无任期规定。这种制度在美国、加拿大50万人口以下的中小城市颇为盛行。

④市行政长制。市行政长制是20世纪中叶在美国出现的一种新制度，即市长由选民选举产生，为一市的统治领袖，而在市长之下，设一个市行政长，协助市长处理市行政事务。但市行政长，只有协调各部门工作的权力，而不能监督人事、法律及预算等重大事宜，实际上是一般管理顾问。

第3章 欧洲的城市管理发展史

3.1 欧洲城市管理的萌芽

欧洲城市管理的萌芽主要有两个源头，这两个源头是两个不同的层面，具有截然不同的特点。古希腊对城市管理的贡献在于思想和目标，也就是城市管理应该是什么样子，提供了"理想城市"；而古罗马对城市管理的贡献则在于实实在在的管理体系和政策措施。揭示了欧洲对城市管理的最初探索，特别是真实体现了由理论思想到政策实践的变迁过程。虽然这个时期的对于城市管理的专门记载和研究欠缺，但从相关的资料中可以管窥一二。

3.1.1 古希腊时期的城市管理发展

古希腊是欧洲文明的源头，欧洲的城市管理自然也要从这里说起。古希腊大多数城市都有占据高地的卫城和地势相对较低的城市，由卫城逐步发展扩张而来，经历了最初的防御中心、宗教中心，至后来的政治中心、经济中心和文化中心的发展历程。自卫也许是古希腊城市产生的第一要素，从公元前2000年的迈锡尼城市，就将战争意识融入到了城市建设中，不仅有城堡还有要塞。城墙都用巨石堆砌，城内配有水井、水箱。"由于有了城墙，城市生活便有了一个共同基础"❶，使之保持一定的秩序。同时，古希腊创建的城市是一种宗教性的联盟体，城市因神庙和诸神的存在而有了神圣的意义与合法性。❷城市公民身份的确立与两项活动相关：一是要按照时间的规定，依次参与家庭、胞族、部落和城市的祭祀活动；二是对着城市祭坛发誓要约束自己，忠诚于城市诸神。很多的城市管理萌芽都表现在这些与城市守护神相关的宗教制度和活动之中。

古希腊给城市管理带来的最宝贵遗产在理念的层次，其核心就是"理想

❶ [美]刘易斯·芒福德.城市发展史——起源、演变和前景.北京：中国建筑工业出版社，2005：53.
❷ 邱红梅.城市神权与古希腊罗马城市制度的建立.湖北社会科学，2011（1）：125.

城市"。一是城市管理的最基本功能和内涵，也是"理想城市"的两大基石，即健康与安全。《政治学》虽是亚里士多德论述城邦政治的典范之作，但在其中，不难发现亚里士多德关于希腊古代城市的地位和作用、城市的规划和设计、城市的管理、城市的人口规模、城市的公共设施、城市的社会活动等的真知灼见。亚里士多德曾说，"城邦的长成出于人类'生活'的发展，而其实际的存在却是为了'优良的生活'。"❶亚里士多德认为城邦人口应该是"自给自足的，如此形成一个政治社群后才能更好地生活"，并认为"人们对于彼此之间的品格能力有所了解后，才能做出公正的判断并分配各自的职责。""建设一个城市，必须让生活在其中的市民感到快乐和有安全感"，"与理论建设相比，实践更难"❷。亚里士多德认为，城市"应着眼于四个要点。第一，最关紧要的是应该顾及健康（卫生）。城市的阳坡东向者常得东风的嘘拂，这最合于健康；其次，如果北有屏障，（其坡南向）可以挡住北风，宜于冬季。……其他两点为城市要安排好便于政治和军事的活动"❸。二是古雅典城市带来的城市公民理念及其之上的城市民主管理体制。古雅典孕育出了一种新型城市政体的基础，"这种政体建筑在联盟的组织基础上，活动范围更为广泛，不受集中控制，而通过自愿交换和互利合作的途径发挥作用。"❹古代雅典城市管理，希腊人试图使复杂的城市组织重新具备村庄政府中曾有过的那种市民直接参与观念和责任感，使城市实际上成为一体的是人们对正义的共同追求和共同目标，追求美好生活的目标。柏拉图在《法律篇》中对城市的选址和规划的观点就体现了这种思想："然后我们再把城市分为 12 个部分，……这 12 个分区按下列方式取得平等：占好地的，面积稍小些；占次地的，面积稍大些。地块总数为 7898 份，其中每份又一分为二，使每份地块都包含有如此两个部分：其中一块地临近城市，另一块地则在远处……"❺。

在具体的城市管理措施上，从一开始，古希腊城市通过建立新城市来控制城市人口规模的政策。在古希腊后期，"小国寡民的城邦政治转而被大帝国控制下的城市模式取代，帝国政权对城市管理具有一定的处理权，这也成为

---

❶ [古希腊]亚里士多德.政治学.北京：商务印书馆，1965：7.

❷ [英]A. E. J. 莫里斯.城市形态史.北京：商务印书馆，2011：149.

❸ Aristotle, Politics. 1330a, 35-40.

❹ 刘易斯·芒福德.城市发展史——起源、演变和前景.北京：中国建筑工业出版社，2005：152.

❺ Lewis Mumford. The City in History, Penguin Books, 1979: P. 209

此后几乎所有城市的管理模式和特征。"❶ 同时,公元前 4 世纪晚期,雅典开始建造议事厅,作为议事会执行委员会的集会场所,实际上成为市政管理的公共会堂或总部,而公共会堂在某种程度上可以看作一个城市的象征。有西方学者称议事会执行委员会会厅为"市政厅",将其视为"政治权力从宗教权力分离在希腊城市的一个转折点"❷。亚历山大时期出现了大型公共工程有计划的系统化建设,特别是亚历山大里亚的公园和博物馆、图书馆。另外,古希腊拥有很高的政治文化成就,这归因于其拥有的自由的氛围,但这种自由的氛围反映到城市管理中就是古希腊人的自由放任态度,具体的表现就是城市管理没有得到重视,虽然建设了市政广场、圣庙、柱廊、祭坛、剧场、音乐厅、体育场、竞技场等大批公共建筑,但是基本没有规划,十分混乱,卫生设施很差。"古代世界最发达的文化雅典文化,正是在从城市规划和卫生条件来看,相当落后的市政环境背景上达到顶峰的。"❸

3.1.2 罗马帝国时期城市管理发展

在罗马帝国时期,手工业、商业和贸易的发展,使得城市不再仅仅是一个政治和消费中心,而且还成为一个生产和商业中心,在罗马帝国的统治体系中所扮演的角色极为重要。本内特曾经说:"城市是古罗马政府的命脉所在。"为了加强行省统治而推行城市化,罗马人通过在新征服区建立城市树立和巩固了自己的权威。同时,古罗马也存在自治市,这一方面是因为帝国中央政府缺乏足够的能力而不得不允许一些被占领的重要部落中心城市,自己管理自己的事务;另一方面,帝国初期的多数城市是古希腊时代就形成的,这些城市仍旧保留了大量的残存制度,这些制度成为这些城市实行自治的基础❹。更为重要的是,与古希腊时期明显不同,罗马帝国在城市管理特别是具有实践意义的规范化的城市内部管理上取得了长足发展,这些发展在奥古斯都时期表现得最为显著。

公元前 7 年,奥古斯都完成了对罗马城的改造。罗马城的市长职务已经

---

❶ 陈恒等.西方城市史学.北京:商务印书馆,2017:77.

❷ Lewis Mumford, The City in History, Penguin Books, 1979, p. 182.

❸ 转引自 [英]A. E. J. 莫里斯.城市形态史.北京:商务印书馆,2011:135.

❹ 杨俊明.奥古斯都时期古罗马的城市管理与经济状况.湖南师范大学社会科学学报,2004(4):119.

成为常设职位，由曾担任过执政官的人担任，负责维持城市的秩序，并率领三个城防步兵中队，它一般由元首亲自任命 ❶。改造后的罗马城被划分为 14 个区，这些区又由若干街区组成。各区由每年抽签选举的区长管理，街区则由各邻里居民选举里长来治理。城市平民阶层在政治上处于无权地位，奥古斯都怕他们闹事还特别在各地组建"警备队"。"为防火他（奥古斯都）制订了一套消防站夜班巡逻的制度。" ❷ 另外，奥古斯都还通过给予各城市群体在城市管理中应有的地位，使之承担不同的角色，"从而有效地巩固了自己的权力基础，创造了一个秩序井然的社会，使每个人在大城市中有自己的位置和责任" ❸。

古罗马对城市日常管理职责有着明确的法律规定，这些规定甚至可以说是欧洲城市管理的最初表现形式。罗宾逊（D. F. Robinson）对古罗马的城市管理这样记载："在相关的法律条文中，最突出的是帕皮尼安（Papinian）提出的关注维护和修理街道的城市维护方面的规定。城市的监督者管理城市街道，保持它们的平整，使房屋免受洪水破坏，并在需要的地方修建桥梁。他们负责确保私人的墙和房屋临街处封闭的墙得到良好的修理，这些墙体的所有者应当按照要求清洁和修复它们。如果他们没有进行清洁和修复，管理者将会对他们进行惩罚，直到这些墙体变得安全为止。他们要确保没有人在道路上挖洞、截断道路，或者在街上私搭乱建。在违法的情况下，奴隶可能被任何发现他的人痛打，自由人必须通知管理者，管理者将按照法律对他进行罚款，并且弥补损害。每个人需要负责他自己住宅外面公共街道的维修，清洁排水沟，并且保证车辆可以畅通行驶。出租房屋中的居住者必须自己承担上述修理工作，如果所有者没有完成上述工作，那么将从他们的租金中扣除这些费用。" ❹

与古希腊城邦不太关注市政设施建设相比，古罗马城市在这方面取得了惊人的成就。希腊地理学家斯特雷波这样描述了这种差别：古希腊人的城市规划着重于美化和城防，着重于经营港湾和丰腴的土地，而古罗马人则以筑路

❶ 塔西佗 . 编年史 . 北京：商务印书馆，1981：279.
❷ 罗马帝国时期（上）. 北京：商务印书馆，1985：34.
❸ 黛安娜·法夫罗 . 奥古斯都时期罗马的城市印象 . 剑桥，1996：139.
❹ 转引自：[英]A. E. J. 莫里斯 . 城市形态史 . 北京：商务印书馆，2011：56.

和建造给、排水管见长❶。古罗马时期的城镇在空间管理上出现了极规则的棋盘格局形式，还出现了配有拱廊或骑楼的街道、广场、剧场、斗技场、浴室、公厕等标准设施。古罗马修建了前所未有的公共工程：道路、引水渠、排水系统，以使城市有能力承受不断增加的人口。公元前 5 世纪罗马就建起了大污水沟，公元 4 世纪中期就出现了街道照明，有记载说"夜间路灯的亮度也常常如同白昼"❷，5 世纪在以弗斯城的阿卡迪乌斯大街上就有 50 盏灯照明。但是这些设施总的使用状况却不太理想。同时，缺乏污水处理、大宗的垃圾和废弃物的处理方法，更没有最起码的疾病防范措施。古罗马城闭塞如孤岛的民宅群和大垃圾坑，也都证明当时罗马的市政管理极为恶劣。

为了应对城市急剧发展带来的各种"城市病"，古罗马城市也采取了各种今天都还在实施的城市管理政策。在公元 1 世纪的罗马城，因为街道狭窄曲折，且人口不断膨胀，罗马城的交通变得不堪重负，车辆交通与行人之间冲突不断，交通拥堵现象就已经开始成为城市管理的主要课题。恺撒上台后的首批行动就是禁止车辆白天在罗马城中心地区通行，只有一些建筑用车和少数几种政府马车除外。哈连德则进一步将交通限制政策具体到进入城市车辆的挽畜数目和载重量，以从流入量上消减夜间交通。另外，罗马城最主要的人口居住在公寓之中，早在公元前 3 世纪就已经出现了 3 层高的公寓楼。随着人口的不断增加，公寓楼的高度不断增高，于是恺撒不得不通过法令对楼房限高，规定不能超过 70 英尺。要求住宅屋顶使用不可燃的砖瓦，两座楼之间的距离为 28.75 英尺。公元前 1 世纪，由于所在的广场拥挤不堪，作为初期的一项措施，鱼贩从廊柱大厅的台阶上转移到了专门市场——鱼市，最早的专业市场出现了。

与雅典不同，罗马后期的很多城市已经不再拥有城墙，城市开始拥有一般意义上的开放特征。最重要的是公民身份在罗马城市之中得到确认。当然，在这一时期，教会的力量在城市的形成中起着重要的作用，但是在城市管理中，大量的医院、检疫等公共部门出现，使城市具有相对独立的系统。❸这为中世纪教会在封建贵族退出之后的城市管理中发挥更大的作用奠定了基础。

---

❶ 转引自：[美]刘易斯·芒福德.城市发展史——起源、演变和前景.北京：中国建筑工业出版社，2005：230.
❷ [美]刘易斯·芒福德.城市发展史——起源、演变和前景.北京：中国建筑工业出版社，2005：227.
❸ 姚尚建.城市政治——正义的供给与权力的捍卫.北京：北京大学出版社，2015：49.

3.1.3 古希腊、古罗马城市管理的神权特征及其意义

芒福德认为古代社会发展主要来源于社会性和宗教性两种推动力，"正是在这两种推动力的协同作用之下，人类才最终形成了城市。"❶ 在这一阶段，神权在城市管理制度中发挥了重要的角色，神与神的关系、人与神之间的关系构成了古代希腊罗马城市及城市制度建立的根本要素❷，"所谓城市，系指一种新型的具有象征意义的世界，它不仅代表了当地的人民，还代表了城市的守护神祇，以及整个儿井然有序的空间。"❸ 信仰的力量使公共生活、公共管理规则内化到城市公民的心中❹。从古希腊、古罗马城市发展演变的进程来看，城市的形成是在追求安全的共同过程中，集聚在一起的家庭、部落，通过家庭之神与家庭之神、部落之神与部落之神的博弈寻找家庭、部落之间联盟的共同点，也就是说，在精神层面上城市本质是由那些有着公共宗教信仰、有着公共祭祀的若干团体所组成的联盟。这样，城市在共同的宗教信仰之下得以创建，一个城市以建立神庙而始，以其神庙被毁而终，神庙中日夜不熄的社火，成为城市生命的象征。最终，宗教信仰成为人与神之间的契约，并由此间接地延伸出人与人之间的契约，规制着城市人与人的关系，从而在实质上起到了管理城市的治安与秩序的作用。

古希腊、古罗马城市的宗教给后来的城市管理在制度和形式上留下了很多直接或间接的影响。具体来看有下面四个方面：一是欧洲的城市自治制度。城市最早的自治性的特征是源于宗教，后来从城市宗教扩展到城市行政、司法等领域。❺ 在古希腊和古罗马，一般情况下神庙只对本城公民开放，市民既不希望自己城市的保护神庇佑外人，也不希望外人敬奉自己的保护神。二是城市官员的任命方式与考察标准。古希腊、古罗马城市官员的产生一般采取世袭与抽签的方式，他们认为世袭与抽签方式表达的都是一种神意，这是其合法性的来源。如罗马执政官的产生根据神所送来的候选人的吉兆信息，进

---

❶ [美] 刘易斯·芒福德.城市发展史——起源、演变和前景.北京：中国建筑工业出版社，2005：7.

❷ 邱红梅.城市神权与古希腊罗马城市制度的建立.湖北社会科学，2011（1）：126.

❸ [美] 刘易斯·芒福德.城市发展史——起源、演变和前景.北京：中国建筑工业出版社，2005：39.

❹ 邱红梅.城市神权与古希腊罗马城市制度的建立.湖北社会科学，2011（1）：127.

❺ [法] 菲斯泰尔·德·古朗士.古代城市：希腊罗马宗教、法律及制度研究.上海：世纪出版集团，2005：182.

行选举；被抽签出来的城市官员还需要对其品格进行考察。考察的标准是：不能有身体缺陷；必须有家庭祭祀，并且忠诚于家庭祭祀。❶ 三是城市管理法律。古希腊、古罗马城市建立初期，城市管理秩序是通过宗教活动来体现，呈现出井然的秩序性和契约性。仪式、祷词和节庆的规定写在圣书上，或者用诗歌的形式表达出来，罗马人将法律称作"诗"，希腊人则称之为"歌"，如各城的古法是有关仪式、仪式程序的指导、祷词以及管理条令的汇编。对神的敬畏塑造了城市人们极强的守法意识，成为古代法治最早的源头。四是城市管理制度。人向神表达敬意的崇拜仪式的功能衍生了城市公民团体、市政功能和管理功能等。祭祀、监察官在城市管理制度中起到监督作用。如人们必须参加的宗教仪式中有一项涤罪礼。在参加涤罪仪式之前，每个公民要将其家中的人口及财产情况向监察官汇报，虽然目的是将公民的妻儿、奴隶、产业及动产、不动产都因一家之主的到场而得到洗涤净化，但却收到了一种对城市进行户籍调查、财产调查的管理效果。❷

3.2　欧洲城市管理的发展（中世纪，公元 5 世纪～ 17 世纪）

史学界一般认为，西欧的中世纪起于公元476年西罗马帝国灭亡，止于公元1453年东罗马帝国的灭亡。这一时期的主要特点是，封建制的庄园式自然经济与宗教统治一起占据主导地位。一方面，封建制度的形成、发展和解体是欧洲经济发展的主线；另一方面，教皇对思想、文化、艺术、教育、科技等的全面控制则是欧洲社会发展的主线。

中世纪时期是欧洲城市发展史上的形成期，这一时期西欧自始至终都存在着多种政治势力。在中世纪城市产生之前，总的来讲有三种政治势力：封建君主、封建诸侯和教会贵族。以国王为核心的国家权力行使的范围是有限的，并因分封制的发展其权力日益受到限制，封建诸侯、教会贵族在中世纪城市发展中扮演了重要角色。也正是在西欧中世纪多元政治局面中，代表着一股新生力量的城市诞生了。以城镇起源为依据，按照时间排序，11 至 15

❶ [法]菲斯泰尔·德·古朗士.古代城市：希腊罗马宗教、法律及制度研究.上海：世纪出版集团，2005：213.
❷ [法]菲斯泰尔·德·古朗士.古代城市：希腊罗马宗教、法律及制度研究.上海：世纪出版集团，2005：192.

世纪的欧洲城镇可以大致分为五大类：（1）起源于罗马时期的城镇；（2）设防城镇；（3）通常起源于农村聚落的有机生长的城镇；（4）防御城镇；（5）种植城镇。❶ 霍弗（Hofer）曾这样给中世纪的城市下过定义："一座中世纪的城镇是以下六个因素共同作用的结果：经济结构（市场手工业和商业）、社会结构（手工匠人、商人、神职人员、贵族）、物质结构（城镇布局、公共建筑、防御工事）、法政特色（宪法、地方机构、行政区）、地点（水陆交通、桥梁、停泊位置、装卸位置）以及政治活力。"❷

3.2.1　教会占主导的城市管理（5～10世纪）

商业与教会的联系是中世纪城市的基础。从公元4世纪起，一系列的入侵事件打破了"罗马的和平"，使欧洲开始长期处于动荡不安之中。西欧自罗马帝国衰落后，唯一强大而广泛的社会组织便是教会了，因为教会的权力源于神授，所以免遭损害。王侯们害怕主教们，主教们可以把他们逐出教会。他们将主教当作秩序和正义的超自然的保护者来尊敬。❸ 这就使教会在罗马帝国崩溃之后的西欧很多地区城市生活方式得以维持中承担起了至关重要的角色。教会将帝国的行政区划作为教会组织的基础，每一个主教区与一座城市（civitas）相对应。这些教区不受新建立的日耳曼王国的影响，即"从6世纪起，civitas这个词专指'主教城市'，即主教教区的中心所在。"❹ 正如刘易斯所说："古典城市与中世纪城市之间最密切的联系，不在于遗存下的建筑物，而是基督教修道院。"❺ 这期间，一度作为罗马帝国城市支柱的元老阶层也退居到他们的庄园里，封建庄园取代城市迅速发展起来。随着封建贵族的撤退，主教阶层弥补了他们腾出的空缺，承担起了城市管理的领导责任。随着基督教教会的作用越来越大，甚至对教民的保护作用超过了封建领主贵族，并事实上领导了这一时期的城市发展与管理，以致原有城市的权力通通自行让渡给了主教管辖区，管辖区的主教实际上接管了自治市市长的全部职能，成为市政行政官。一个城镇围绕着一个教堂发展的现象在意大利以外的欧洲极为

---

❶　[英]A. E. J. 莫里斯 . 城市形态史 . 北京：商务印书馆，2011：245.

❷　[英]A. E. J. 莫里斯 . 城市形态史 . 北京：商务印书馆，2011：297.

❸　[比利时] 亨利·皮雷纳 . 中世纪的城市 . 北京：商务印书馆，2006：39.

❹　Smith, An Historical Geography of Western Europe before 1800.

❺　[美] 刘易斯·芒福德 . 城市发展史——起源、演变和前景 . 北京：中国建筑工业出版社，2005：264.

常见。初期的城市议会一段时间内是在教堂里举行的，直到独立的市政厅的出现才使这种权力的分类被明显地实体化。❶ 主教按照古罗马方式把政、教职能合一。❷ 这样主教就把修道院的管理思想和制度放大到了城市之中。中世纪欧洲城市的实质就在于教会和社区密切结合起来，共同去追求基督教所主张的那种神圣生活。❸ 教区的结构被看成是城市辖区和公民权力的基础❹，神权制度完全代替了古代的城市制度❺。可以说，正是由于宗教信仰的存在，城市得以维持，但城市的复兴则意味着城市自治力量要在教权和王权之间的缝隙中谋生存。

同时，9 世纪混乱的局面迫使主教们恢复了罗马时期城邦的围墙，到公元 10 世纪，欧洲进入了一个相对和平的时期，经济也随之开始复苏。由于商业贸易兴起，大量周围地区的人们来此进行交易，包括逃离了封建主控制的手工业者也纷纷来到市场所在地定居、生产，出卖自己的产品。市场、集市所在地的领主也愿意市场在此地建立，借以收税获利。随着市场、集市的稳定发展，西欧中世纪城市的轮廓日益清晰了。欧洲的教会不仅拥有城市的政治权力，还据有城市的经济财富。医院比较普遍的建立起来了，医院和收容所都是修道院的直接贡献，救济院和养老院也是中世纪城市开始提供的一种组织形式，16 世纪还出现了专门收容弃婴的一种育婴院。随着商品交易活动频繁，"城镇居民逐渐形成了一个远比农村庄园中的农奴人数更多更富有的阶层，这样他们经常能从他们的领主那里夺得很多特权"❻，在西部欧洲重新形成一个专业商人的阶级，这是城市发展的一个重要标志。商人聚居地的居民最迟从 11 世纪初期起得到市民这个名称。这个名称从来没有用于旧有的封建城堡的居民。❼ 随着影响力的增加，市民们的野心也越来越大，他们希望尽可能地控制他们的利益，在商业竞争中立于不败之地。于是曾经积极为公众提供过安全

❶ [美] 斯皮罗科斯托夫. 城市的组合——历史进程中的城市形态的元素. 北京：中国建筑工业出版社，2007：84.
❷ [美] 刘易斯·芒福德. 城市发展史——起源、演变和前景. 北京：中国建筑工业出版社，2005：264-265.
❸ [美] 刘易斯·芒福德. 城市发展史——起源、演变和前景. 北京：中国建筑工业出版社，2005：287.
❹ [美] 乔尔·科特金. 全球城市史. 北京：社会科学文献出版社，2014：107.
❺ [比利时] 亨利·皮雷纳. 中世纪的城市. 北京：商务印书馆，2006：43.
❻ G. W. Southgate, English Economic History, 1934. 转引自：[英]A. E. J. 莫里斯：《城市形态史》，北京：商务印书馆，2011 年版，第 297.
❼ [比利时] 亨利·皮雷纳. 中世纪的城市. 北京：商务印书馆，2006：97.

和秩序的教会，面临着把它接管到手的市政功能转让给商人和工匠的行会团体的严峻挑战。

3.2.2　自治城市形成期（11 ~ 14 世纪）

比利时城市史学家亨利·皮雷耶这样概括："中世纪的城市从 12 世纪起是一个公社，受到筑有防御工事的城墙的保护，靠工商业维持生存，享有特别的法律、行政和司法，这使它成为一个享有特权的集体法人。"❶ 随着西欧封建社会生产力的发展，商品交易活动频繁，尤其在 11 世纪中叶以后，特别是在 12、13 世纪，新城市大量出现，如比萨、热那亚、威尼斯、米兰、帕维亚、帕多瓦、佛罗伦萨、锡耶纳等。但与古希腊、古罗马的城市同整个社会连为一体不同，中世纪的城市处于封建主的领地和城堡、封建庄园、教会领地和修道院的包围之中出现，是在封建制度的夹缝中成长的。同封建农庄自给自足的生产方式 相区别的是，城市里的商业和贸易活动首先需要有自由的保障，另外，古希腊、罗马时期所奠定的城市生活的自由传统也仍有影响。这样，中世纪的城市迫切需要争取自己的独立空间。

中世纪城市争取自治的运动发端于 11 世纪意大利北部，到 13 世纪遍及西欧各地，大部分工商业城市都取得了自治权，它的主要斗争对象是教会领主。这是因为封建领主们一般都居住在自己的乡村城堡里，与城市居民没有直接接触，从而避免了直接冲突的产生。而主教们则不同，他们必须居住在作为教区行政中心的城市里，同时他们还必须要保持自己的权威，反对市民扩张权利的野心，特别是这些野心还是由教会一向敌视的商人所鼓动的。由于考虑到本身显而易见的利益，王室不得不非常急切地支持高度发展的封建制度的敌手，所以每当能够支持市民阶级而又不受到牵累时，王室就予以支持，因为市民阶级起来造他们的领主的反，实际上是为王室的特权而战斗。把国王当做他们的争端的仲裁者，对于斗争双方来说就是承认君权。因而市民进入政治舞台的结果削弱了封建国家的契约原则而有利于君主国家的专制原则。❷ 西欧取得自治的方式因城市而异。其中，富庶的城市大多采取付出金

---

❶ [比利时] 亨利·皮雷纳.中世纪的城市.北京：商务印书馆，2006：523.

❷ [比利时] 亨利·皮雷纳.中世纪的城市.北京：商务印书馆，2006：114.

钱从领主手中赎买的方式，如法国南部、意大利和英国的一些城市❶；而另一些城市则采取了武装斗争的形式，如11、12世纪法国东北部的40多个城市。

10世纪末，欧洲城市就朝自治迈出了第一步，建立了第一批行业公会，行会管理成为这一时期城市管理的突出特征，最早的城市自治体即11～12世纪产生的城市行会。行会有自己的章程和组织机构，具体规定了作坊里手工机器的数量、帮工学徒的人数及劳动时间，产品的质量数量等，行会成员是作坊主也是匠师。在12～13世纪里行会起了保护生产和积累经验的进步作用。在10世纪末以后的三个世纪里，城市社会获准建立越来越多的管理机构，得到了越来越多的行政管理权限，这进一步鼓舞了他们要求城市自治的步伐。从11世纪到12世纪，城市普遍获得了自治权。所谓自治城市，包括两个方面的内容：首先，城市必须从封建领主手中取得相对独立的合法自治地位；其次，城市自治社会内部是平等的。城市自治社会的建立，标志着市民阶级成为具有高度特殊性的合法阶级，具有特殊的法律地位。❷自治市除享有军事安全外还享有法律保障。农奴如果在某法人城镇能够连续居住一年零一天，他的农奴身份和义务就被免除了。因此，中世纪的城市便成为一个选择力很强的环境；它从农村吸引了大批更有技能、更富开放精神、更正直的人口。商业的繁荣与城市的组织是否良好存在着非常直接的关系，所以商人不得不主动负责供应城市最不可少的必需品，城堡主也没有任何理由阻止他们用自己的财力供应明显急需的公共物品。❸就这样在11世纪圣奥美尔商人的自发组织和城堡主之间达成协议，虽然没有任何法律的依据，商人行会主动地从事于新生城市的建设与管理，实际上在每个城市中执行着公社长官的职责。从12世纪起，商人将其利润的很大一部分用来为同乡造福——建造医院，赎买通行税。

❶ 在亨利一世时期，伦敦市民给国王支付了100银币（100 marks of silver）从而获得了选举自己的治安官的权利；林肯市民支付了200银币（200 marks of silver）和4金币（four of gold）可以选举他们的市长；牛津市民支付了200金币（200 marks of gold）可以成立他们的商人行会；在亨利二世时期，剑桥市民支付了300银币（300 marks of silver）和1金币（one mark of gold）获得了包税权（ferm），而且国王的治安官不得随意干涉市民。W. Stubbs. Select Charters and other Illu strations of English Constitutional History from the earliest Times to the Reign of Edward I[M]. Oxford: Clarendon Press，1957：195 -196.
❷ 袁祖社．权力与自由：市民社会的人学思考．北京：中国社会科学出版社，2003：15，18.
❸ [比利时] 亨利·皮雷纳．中世纪的城市．北京：商务印书馆，2006：118.

中世纪的欧洲，城市自治权力和城市自治机关的法律基础有两种。一种是城市居民联合起来，共同订立一个互助的誓约，根据这种誓约组成一个自治团体，这种城市叫"宣誓的自治市"或"公社"。公社自我管理的制度在11世纪后期和12世纪初期被引进意大利的大多数城镇。在1084年的比萨、1093年的阿斯提、1098年的阿雷佐、1099年的热那亚以及1138年的佛罗伦萨均有这种执政记录。从历史资料看，在1111年，在佛兰德尔的阿拉斯最早提到了城市执行吏法庭。1127年授予圣奥梅尔的特许状承认城市为独特的司法地区，拥有为全体居民所共有的特别法律、特别的执行吏法庭和充分的公社自治。还有一些公社编撰公社立法机构、民众集会或大议会的决议，这些决议通常被称为法规，有时，按罗马共和国的法律分类被称作立法。城市公社的财政制度既不承认例外也不承认特权。全体市民平等地享受公社的好处，也平等的有义务分担公社的费用。每人的分担份额与其财产成正比。❶ 到13世纪时，意大利北部的一些新型城镇公社进一步利用皇权、教权之间争斗形成的机会，扩展自身城镇的管辖范围。

另一种城市自治的方式是"特许状"，"特许状"是城市的领主与城市全体居民之间订立的一种契约，通过市民请求、领主向城市颁发的方式实现。经常被申请的权利是允许每星期举办一次交易市场，最好还能每年组织一次或者多次大的集市。11世纪末，阿方索六世颁发一项特许状，1172年的罗马教皇训令承认格拉斯哥作为一座城市的地位，1176年被赋予的民事权力给予了这座城市自治市的地位，由此后来增加了每年一次集会的权力。1194年英国朴次茅斯的第一个特许状授予了每周一次的市场和一年一度集会的权力，商业行会在13世纪30年代得到授权。这种特许待遇得以创建城市立法制度，地主和商人阶级乘机在城镇政府内立稳脚跟。这一时期，整个欧洲，从波罗的海到黑海，国王、贵族、主教和修道院院长都纷纷给他们的城市颁发特许状，这些城市特许状描述了11～15世纪欧洲城市管理的性质和基本特征。"中世纪西欧的城市特许状是由国王或大封建主颁发给城市和市民的法律意义上的权利认可证书，用以承认城市的自治权利、规定城市的基本制度和市民的基本权利。"❷ 城市特许状只限于确定城市法的主要轮廓，提出城市法的某些主要

❶ [比利时] 亨利·皮雷纳. 中世纪的城市. 北京：商务印书馆，2006：130.
❷ 黄洋，付昱. 欧洲中世纪城市的兴起与市民社会的形成. 探索与争鸣，1998（2）：44.

原则，解决某些特别重要的争端。在多数情况下它们是特定环境的产物，只考虑草拟时正在争论的问题。

随着城市自治的实现，具有城墙的城市又具有了一种新的政治功能，"它可以用来维护城市内部的自由"❶，"城市商人和手工业者躲在安全的城墙后面，他们享受的独立性是东方城市居民所无法想象的。"❷也就是说，一旦有了城墙，城里居民就能够获得安全保障、能够井然有序地从事各种活动和工作。因此，到1184年康斯坦斯合约把属于皇家特权的建筑城墙的权力授予给了意大利各自治市，而市民承担建筑城墙的费用则成为城市管理的最初功能。市民阶级很早就感到需要有一项税收制度，需要修建防护壁垒在各地都是城市财政的出发点。11世纪后半叶，意大利北部城市共和国的一些市镇已经自行任命自己的"执政官"，并赋予其最高的司法权力，而不管教皇的权威和帝国的宗主权。11世纪中后期一些城市设立了称为"执政官"的负责城镇行政管理的地方长官，最早见诸文字的出现于1080年的卢卡，在1068年该城已有"公社法庭"的记载，这是城市自治所特有的征兆❸。执政官从社会各阶级（资本家、武士、公民）中选聘，这种地方长官职位最大特点是其任期的年度性，显然不同于封建制度所独有的终身官职。12世纪下半叶，执政官制度逐渐被以统治委员会为中心的制度所代替。

总之，到1300年时，欧洲城市管理取得了两项较大的发展。首先是城市管理的进一步制度化，证据就是政府权力和法律增多，法庭、市政机构官吏、技术人员也相应增多，市政业务也有了正式记载。12世纪时长吏的出现是政治进步的第一个征候，这是因为长吏不折不扣的是一名官员。随着这种不以授予土地而以薪俸相酬劳的、必须每年报告管理工作情况的、可以撤换的人物的出现，一种新型的政府出现了。❹从13世纪起，城市管理人员中越来越普遍的使用本国方言，在行政事务中首先采用本国方言的是城市，这种首创性完全符合于在中世纪文明中以城市为其杰出代表的那种世俗精神❺。最有意

---

❶ [美] 刘易斯·芒福德.城市发展史——起源、演变和前景.北京：中国建筑工业出版社，2005：269.

❷ [美] 乔尔·科特金.全球城市史.北京：社会科学文献出版社，2014：109.

❸ [比利时] 亨利·皮雷纳.中世纪的城市.北京：商务印书馆，2006：111.

❹ [比利时] 亨利·皮雷纳.中世纪的城市.北京：商务印书馆，2006：142.

❺ [比利时] 亨利·皮雷纳.中世纪的城市.北京：商务印书馆，2006：145.

义的一件事是招募了财政官员以及实行税制改革。❶ 这反过来说明，城市自治和城市管理大发展的一个重要原因就是市政府在管理财务方面卓有成效。只有在城市之中他们才受到保护，因而他们对于城市有一种近乎热爱的感激之情。❷ 第二项相关的发展进步就是城市寡头政治开始形成。寡头政治的社会基础是城市贵族，即城市中的富有者。从中世纪早期开始，一些城市经济和社会的秩序就垄断在包括王公贵族及其代理人的少数城市精英手中，甚至还实行家族世袭制。英国城市市政官员的世袭制就较为多见。"总而言之，黑死病灾难之前，欧洲城镇管理已经奠定了基础；包括基本概念和初步实践，诸如城镇自治、城市社区、公民权、精英治理。"❸ 这些内容一直沿用到 19 世纪。

3.2.3 城市自治被蚕蚀期（15 ~ 17 世纪）

"从中世纪开始，有两种力量一直在施展手腕，谋取西欧的领导权，一是皇室，一是自治市的市政当局。"❹ 1348 年席卷欧洲的黑死病严重打击了欧洲所有的大大小小的城市，其后城市权力开始逐步向国家转移，从 15、16 世纪开始，欧洲的封建制度逐渐解体，民族国家随之形成，城市也就融入到民族国家中成为它的一部分。国家的威望意味着地方城市自由的丧失，随着"国家取代了城市，又不利用城市的自治功能，因而也就削弱和贬低了城市的自治生活"❺。同时，由于城市自身危机的发生，城市又弱化了维持自治权的能力，因为独立性过强、自治权过大反而会对城市拓展更大的活动空间造成障碍。"当市民阶级占据了主导权后，城市的自治权反而萎缩了，城市演变成了民族国家政治统一体中的有机部分。"❻

虽然城市自治权力遭到国家的侵蚀，但是城市在处理具体城市管理问题上却取得了更多的进展。首先在城市规划管理上，当城市需要土地用于建造新的防御工事或扩展已有的防御工事的时候，涉及公民的"强制购买（土地）"法令，这是西方世界现代城市和农村规划的法律前提，荷兰早在 13 世纪和 14

❶ [英] 彼得·卡拉克. 欧洲城镇史：400-2000 年. 北京：商务印书馆，2015：92.
❷ [比利时] 亨利·皮雷纳. 中世纪的城市. 北京：商务印书馆，2006：132.
❸ [英] 彼得·卡拉克. 欧洲城镇史：400-2000 年. 北京：商务印书馆，2015：94.
❹ [美] 刘易斯·芒福德. 城市发展史——起源、演变和前景. 北京：中国建筑工业出版社，2005：370.
❺ [美] 刘易斯·芒福德. 城市发展史——起源、演变和前景. 北京：中国建筑工业出版社，2005：360.
❻ 陈恒等. 西方城市史学. 北京：商务印书馆，2017：182.

世纪就已经在这方面达成了一致。❶ 此外，荷兰城市议会还发展出了一种互补的系统，由此那些附近的将从他们财产的增值中受益的所有者应当被征收"改良"费以用于支付城市发展的费用。其次，在城市卫生管理上，剑桥议会在1388年通过英国的第一个城市卫生法，禁止向沟、河、水中丢弃污物和垃圾。城镇提供饮用水首先是保护好水井或泉源，然后是在主要公共广场设喷泉，各家各户再从喷泉取水提回家。伦敦的输水管修建技术是1236年批准的，直到15世纪，伦敦的输水管仍然像医院和救济院一样，是一种私人办的慈善事业，而不是公用事业。17世纪才有私人公司设输水管从远处把水引来输送到用户家去。第一个污水处理和自来水厂是1543年在西里西亚建的。1533年荷兰阿姆斯特丹实施了一项以提高城市居民健康的法令。规定房主必须安装连接有铅制污水管的水槽，禁止修建覆盖管道和下水道的建筑物，除非它们在合适的间隔里能够安装可以打开的检查盖。1565年进一步健全，要求每小块地皮上都应该建有厕所，税收用于修建道路、人行道和运河堤坝，这项法令直到19世纪早期仍然有效。这一关于公共健康和建筑的法律被严格执行。它在城市管理中开创了一种对集体决议的尊重，这对于17世纪实施主体规划具有至关重要的前提作用。其三在城市治理上，16世纪议会、国王和伦敦市的管理机构联合起来，并决议遏制向首都地区涌来的移民。但是，被事实证明相当失败的这项政策，产生了各种相互联系的压力，每一种压力都涉及城市商人的利益。随着城镇人口的增长、过度拥挤，政府试图控制环境卫生习惯，清理街道和集市上的垃圾和障碍物，维修道路，处理工业污染以及引发疾病的臭气。这些措施再一次只发挥了有限的作用，部分因为城镇问题的规模越来越大，同样还因为特权阶级和民众的反对，这些人对于将传统的习惯视为违法这种做法感到反感。❷ 最后，在管理体系上，从16世纪20年代起，很多城市提出了新的标准并且经常将各类机构集中起来，处理穷人和移民的贫穷问题。

这一时期，一方面为了扩大城镇政治空间，城镇权力机构把教会的特权、大量的教会土地和财产放在公民的监控之下。另外，一是不断增加的城镇管理的工作量和压力，这种管理经常要求城市统治小组在短时间内做出决策；二是城市日益严重的经济和社会两极化，这种两极化意味着只有有限的公民团

❶ [英] A. E. J. 莫里斯. 城市形态史. 北京：商务印书馆，2011：365.

❷ [英] 彼得·卡拉克. 欧洲城镇史：400-2000年. 北京：商务印书馆，2015：202.

体能负担得起从事公民政治的时间和金钱；第三，国家希望可以选出一小批公
民领导人，依靠这些人来贯彻政府的指令❶；最后，欧洲城镇的财政困难，不
得不依靠富有的议员自掏腰包来实现城镇管理。这些使得城市寡头政治进一
步强化，在这种情况下一大批律师在 16、17 世纪进入城市政府。直到 18 世
纪 90 年代，老式的城镇寡头政治依旧在欧洲大部分城市中残存着。

当然，欧洲城市管理者和国家或者地方统治者之间的关系仍然是紧张的。
18 世纪的中央政府往往将政策强加给被视为一个整体的城镇而不是个别团体。
1789 年后，市政管理的温和发展模式彻底结束。在城镇公共部门对中产阶级
开放后，逐渐替代了旧的市政寡头政治。同时，18 世纪城市政府和服务质量
开始明显提升。市政当局一边在拆除旧建筑，一边在建造新式的建筑包括诸
如歌剧院和医院等。街道被重新铺设，设立了人行道，城镇中心安装了路灯。
水泵被引入市政领域，使得城镇更便捷供应自来水成为可能。警务部门变得
更有组织、更正规，成为了半专业力量。但是，城市管理仍然存在问题，城
镇改善通常会集中在时尚的城市中心区，而不是在贫穷的市郊或者近郊区；18
世纪穷人救济体系并没有得到重大的改善。

3.2.4 中世纪城市管理的核心：城市自治

城市自治表现为独立地对城市事务进行管理。这种管理通过各种制度让
市民们共同遵守，通过各种机构来实施管理行为。城市在争取自治的同时，
也创造了越来越多的市政机构和管理制度。❷中世纪的城市管理机构主要由
四部分组成：市长作为城市的最高负责人；由市民选举产生的大总管掌管财
政；市政会作为城市最高权力机关；城市法庭处理城内各种法律事务以及各种
纠纷。中世纪城市对城市事务的管理是独立的，主要依靠城市政府机构实施，
依据城市共同体自我约定的章程，或是领主赐予的特许状。

取得自治权的城市一般都由市民申请、领主或国王颁发自由许可证或称
特许状，"自治市的标准并不是规模与富裕程度，而是一个皇家意愿的行为。"❸

---

❶ [英]彼得·卡拉克.欧洲城镇史：400-2000 年.北京：商务印书馆，2015：204.

❷ 陈恒等.西方城市史学.北京：商务印书馆，2017：129.

❸ D. M. 斯登顿，《中世纪早期的英国社会》，转引自：[英]A. E. J. 莫里斯.城市形态史.北京：商务印书馆，
2011：282.

这些城市特许状描述了 11 ～ 15 世纪欧洲城市管理的性质和基本特征。"中世纪西欧的城市特许状是由国王或大封建主颁发给城市和市民的法律意义上的权利认可证书，用以承认城市的自治权利、规定城市的基本制度和市民的基本权利。"❶ 特许状具有"特别授权"的性质，具有政治契约的属性，它规定了中世纪西欧城市自身作为一个独立法人组织的权利。不仅如此，特许状作为一种政治契约，使城市及其市场获得了合法性。从某种意义上它更类似于近代的宪法，有学者称其是"一部微型宪法"。❷

席勒·斯旺森（H. Swanson）认为，特许状授予城市居民各种特权是为了使市民们更好地从事商业交易，这些权利主要包括：市民可以在城市里自由流动，这是市民享有的个人自由；市民可以随时向城市法庭提出诉讼请求和控告，这是司法自由；市民可以控制自己的财产，并随便处置它们，这是承认城市市民财产私有制。与城市外的居民相比，城市市民在经济活动上有很多的经济优势和优先权。这些经济上的优先权组成城市市民享有的特权的核心。❸ 中世纪西欧的城市特许状的内容十分多样，包括：市民的身份自由；市民的人身安全；市民在城市中的土地自由和土地所有权；免除市民各项封建赋税；市民享有某些特定的经济特权；城市享有独立的司法审判权；城市享有一定政治和行政管理权等等。正如美国法学家伯尔曼（H. J. Berman）所说："它几乎不可改变地确立了市民的基本'特许权'，通常包括自治的各项实体权利。"❹

中世纪的城市自治，是由从封建主或主教手中获得的"特许状"规定的，具有"特别授权"的性质，这意味着城市必须获得批准才能获得行政管理权力，但是城市在整个国家政治权力体系中的地位并不清晰。另外，虽然从 15 ～ 16 世纪，自治城市逐渐为民族国家所削弱，但自治的传统却被这些城市一直延续下来，形成近代以来的城市自治与治理的先声。

3.2.5　中世纪欧洲城市管理的特点

截至中世纪结束，欧洲城市管理主要取得了两大成就，一是欧洲城镇基

---

❶　黄洋，付昱. 欧洲中世纪城市的兴起与市民社会的形成. 探索与争鸣，1998（2）：44.

❷　冯正好. 中世纪西欧的城市特许状，西南大学学报（社会科学版）2008 年第 1 期，第 184 页。

❸　H. Swanson. Medieval British Towns. New York：S t. M artin' s Press，1999. 68-69

❹　H. J. Berman. Law and Revolution：the Formation of theWestern Legal Tradition. Cambridge，M as s：Harvard University Press，1983. 362

本行政管理体系和政治结构，包括城市权限、市政领导机构均已成型；二是形成城市自治 ❶。标志着欧洲城市管理主要架构基本成型。

其中，自由民在欧洲城市社会的崛起以及中世纪封建主义衰落的过程中有着非常深远的重要意义。❷ 在中世纪的城镇中，大多数居民第一次成为自由人，城市居民与市民成为了同义词，正如卢梭的话："房屋只构成镇，市民才构成城。" ❸ 只是想从领主那里要来人身自由的权利，要来自由经商的权利。❹城市的自治权是市民们求生存的需要最终指向，因为城市的自治是市民个人自由的前提，而个人自由是自由经商的前提，所以从这个意义上说，中世纪西欧的"自治城市"更大程度上是"自由城市"。城市管理"由对外管理变成了对内管理，市民们自觉服从规定，遵守纪律，如同每一个同业公会的成员所表现的那样。" ❺ 中世纪城市，"志愿合作、契约规定的义务和相互之间的责任部分地代替了盲目服从和单方面的强制高压" ❻。

中世纪市政管理的内容主要局限在城防要塞建筑、日常防务之类的狭小范围里。至于其他方面，"它是由社会团体来组织，具体由各户分片包干。""当然这适用于道路铺面、照明和管道供水。""打扫街道长时间内也一直是私人管的，这个习惯在伦敦一直遗留到19世纪以后。" ❼ "在整个中世纪期间，建筑物都表现出一种倾向，那就是侵占街道（包括桥梁）和其他公共空间。限制这种现象的种种尝试都没收到什么效果。"❽这是因为同业公会的弱点的根源决定了中世纪城市管理政策上的缺陷。

总起来看，中世纪城市管理取得了以下发展。首先，城市政府组织的制度化；其次，城市公社权力日益理想化，推动因素是城市人文主义思想、公共生活热忱以及城市公共职能的发展。随着市政府专业分工细化，实力增多等原因，地方自治的积极性大增。市政府管理人员数量和权力也都大大增加。

❶ [英]彼得·卡拉克.欧洲城镇史：400-2000年.北京：商务印书馆，2015：86.
❷ [英]A.E.J.莫里斯.城市形态史.北京：商务印书馆，2011：257.
❸ 引自[美]刘易斯·芒福德.城市发展史——起源、演变和前景.北京：中国建筑工业出版社，2005：100.
❹ 陈恒等.西方城市史学.北京：商务印书馆，2017：127.
❺ [美]刘易斯·芒福德.城市发展史——起源、演变和前景.北京：中国建筑工业出版社，2005：336.
❻ [美]刘易斯·芒福德.城市发展史——起源、演变和前景.北京：中国建筑工业出版社，2005：335.
❼ [美]刘易斯·芒福德.城市发展史——起源、演变和前景.北京：中国建筑工业出版社，2005：329.
❽ [英]A.E.J.莫里斯.城市形态史.北京：商务印书馆，2011：268.

城镇权力结构越来越集中，随着城镇自治趋势发展市政官员和城市问题丛聚，越来越需要有效的城市管理。❶

3.3 欧洲城市管理的成熟（工业革命以来）

这一时期城市管理的变迁可以分为三个阶段：第一个阶段包括了 19 世纪的最后数十年，在这期间尚不完善的市政管理还无法满足不断加速的城市发展需求；第二个阶段截止到第二次世界大战，这个阶段的特征是大规模的政治改革和市政扩张；第三个阶段包括了 20 世纪的下半叶，这一阶段市政活动的主要推动力来自国家的发展，而到了 20 世纪 80 年代以后遭遇到财政和其他多方面问题的挑战。❷

3.3.1 第一个阶段：19 世纪欧洲城市管理的发展

"现代欧洲城市政治格局的动力来自于过去几个世纪间长期存在的几组张力之中：强烈的地方自治意识与少数权力寡头所掌握的市政当局之间的张力；市民自治权与愈发集中的国家权力之间的张力；城市之间紧张的政治斗争与城际合作的需求之间的张力。与此同时，城市管理也在 19-20 世纪期间发生了许多根本性的转变：其一是在城市政治格局中扫除了守旧的地方精英势力，资产阶级开始居于主导地位，并且在 19 世纪末以后引入了更多民主化的代表制度；其二是城市管理的大规模扩张，职能、人员和专业素养都有所增加；此外，同样重要的变化还有国家统一观念的强化以及更新的国际整合。"❸

城市管理的发展源于解决城市问题的迫切现实需要。工业城市的急剧扩大，人口的迅速增加，使城市功能发生了具有转折意义的变化，新兴城镇面临不断加重的社会、经济、治安等管理问题。早在 16 世纪时，许多英国城镇就禁止把垃圾随便丢在街上，但在早期工业城镇，垃圾丢在街上却被视为是理所当然的处理办法，因为新的工业城市连最基本的一些市政服务设施都没有。同时，城市发展和建设缺少规划，街道曲折狭窄，住房拥挤不堪，联排式、

❶ [英]彼得·卡拉克.欧洲城镇史：400-2000 年.北京：商务印书馆，2015：93.
❷ [英]彼得·卡拉克.欧洲城镇史：400-2000 年.北京：商务印书馆，2015：329-330.
❸ [英]彼得·卡拉克.欧洲城镇史：400-2000 年.北京：商务印书馆，2015：329.

大杂院式和"背靠背"式房屋杂乱无章，利物浦与曼彻斯特的地窟、瓷器区以及伦敦的贫民窟等更是令人触目惊心，公共设施特别是最基本的生活设施几乎等于零，更不用说公园、绿地、博物馆、艺术馆之类。英国社会史学家阿萨·勃里格斯曾这样描述："像过分拥挤和贫民窟这样的词，在19世纪初尚感新鲜，而到该世纪末，人们已经越来越多地感受到其现实性，每一个大城市都有一个或几个挤满了工人的贫民窟，仅在伦敦万人聚居的贫民窟就有20个以上。"❶"1820—1900年，大城市里的破坏和混乱情况简直与战场上一样，这种破坏和混乱程度与该城市拥有的设备和劳动大军数量成正比例。"❷另外，19世纪上半叶，从卡图街密谋到滑铁卢事件，英国城市的社会问题也令人揪心。

但是自17世纪资产阶级革命以来，亚当·斯密等人宣扬的"自由放任"取代重商主义深入人心，在19世纪早期的城市管理中占据主导地位，再加上只关注小集团利益的寡头政治以及严重的人员不足、城市财政的长期困难，造成的城市政府行政机构运行效率低下，工业革命时期城市管理较为局限的传统得以延续，许多城市无法有效应对日益加剧的城市化进程带来的服务和基础设施短缺问题。因此，霍华德敏锐地洞察到城市要有一个公共的统一的组织机构，"城市的发展必须有一个代表制的公共权力机构来掌握，而这个权力机构只有在它有权集中并占有土地，有权制定城市的规划，决定建设时间，提供必要的服务，只有在这种情况下，才能取得最好的结果。再也不能让城市发展的最重要的原动力掌握在私人投资者手中"❸

工业革命改变了人们的生产方式和生活方式，直接造就了现代城市社会，使英国成为世界上第一个城市国家。而即使是处于工业革命最前沿的英国，其社会的最大特点就是崇尚传统，尊重地方自治，直到19世纪，城市政府大多是历史遗留下来的模式，分为自治城市和没有取得自治权的城镇。但是这时的自治城市虽然根据"特许状"仍然有权选举自己的市政官员，有权选举自己的市长和市议会。但是随着时间的推移，自治城市的市政官已经为城市豪门所控制，父子、翁婿、兄弟、连襟接二连三地进入市政当局，形成了"寡头政治"，视市政如家政，"只为城市有产者利益着想，不关心城市大众的福祉，

❶ 恩格斯．英国工人阶级状况．北京：人民出版社，1956：61.

❷ [美]刘易斯·芒福德．城市发展史——起源、演变和前景．北京：中国建筑工业出版社，2005：462.

❸ [美]刘易斯·芒福德．城市发展史——起源、演变和前景．北京：中国建筑工业出版社，2005：533.

低效无能"❶,无力应付日渐繁杂的城市事务,与城市的建设与发展严重脱节,形成了一个封闭的系统。

面对日益复杂的城市问题,英国城市大多提请议会"特事特办"以通过地方法案的方式,通过建立各式改善委员会、征收地方特别税等来应付必要的开支,以解决专门问题,这一时期出现了约 300 个城镇改善委员会❷,此外还有大量名目繁多的专门组织。其中,伯明翰和曼彻斯特的改善委员会工作较为成功。早在 18 世纪下半叶,伯明翰的改善委员会就曾成功地清除了街边有碍交通的障碍物,如凸肚窗、门前的石阶、地下室入口等,以便于铺设起人行道、安装街道照明设施。19 世纪初,该委员会又获得了征收新税和举借贷款等新权力,工作更有成效。曼彻斯特的第一个改善委员会是 1765 年成立的警务委员会,到 19 世纪 40 年代,它已涉足铺路、照明、拆迁、消防、供水、清洁和煤气供应等领域,进行专项治理。❸

"总体而言,中产阶级已经在城市政治中建立了不可撼动的优势地位,而这一地位又因其在经济和社会生活中所享有的权力得到强化。在更多的欧洲城市中,得益于各种政治团体、政党、报纸、公开的文化活动以及在市政府中日益提升的地位,资产阶级到 19 世纪中期已经逐渐在公众领域中获得了绝对的控制权。"❹英国的城市政府改革就是在这种形势下展开的。19 世纪英国城市政府改革主要有中央立法和城市地方立法两种。中央立法以 1835 年的《城市自治机关法》为开端,其基本原则是在民主的基础上改造自治城市政府。该法规定,在 178 个城市里,用选举产生的城市政府取代旧的市政官,为全国统一了市政选举的资格标准。这一规定建立在权利(选票)与义务(纳税)相统一的基础上,重在其职责——为城镇大众服务,而不在其官位和个人得失,"因此这种新的市政官员已不再是旧式的城市寡头,而是现代'公务员'了"❺,从而打破了城镇寡头对城镇的行政垄断,标志着英国城市政府逐步发展成为现代城市政府,开始履行日益扩大的社会管理职责,对城市社会的各类问题作出回应。同时,《城市自治机关法》是从上而下由英国议会立法通过,

❶ 陈恒等.西方城市史学.北京:商务印书馆,2017:269-270.
❷ 陆伟芳,余大庆.19世纪英国城市政府改革与民主化进程.史学月刊,2003年第6期,第107页.
❸ 陈恒等.西方城市史学.北京:商务印书馆,2017:270.
❹ [英]彼得·卡拉克.欧洲城镇史:400-2000年.北京:商务印书馆,2015:331.
❺ 陈恒等.西方城市史学.北京:商务印书馆,2017:270.

除明确列入其中的城镇外，其他城镇只可申请援引该法，因此这一立法不带有强制性质，但它已是中央政府对城镇事务的有力介入。19世纪80年代初选举权扩大范围后，越来越多的激进分子入主市议会，一些亟须解决的问题被提上议程。同样，在过去的几个世纪里，（欧洲国家）中央政府也在一直不断地加强对城市政府的干预，并为之设定工作框架，而这一明显的趋势在19世纪得到了延续。❶ 法国进行了资产阶级多数投票权的市政委员会改革，普鲁士1808年通过颁布城市条例的形式规定了新的地方自治权力，并在1845年最先在莱茵地区城市中推行了新的三阶层选举制度，奥地利市政自治权也得到了确认。

从英国现代城市自治的模式看，以1870年为分水岭，可以把1835年到1900年分为两个阶段。1835～1870年为分散式自治模式，即在中央没有相关部委管理城市政府。城镇当局针对城镇事务的繁杂和地方事务的专门性，创设了许多专门机构，如早在1834年就成立了济贫法委员会、1835年的公路局、1848年的卫生局、1870年的教育局，到19世纪70年代，各式的地方性局、委有700多个。❷ 中央政府发挥的作用和权威则不足，"未能通过中央控制作用来改变自治市大小不等、区域划分和地方管理多样化的局面。所以当时的多数地方政府仍然存在腐败和低效问题"。❸1871年转变为集中领导模式。1871年在中央成立了地方政府部，统一指导处理地方政府工作，冲击了地方自治传统。1872年设立内政部，加强中央对地方的指导和监督，开始了中央政府部门对地方政府的统一协调过程，建立起现代的中央——地方政府架构。另外，《1888年地方政府法》首倡郡级自治市建制，《1894年地方政府法》完成了除伦敦外的地方政府改革，到1972年的《地方政府令》撤销郡级自治市，共设立了6个城市郡。1855年大都会公共事务委员会的创立是伦敦管理史上的第一个重大举措，创造了一套表面上的两级体制。1888年地方政府法奠定了伦敦地方政府的基本轮廓，创立了一个事实上的两级制政府，《1899年伦敦政府法》才真正解决了大都市——伦敦城市政府的法律规范，它规定，在1888年建立的伦敦郡区内重新建立28个首都自治市议会（Metropolitan

---

❶ [英]彼得·卡拉克.欧洲城镇史：400-2000年.北京：商务印书馆，2015：330.

❷ Derek Fraser，Power and Authority in the Victorian City，p. 153.

❸ 阎照祥.英国政治制度史[M].北京：人民出版社，1999：365.

Borough Councils）和 1 个伦敦城（City of London Corporation），取代原有的
38 个教区委员会。❶ 这种形式一直持续到 1986 年废除大伦敦议会为止。英国
城市政府的改革初步建立了城市专业化的管理机构，并将权力日益集中化，
加强了中央对地方的行政管理。

市政干预的另一个方面在交通和公共设施建设。起初英国把城市公用设
施建设与城市工商业的发展等同看待，并没有认识到其公益性，政府对公用
设施建设完全采取自由放任的态度，由私人主宰城市的建筑、自来水、下水道、
煤气照明等公用事业。这导致即使在同一个城市的同一个区域或同一条街道，
往往也有几家公司经营自来水或煤气供应，但水质却得不到保障。1831 年的
一场霍乱席卷了 431 个城市，造成了 3 万多人死亡。根据调查研究的结果，
饮用水是这场瘟疫迅速蔓延的主要途径之一，这使饮水成为最早实现城市政
府经营的项目，这样根据 1835 年《城市自治机关法》选举产生的市政府逐渐
成为公用事业发展的重要载体。从 1846 ~ 1865 年，一共有 51 个城市政府新
建或购买了私人供水公司。❷ 从 1866 ~ 1895 年，又有 176 个城市实现了自来
水市营。❸ 经过 19 世纪中下叶的供水市营后，英国大体上解决了城市的用水
问题。19 世纪 50 ~ 60 年代，煤气作为城市人民生活和生产的要素越来越重要，
于是，煤气市营又成了新的热点。1867 年，格拉斯哥市政府一致同意购买两
家私营煤气公司，到 1875 年，全英已有 76 个市政府拥有了自己的煤气公司。❹19
世纪中叶，英国每年对公用事业的投资额达 500 万英镑，主要集中在自来水
和煤气的供应上。❺ 到 19 世纪末，在市内轨道交通、电灯照明、电力供应等
方面的年投资额则高达 800 万英镑。公用事业的巨大投入迫使城市政府不得
不大量举债，1875 年就达 9500 万英镑，1898 年则飙升到 26 200 万英镑。❻19
世纪 90 年代，城市交通出现了突破性发展，德国城市出现统一管理的公交车

❶ C. Douglas. E nglish Historical Documents，1874 -1914，London，1977：p477.
❷ Asa Briggs. Victorian Cities. London：Odhams press Ltd，1963. p. 59
❸ Harold Carter &C Roy Lewis. An Urban Geography of England and Wales in the Nineteenth Century. London：
Edward Arnold，1990. p. 208 -209
❹ Harold Carter &C Roy Lewis. An Urban Geography of England and Wales in the Nineteenth Century. London：
Edward Arnold，1990. p. 209
❺ 陆伟芳 . 英国城市公用事业的现代化轨迹 . 扬州大学学报（人文社会科学版），2004 年第 6 期，第 87 页。
❻ Martin Daunton ed. The Cambridge Urban History of Britain，Vol. 3，1840 ~ 1950. Cambridge：Cambridge
University Press，2000. p. 317

系统,并引入了电气化运营。1900 年巴黎建设了第一段地下铁路。19 世纪后期,西欧的大城市开始通过政策手段加强对燃气、水和电等公共资源的管理和控制。尽管历史学家德雷克·弗雷萨（Derek Fraser）等认为市政社会主义作为一种意识形态主要是 20 世纪初的现象,但不可否认 19 世纪的公用事业的市营——即市政社会主义已经初露端倪。❶

3.3.2 第二个阶段：欧洲城市管理的扩张（20 世纪前半期截止到第二次世界大战）

到了 19 世纪和 20 世纪之交,由于工人阶级教育和生活水平的提高,欧洲国家社会和政府对市政重视程度越来越高,城市管理开始将社会福利的考量置于关键地位。城市政府的规模仍然继续着 19 世纪 70 年代以来的稳步扩张,这除了地方政府自身追求改变之外,也是由于中央政府担忧城市问题会威胁到社会和政治稳定而给予的支持。市政委员会在社区中越来越重要的各种新型城市服务分配和办理这两个方面逐渐地占据了决定性地位。"城市再一次像 16 世纪那样成为了公共政策发展和尝试的实验室。"❷

在市政服务的发展上,地位越来越重要的城市政府领导人的管理理念起到决定性的作用,英国的伯明翰市长约瑟夫·张伯伦在公用事业市营领域提出的"市政社会主义"尤为著称。市政社会主义认为,城市基础设施投资有利于提高当地企业的运营效率和盈利能力,同时对城市自豪感和与其他城市竞争也有着重要的促进作用。这使商业领袖更加直接、积极地参与到市政管理之中。1911 年,随着普选权的实现,米兰产生了一位信奉社会主义理念的市长,城市的现代化步伐明显加快。到一战时,米兰政府接受了这样的理念：政府有责任监督城市的发展、为市民提供各种服务。同时,在现代城市社区的发展过程中,市政领袖也发挥着关键的作用。

在这一阶段还产生了一个不同于 19 世纪的明显趋势,城市政府的服务对象不再像局限于少数富人,而是扩展到全体市民。这一趋势的基础在于城市管理机构和中央政府之间所发展出的新型合作关系,国家开始依赖地方议会贯彻其自由主义倾向的政治方针。城市政府与中央政府之间紧密的合作关系、

❶ 陆伟芳.英国城市公用事业的现代化轨迹.扬州大学学报（人文社会科学版）,2004 年第 6 期,第 87 页。
❷ [英]彼得·卡拉克.欧洲城镇史：400-2000 年.北京：商务印书馆,2015：341-342.

改善的城市财政状态以及扩大化的资产阶级一起支撑起了这一城市公共服务发展的黄金时期。20世纪二三十年代，北欧的城市中公共与私人合作关系比较常见，许多城市由政府负责修建场地，然后交给体育俱乐部或工人协会维护。城市公共服务的领域从1900年开始关注民众家庭中的卫生和保健，1914年的第一次世界大战标志着城市政府对社会住房问题实现公共供给的重要转变。德国城市政府时不时会通过将长期污染企业搬到郊外的方式来应对环境问题。由家用燃料所导致的烟尘污染问题直到20世纪50年代才开始被触及。食品造假和污染等问题严重影响着下层市民的利益。城市中的治安机构越来越组织化和专业化，警察也越来越多地开始监管公共卫生和交通安全等一系列问题上市政条规的执行情况。

　　这一阶段欧洲城市管理较之前一个阶段取得了明显的效果，主要有以下几个原因：一是城市政府机构规模扩张和专业化程度提升，导致城市政府在城市公共服务中所占份额不断稳步增长。"城市政策的制定和执行被专业化的新一代全职市政官员所接管，而他们的专业素养通过技术培训、专业机构和资质认证体系的发展以及国际会议、出国学习等方式的国际交流得到加强。这种人员的专业化可以在一定程度上避免由于传统的政治委托关系而导致的腐败现象。" ❶ 二是城市管辖范围的变动做到了与城市、郊区的发展同步，甚至偶尔还能够超前。第一次世界大战后，欧洲城市就出现了一股辖区扩张的潮流。辖区扩张带来了很多明显的好处，一方面方便了城市规划，另一方面使不断增加的城市人口能够获得统一的城市服务，最重要的是增加了城市的财政收入。三是20世纪30年代以前，城市财政状况的持续改善为供给更多的市政服务提供了有力保障，而这种改善来自于中央政府直接拨款的增加、国家支持下的市政债券和借款以及通过城市贸易和地方纳税所增加的收入。

3.3.3　第三个阶段：二战至今的城市管理

　　在1945年以后，欧洲城市成为了社会福利、医疗、教育和社会住房大规模增长的试验田。英国政府干预的政策目标十分明确，就是要保证社会成员按照社会经济不同阶段的要求去采取行动。政府干预的手段也日趋多元，除

---

❶ [英]彼得·卡拉克.欧洲城镇史：400-2000年.北京：商务印书馆，2015：341-342.

了传统的法律途径，行政力量的直接干预开始强化，同时辅之以必要的舆论宣传，取得了不错的成效。以城市住房为例，"1945～1980年，英国全国竣工住房1000多万套，其中半数是由政府负责建设的"❶。

在20世纪60年代末，欧洲国家社会进一步认识到，"城市自治程度和领导才能在很大程度上决定了欧洲城镇能否在处理各方面问题时达到政治上的成功。"❷于是，在西方兴起了一个理性规划与专家治国论思潮的高峰期。英国城市社会学家Ray Pahl提出了城市分析方法即后来的"城市管理主义"，他认为城市可以被看做一个有组织的资源分配系统❸。

第二次世界大战以后，城市管理的扩张建立在城市政府部门对国家财政拨款越来越深的依赖基础之上，这要求城市政府必须贯彻国家政策，从而损害了城市的自治权益。20世纪70年代和80年代，由于经济危机的影响，欧洲国家财政能力受到极大地削弱，欧洲城市管理也随之发生了巨大的转变，其影响一直延续至今。首先，欧洲国家财政政策转向保守，这使得中央政府开始削减对城市的财政支持，而城市政府预算也正面临因制造业衰退所带来的巨大压力，二者叠加造成城市建设资金投入的巨减。英国和法国的城市纷纷开始私有化改革，在节省开支的前提下尽量维持公共服务。到了20世纪90年代，绝大多数西欧城市已经或多或少的进行了私有化改革或者将部分市政服务分离出去。其次，城市政府与中央政府之间的政治关系发生了决定性的转变。这一转变导致城市政府寻求与私人机构建立更为紧密的联系。英国削弱了城市政府的自治权力，把一部分城市公共服务责任转移给城市开发公司或者经济开发区等机构，加大影响了市政部门提供城市服务的能力。瑞典和芬兰则给予城市议会更多的自治权力。法国在国家、地区与城市之间建立了多方合作关系。20世纪末的这一转变看似又回到了19世纪，但是公共事业的私有化、政府管理的放松以及新技术的发展一起推动了城市服务的多样化，扭转了19世纪末形成的市政机构主导的单一化趋势。国家权力的介入、财政削减以及私有化政策一起建构起了更加多元化的城市管理体系。20世纪末的城市议会不仅重新建立了与私人机构之间的合作桥梁，而且还试图将志愿组

❶ 徐强. 英国城市研究. 上海：上海交通大学出版社，1995：138.

❷ [英]彼得·卡拉克. 欧洲城镇史：400-2000年. 北京：商务印书馆，2015：352.

❸ [英]诺南·帕迪森. 城市研究手册. 上海：格致出版社，2009：47.

织纳入政治体系之中❶。志愿团体的影响力不断增大，政治积极性和斗争性加强，在城市管理中形成了更广泛的协商机制以更有效地听取本地居民意见。20世纪80年代和90年代，许多欧洲城市的规划项目都引入了某种形式的公众听证制度，当然这种制度也增加了决策的复杂度，卷入了过多本地居民的私人利益。

自中世纪以来城际竞争就是欧洲城市发展的主题，20世纪80年代和90年代这种竞争更加激烈，但到20世纪末城市间合作的趋势则超过了竞争。欧盟的环境政策则赋予了市政机构更强大的权力手段以推进垃圾处理、公共交通和城市资源再生等领域的更加绿色和可持续发展的城市政策。

3.3.4　工业革命以来欧洲城市管理的特点：现代城市管理制度的建立与完善

这一时期，欧洲城市管理完成了以下变化：

一是城市管理内容和对象逐步扩大。（1）在城市管理的内容上，按照紧迫程度渐次展开：健康与安全问题迫在眉睫，应首位考虑，尤其是火灾、水源和垃圾处理，广泛意义上的治安问题包括贸易条规、公共安全与刑事犯罪是第二个亟待解决的对象 ❷，再就是服务于大多数城市人口的基础设施、住房、社会福利和规划绿地，这些组成欧洲城市管理从19世纪以来到20世纪所取得的重要成就；城市公共服务的领域从1900年开始关注民众家庭中的卫生和保健，1914年的第一次世界大战标志着城市政府对社会住房问题实现公共供给的重要转变。德国城市政府时不时会通过将长期污染企业搬到郊外的方式来应对环境问题。由家用燃料所导致的烟尘污染问题直到20世纪50年代才开始被触及。食品造假和污染等问题严重影响着下层市民的利益。城市中的治安机构越来越组织化和专业化，警察也越来越多地开始监管公共卫生和交通安全等一系列问题上市政条规的执行情况。（2）在城市管理服务的对象上，从19世纪局限于少数富人扩展到全体市民。

二是城市管理的指导思想发生了很大的转变。从19世纪初的私营公司单纯以"自由放任"市场手段解决，到城市政府以应急立法的临时干预形式应付城市问题，迈出城市政府干预公共事务的第一步；再到实现公用事业市营，

---

❶ [英]彼得·卡拉克.欧洲城镇史：400-2000年.北京：商务印书馆，2015：349.
❷ [美]保罗·M.霍恩伯格、林恩·霍伦·利斯.都市欧洲的形成1000-1994.北京：商务印书馆，2009：298.

甚至后来的公用事业国营，逐步实现政府完全干预，最后 20 世纪七八十年代又回归私有化，实现公私伙伴合作。

三是城市管理体系的建立和完善。城市管理体系的建立和完善有以下几个方面，（1）城市性质的转变。通过 1835 年的市政改革，在现代民族国家体系下再次授权确认了城市的自治地位，形成了现代自治城市，履行日益扩大的社会管理职责。（2）城市政府与中央政府的关系的转变。19 世纪末城市政府与中央政府由民族国家建构过程中形成冲突猜疑转向合作关系，这一新型关系出现和持续时间决定了城市管理发展黄金时期的出现和存续的长短。（3）城市有效管理的两大必须条件：专业的公务员队伍和足够的财政资金，也因前述两个转变得到了切实解决。1835 年后在民主的基础上改造形成的现代城市自治政府，用选举产生的城市政府取代旧的市政官，打破了城镇寡头对城镇的行政垄断，"因此这种新的市政官员已不再是旧式的城市寡头，而是现代'公务员'了"❶；而城市政府与中央政府之间紧密的合作关系改善了城市财政状态，共同支撑起了这一时期的发展。（4）城市行政区划管辖范围的及时调整做到了与城市、郊区的发展同步，方便了城市人口获得统一的城市服务，增加了城市的财政收入。（5）城市管理主体的多元化。在城市管理的发展中城市政府领导人的管理理念越来越受到重视，志愿组织、商业利益以及本地居民都会在这一体系中发挥作用。

总之，欧洲城市轮廓紧凑、管理高效、注重环保、合作与竞争共存、传承与革新并行的特征，值得全世界借鉴❷。

---

❶　陈恒等.西方城市史学.北京：商务印书馆，2017：270.

❷　[英]彼得·卡拉克.欧洲城镇史：400-2000 年.北京：商务印书馆，2015：367.

第4章 美国的城市管理发展史

要从三个方面来理解美国城市管理：中央政府—城市政府关系；城市政府形式；城市治理（政府与非政府主体的关系）模式。

4.1 美国城市管理发展的基础

4.1.1 美国城市管理发展阶段的划分

美国城市最早可追溯到 1607 年，在几百年内美国城市政府经历了规模由小变大，职能由简单到复杂，管理方式由传统到现代的历史进程。具体来看有影响的划分方式有这样三种：

一是从城市化的角度看，美国的城市发展可以分为三个阶段（见图 4-1）。最早的阶段是从 18 世纪晚期持续到 19 世纪结束的自由竞争资本主义。以小家族企业和极少受到政府当局的约束和极少纳税的企业之间的竞争为主，是自由创业和放任的经济发展的全盛期。第二个阶段始于 20 世纪初，美国经济发展的趋势达到了资本主义企业需要产生重大转折的顶点。在随后的大约 75 年里，经济的进展伴以组织化资本主义为特征。在 20 世纪的前几十年里，这种体系成功的把劳动力从工业制造业和机械制造业转移出去。这个过程就是福特主义，基于装配线技术和"科学的"管理（泰勒主义）的大生产，基于高工资和尖端的广告技术的大消费的理念。第三个阶段始于第二次世界大战后，从工业向服务业转型的去工业化，同时经济全球化，产生了新福特主义，专业化取代了标准化，进而进行多样化和弹性生产体系，形成了非组织化资本主义。

二是从发展特征上，美国城市粗略可以划分为这样 6 个时期❶：（1）重商城市的弱政府管理时期（1790 ~ 1840）。放任自由主义认为公众最大利益得

---

❶ ［美］保罗·诺克斯，琳达·麦克卡西.城市化.北京：科学出版社，2009：527-566.

资本主义的主要阶段	自由竞争阶段		组织化阶段 工业资本主义	非组织化阶段 发达资本主义
长波拐点	1815	1865	1920	1980
康德拉季耶夫长波及重大经济时期	工业革命 "饥饿四十年" "和睦时代"	维多利亚繁盛时期 "镀金时代"	1890年代经济危机 "咆哮的二十年代" 大萧条时期	"摇摆的六十年代" "里根时代"
劳动力发展过程	制造业	机械制造业	福特主义/泰勒主义	新福特主义弹性生产体系
中央政府在城市经济发展过程中的角色	可以忽略的	增长的：调节者	强烈的（直接的）：管理者/调节者	强烈的（间接的）：合作者/推动者
技术体系	水力 蒸汽机 棉纺织品 炼铁厂	燃煤蒸汽机 钢铁 铁路 机床 世界海运	内燃机 油和塑料 电气工程 重型机械制造业 汽车/航天器 广播和无线电通讯	微电子学 数字电信 机器人 生物技术 信息系统
"城市建设"库兹涅茨周期的真实状态与基础设施构建	建设运河 第一次铁路繁盛时期	第二次铁路繁盛时期 电车繁盛时期	第一次汽车繁盛时期 第二次汽车繁盛时期	
城市体系发展各个时期	商业时期	扩张与重新排列 工业组织	早期福特工业自动化时期 福特工业时期空间分散	新福特工时期经济危机与重构 新福特工时期"信息城市"的出现
城市形式的进化	商业时期城市	早期工业城市 工业城市	郊区填充 高速公路与城市蔓延	新福特主义发展阶段
城市管治与政策阶段	放任主义	地方社会主义政治机器 繁荣主义政治改革	大都市区碎片化及增长联盟 城市作为增长机器	财政危机 企业家政策

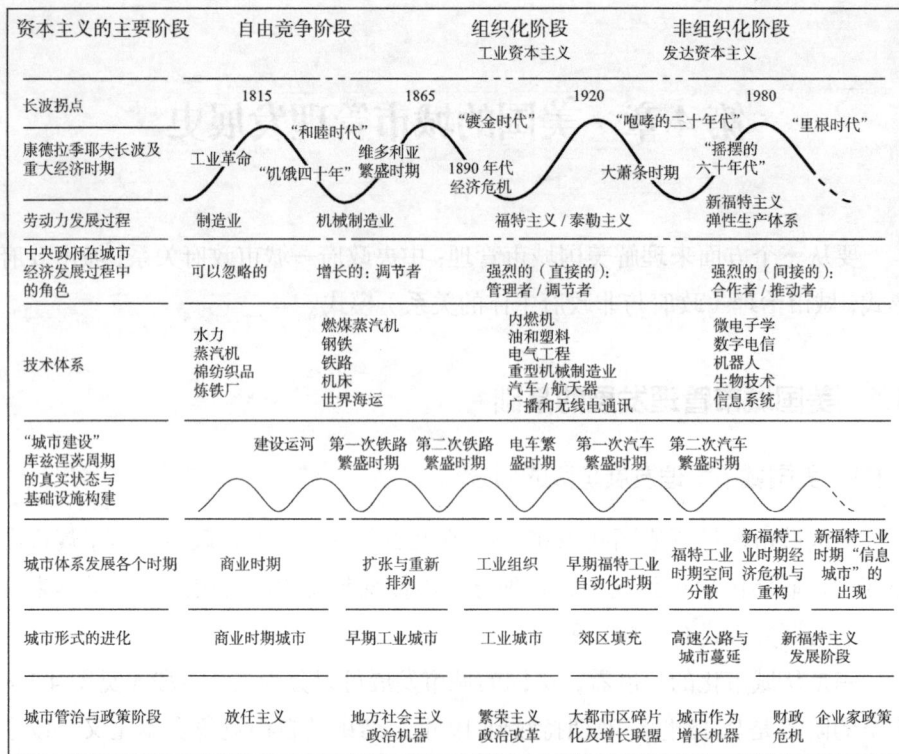

图 4-1　美国城市化分期

资料来源：[美]保罗·诺克斯，琳达·麦克卡西.城市化.北京：科学出版社，2009：12.

益于自由市场，这种思想造成城市政府力量薄弱，组织涣散，腐败横生，使本地商人和富有的地主组成的精英阶层掌管城市事务，造成城市问题不仅没有得到有效抑制，反而更加严重。（2）工业城市下的强政府垄断政治管理时期（1840～1930）。在工业城市时代，城市政府权力不断加强，新兴的企业家依靠组织政治团体和工会组织等"机器"掌握城市管理权力，以使公共政策朝向对自己有利的方向发展。（3）推动主义和政治改革（1875～1920）。在工业城市商人和专业人士组织起来，将城市政府的重心转移到吸引投资活动上；在工业城市晚期，中产阶级采取减少腐败和消除城市机器的改革，奠定了城市前进的基础。（4）大都市区碎化（1920～1945年）。郊区化与汽车的大规模生产，使美国大都市地区出现了碎化现象，不仅削弱了中心城市处理城市变化与发展等事物的能力，与此同时还加剧了社会空间隔离，标志着"黄金时代"的结束。（5）城市作为增长机器和服务的供应者（1945～1973年）。
第二次世界大战后，经济的快速发展，城市政府提供福利和服务的功能增强，
政府预算增加，政府开始进行大尺度的规划和管理，带来了市政服务的增加。
（6）财政危机和企业化政治（1973年至今）。1975年的财政危机使人们普遍
感觉到各级政府机构庞杂、开支巨大，新保守主义和新自由主义思潮深入城
市管理中。观念变化使得服务减少了，同时也把"企业化"的方法引入城市
管理中。这种方法特别强调公共——私人的联合行动，摆脱了政府对公共利
益的家长式管理方式。

三是从城市管治上看。城市管治强调过程，管治就是协调这些互相竞争
的目的和偏好，这是城市管治的核心所在。❶ 朱迪和坎特认为美国城市治理模
式存在4个周期，在1870年前是企业型城市，接着是机器政治城市，20世纪
30～70年代新政联盟城市，当代是刺激经济发展和政治包容性主导。斯多克
和莫斯贝杰归纳为三种类型：朴实的、工具的、象征性的（见表4-1）。朴实
的治理模式出现在具有同类人口和强烈地方归属的小城镇和郊区，它们的主
要目的是维持现状；工具性的治理模式关注那些由城市政府和工商业利益集团
的政治伙伴关系所指出的特定目标；象征性的治理模式出现在急速变化的城市
中，这些变化包括大规模的复兴运动、重大的政治变革、试图转变公众对自
己城市的观念的形象运动等。❷

城市治理模式的分类

表 4-1

定义特征	治理模式类别		
	朴实的	工具性的	象征性的
目的	维持现状	实现项目	重视设定意识形态或发展方向
参与者的主要动机	本地的独立性	有形利益	表达性的政治活动
共同目的之基础	传统和社会凝聚力	选择性动机	对象征加以策略型使用
联盟的质量（利益的一致性）	共同政治活动	政治合作伙伴	竞争性协议
举例	Saunders, 1980	Stone, 1989	Boyle, 1990
与环境的关系：本地非本地	排斥型为导向独立	排斥型为导向依赖	包容型为导向依赖

来源：[英]约翰·伦尼·肖特.城市秩序：城市、文化与权力导论.上海：上海人民出版社，2015；316.

---

❶ [美]保罗·诺克斯，琳达·麦克卡西.城市化.北京：科学出版社，2009；528.

❷ [英]约翰·伦尼·肖特.城市秩序：城市、文化与权力导论.上海：上海人民出版社，2015；316-317.

4.1.2 美国自由主义的城市政治传统

"美国建国至今，以自由市场和民主治理为主的传统体现了美国文化的核心价值。"❶ 可以说，以个人自由、城市自治和亲近自然为核心的城市自由主义核心价值观决定了美国城市管理的发展方向。

个人自由引申为城市自由，美国最有特色的地方政府当属市政府，它的法律名称为自治城市法人（Municipal Corporation）。这种制度直接来源于新英格兰地区市镇自治的传统。根据托克维尔的观察，在美国，"乡镇成立于县之前，县又成立于州之前，而州又成立于联邦之前"。❷ 他更进一步尖锐地指出，镇区并不是保护特权，相反，它们是保护自身免受州的干预。他甚至把镇民会议与联邦制、司法制并称为维护美国民主体制的三大原因。❸ 奥斯特罗姆则说，美国具有"天然的地方自治权学说"。

私有化风行于美国的整个城市历史，这对于理解 20 世纪美国城市动力机制非常重要❹。很多时候，美国城市居民只是抱怨日常生活条件差，却不知道市政府该如何处理，因为美国政治传统中对政府有着很深的怀疑情节，人们普遍相信取得进步要通过个人努力，而不相信集体的力量。市政服务总显得有些滞后，因为要说服市民通过纳税来改善当地公共服务的话比较困难，只有在应对危机时才提供这些服务："市政府不愿意增加税收，通常只有在十分必要的情况下才承担新的责任。"❺ 因此早期自下而上方式建立的地方政府主要通过市场机制与竞争为社区提供城市公共服务，城市公共服务主要由私人志愿提供，或由企业以获取利润的方式提供，政府严重缺位。

美国人从建国之初就对城市以及居住在他们周围的人们表现出一种恐惧和不信任感，这也使反城市成为美国文化的一大特点，一直延续至今。亲近自然是美国人在条件允许成为"汽车上的国度"后走向了城市郊区化，也造

❶ [美]丹尼斯·R.贾德，托德·斯旺斯特罗姆.美国的城市政治.上海：上海社会科学院出版社，2017：1.

❷ 托克维尔.论美国的民主（上卷）.北京：商务印书馆，1989：45.

❸ 托克维尔.论美国的民主（上卷）.北京：商务印书馆，1989：70，331.

❹ [美]布莱恩·贝利.比较城市化.北京：商务印书馆，2014：30.

❺ Arthur N. Schlesinger, "A Panoramic View: The City in American Life," in The City in American Life, ed. Paul Kramer and Fredrick L. Holborn（New York: Capricorn Books, 1970）, p. 23.

成了美国城市管理至今的城市"破碎化"。根据美国学者的定义,零碎化是"在城市地区,由于政府职权的划分和政府管辖权限与边界的增殖而产生的复杂状况"。❶ 具体内容是指,"地方政府不仅在数量特征上表现为大量的碎片,而且这些政府在地域和功能上彼此交叉重叠",❷"在公共计划中缺乏协调"❸。城市政府有制定只在其境内生效的地方法律法规的权力。这一权力非常重要,在郊区化的进程中,许多郊区市的政府正是利用这项特殊权力,制定本地区高标准的有关土地分区及建筑与住房的法规,以排斥中低收入家庭的迁入,成为中心城市与郊区之间形成居住隔离的制度性原因。❹

4.1.3　美国城市管理体制

美国城市最初的管理体制是市镇议会。市镇议会(Town Meeting),是殖民地城市形成时普遍采用的基层政府组织。它一般每年召开一次全体注册选民参加的会议,如有特殊情况也可多次举行。会议选举行政委员会和担任市镇某些重要职务的行政官员,讨论税收、财务预算、道路建设和修缮等重大问题,选举行政委员会在城镇会议休会期间管理城镇。❺ 镇民会议对外具有很高的独立性,对内奉行民主。到 2004 年,美国实行这种体制的城市共 399 个,占全国城市的 6%,全在新英格兰地区。❻ 虽然美国后来进行了多次城市政府管理体制改革,而且市镇议会运用的范围在减少,但它一直被保持了下来,这足以证实这一制度设计的强大适应性。

在工业城市时期产生了三大城市管理体制,即城市委员会制、城市经理制、市长暨议会制。第一种体制就是城市委员会制,是以应急机制的形式出现的。1900 年得克萨斯州加尔维斯顿市遭受飓风和海啸,旧的市议会反应迟钝,在

---

❶ Richard Dagger,"Metropolis, Memory, and Citizenship." American Journal of Political Science, Nov., 1981, p. 724.

❷ Harrigan and Vogel, Political Change in the Metropolis, p. 11.

❸ Thomas R. Dye, politics in States and Communities, Eighth Edition (Englewood Cliffs, NJ: Prentice Hall, 1994), p. 284.

❹ [美] 丹尼斯·R . 贾德,托德·斯旺斯特罗姆.美国的城市政治.上海:上海社会科学院出版社,2017: 69.

❺ 托克维尔.论美国的民主(上卷).北京:商务印书馆,1989: 75.

❻ "Cumulative Distribution of U. S. Municipalities", in the International City/County Management Association ed., The Municipal Year Books, 1984-2004 (Washington, D. C., 2004).

进步运动的影响下，州议会任命了一个委员会行使临时政府职能。这个委员会由五个当地倍受尊敬的企业家组成，他们地位平等，由四人分别负责四类不同的事物，一人负责协调或称市长。这种体制集立法和行政于一体，效率很高，后来成为该市的正式管理体制。并逐渐被其他很多城市所接受。第二种是城市经理制，1908 年弗吉尼亚州斯汤顿市在市政府设立了"总经理"职位，负责行政管理部门的工作，取得了很好的效果。城市经理制也称"市议会暨经理制"，与大企业管理体制——董事会经理制类似。一般先由市民在无党派前提下选举一个由 5、7 或 9 人组成的市议会，负责制定城市管理的相关政策法令，批准年度财政预算等。由市议会聘请一位训练有素且经验丰富的专家担任城市管理方面的经理，全权负责城市行政管理的事务。企业化管理原则在这一体制中得到了十分充分的体现，城市经理制由于效率出色受到社会尤其是学术界的广泛赞誉。第三种是市长暨议会制，体现了"强市长"的精髓，实行分权与制衡原则，与联邦政府体制相近。市议会负责立法与监督，市长作为行政主管，负责管理城市的日常事务，经民选产生。实行市长暨议会制的城市多数在东北部和中西部老城市。采用城市经理制的有 3453 个城市，占城市总数的 49%，占第一位；其次是市长暨议会制，有 3089 个城市，占44%；最后是委员会制，有 145 个城市，仅占城市总数的 2%。❶

　　非常规性特别设立的地方政府包括校区和专区。校区是在州法律的批准下设立的，其区域一般跨越多个地方实体，为这些地方的青少年提供中小学的公共教育服务。在这方面，校区政府具有独立的财政权与行政管辖权限，它的税源绝大多数为地方财产税，由一个跨党派选举产生的委员会实行管理。2002 年，美国各地共有 15014 个公共教育系统，其中独立的校区为 13506 个。专区政府属于独立地提供除教育之外的公共服务的政府单位，一般政府无力或者无意提供这些公共服务。同校区政府一样，专区政府根据州的法律，获得独立的财政和行政管理权限。通常，一个专区只提供一项公共服务，这类专区在 2002 年占总数的 90% 以上。

---

❶　The International City/County Management Association ed., The Municipal Year Books, 1984-2004（Washington, D.C., 2004), p.46.

4.2 美国城市管理的发展

4.2.1 商业时代的城市传统自治管理（建国 18 世纪末 -19 世纪中期）

独立性是美国城市从诞生之日起就具有的本性，这种独立性主要指的是欧洲移民根深蒂固的自由主义思想价值观，他们通常依靠自身能力解决面临的问题，相当一部分人支持城市排除外界干涉、争取自我治理的权力。因此，在政治上，几乎从一开始，美国城市就和地方自治紧密联系在一起❶。美国地方政府体制大多仿效英国体制，但是早期的殖民城市还是从当地的具体环境出发，于 17 世纪中叶创造了一种全新的城市政府管理体制——市镇议会，这种体制到 18 世纪逐渐成熟，成为美国城市管理体制诞生的标志。市镇议会（Town Meeting），也译为乡镇议会或市民大会、镇民大会。每个成年男子均有权出席并发言，市镇大会每年选举一次，由选民自由选出官员，并且由市镇大会制定法律和实行征税，处理内部事务。虽然美国后来进行了多次城市政府管理体制改革，而且市镇议会运用的范围在减少，但它一直被保持了下来，这足以证实这一制度设计的强大适应性。

在工业化之前，重商主义一直是美国城市政府重要的经济政策取向。由于此时美国城市主要是商业贸易城市，缺乏制造业厂商，城市规模狭小且财力低下，城市政府在管理上只起"守夜人"的角色，所以，城市政府在公共管理方面介入不多，城市公共政策的范围有限，到 19 世纪末以前，美国城市普遍实行的是松散的市长暨议会制，即后来通称的"弱市长型"市长暨议会制（见图 4-2）。"弱"的含义，主要是指市长没有实权，直选之外的行政官员的任命权在市议会，市长无权任命❷。这种城市管理模式中城市政府规模较小，形式单一，根本谈不上组织性和专业性，权力极其微弱，责任也十分有限，涉及的公共事务也就很少，在城市中的存在感较弱，"除了提供必要的卫生保障和法制环境以外，几乎没有领导者认为他们的作用会超越这样的管理（例如，在 1798 年，纽约将 60% 的预算用于夜间巡逻、修建房屋和监狱；大

---

❶ 王旭，罗思东 . 美国新城市化时期的地方政府——区域统筹与地方自治的博弈 . 厦门：厦门大学出版社，2010 年：14.

❷ Robert S. Lorch，State and Local Politics：the Great Entanglement，Englewood Cliffs，NJ：Prentice-Hall，Inc.，1983，p. 296.

约 10% 用于路边照明；其余用于其他各种服务和支出）。" ❶ 同时，城市的商业功能决定了城市政治生活中商业精英集团的主导地位，城市政府的责任主要是商业关系及在与其他城市的竞争时发挥作用，在城市公共政策制定中也把商人社团的利益优先考虑，这种治理模式一直持续到 19 世纪下半叶，转变为以社会阶级和种族身份为中心。也就是说，建国之初以及建国后的几十年中，美国的城市政治基本上掌握在贵族和商业精英的手中。❷

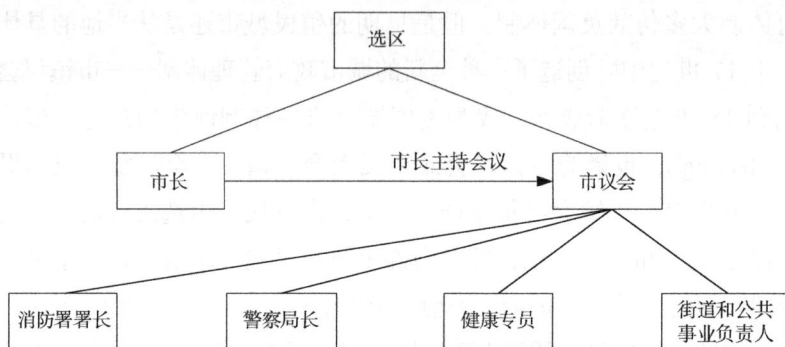

图 4-2　弱市长城市管理模式

资料来源：[美] 丹尼斯·R . 贾德，托德·斯旺斯特罗姆 . 美国的城市政治 .
上海社会科学院出版社，2017：97.

19 世纪早期，城市政府的预算是自收自支，年度收支平衡，这使道路、下水道和桥梁等巨型工程支出有限，城市政府在公共事业中仅仅发挥了微不足道 的作用。例如，1810 年纽约人口已有 10 万，但当年市政府开销仅 10 万美元，平均每人 1 美元。❸ 提供治安、消防、救济贫民等公共产品和服务的工作主要由市民或志愿者承担。这种状况在很大程度上限制了城市的发展，使工业化之前的美国城市停留在很低的水平上。法人集团使这个问题得以解决，把城市政府由一个被动的、循规蹈矩的组织变成了一个经济发展中的参与者，主要是通过发行债券进行债务融资，来进行基础设施新建和服务的改善。最早的商业城市波士顿其城市管理与服务功能很大程度上是民间商人社团进行

---

❶ [美] 保罗·诺克斯，琳达·迈克卡西 . 城市化 [M]. 北京：科学出版社，2009. 529

❷ [美] 丹尼斯·R . 贾德，托德·斯旺斯特罗姆 . 美国的城市政治 . 上海：上海社会科学院出版社，2017：26.

❸ Charles N. Glaab & A. Theodore Brown，A History of Urban America，New York，1983，p. 180.

的，即非政府管理职能居于主导地位。这使城市管理处于严重的无组织状态，市政体系虽然还算井井有条，直到 19 世纪前半期一直可以发挥一定作用，但是 19 世纪以来的城市基本都是零零散散地增加新的职责和服务设施，总是每次进步一小步，使这一时期城市管理的有利影响甚微，社会的两极分化、城市混乱、疾病和拥挤等城市问题不仅没有得到有效抑制，反而更加严重。旧工业城市的社会结构和政治遭到的最后一击来自 19 世纪后半期席卷所有城市的移民大潮。移民社区还兴起了一种以民族团结为基础的政治，引发了美国城市管理发展的变革。

4.2.2 工业城市时代的组织化城市管理时期（19 世纪中期 -20 世纪 50 年代）

随着工业城市的发展，大量的国内外移民涌入城市，特别是国外移民，从 19 世纪 30 年代到 20 世纪 20 年代，移民到美国的人口超过了 3000 万，大多数移民去了工业城市，这使 1840 年代美国城市的社会经济结构发生了巨大变化，"种族、族裔之间的复杂性使城市治理工作难上加难，协调地方社会中各个对立组织之间的关系成为一门难以把握的艺术"❶，产生于前工业化时期的"弱市长"制在这种剧烈的社会变迁面前显得力不从心。"弱市长"型城市体制，立法权和行政职能集中于市议会，行政管理权力较弱、权限分散，在城市管理领域之间产生了管理空隙，特别是城市政府与社区的联系不足。于是，城市老板（City Boss）及其政治机器作为传统社会与现代社会转变中的一种过渡型城市政府组织乘虚而入，通过填补城市政府的这一服务间隙，来控制基层选区的提名和选举，影响和控制留任的市议会议员和行政官员，形成寡头政治，"行政职能便从市政厅转移到城市老板的总部，而城市老板的权力，绝不是用于以低成本提供服务，而是用于政治分肥，封赏他的随从"❷，在正式的政府体制之外形成了新的社会政治势力。

在城市管理史上，"政治机器"美国特色明显，"政治机器帮助塑造了当代的美国城市，这种体制遗留下来的传统依然存在。"❸ "机器政治（Machine

---

❶ [美]丹尼斯·R. 贾德，托德·斯旺斯特罗姆. 美国的城市政治. 上海：上海社会科学院出版社，2017：7.
❷ John H. Baker, Urban Politics in America（New York：Charles Scribner's Sons, 1971）, p.175.
❸ [美]丹尼斯·R. 贾德，托德·斯旺斯特罗姆. 美国的城市政治. 上海：上海社会科学院出版社，2017：51.

Politics）"（见图 4-3）建立的基础是大众选民和工业化造成的大量外来移民，是一种以物质奖励为中心的融民族身份和党派忠诚为一体的组织。他们在不同程度上有等级和派别的划分，受控于一位领导者、一个"首领"，或者是一个组织缜密的权力团体。他们的民主可以从两方面理解：一是齐心协力动员选民，另外还通过指挥、协调和管理内部制度来保持高度的独立性，不受外界影响。❶ 这些政治机器实际上是帮助移民融入美国文化的机制❷。美国人恐惧外来民族，对外来移民充满敌意，机器政党培养了选民们的社区归属感，有助于数以百万计的贫穷移民融入美国文化中。同时，这也是自我成长起来的新兴企业家开始争夺政治控制权，以使公共政策朝向对自己有利的方向发展的表现。美国的许多大工业城市曾经由机器政党管理，19 世纪末期以及 20 世纪前半期是经典机器盛行的时期。1976 年，芝加哥政治首领理查德·J. 戴利（Richard J. Daley）的去世，标志着依靠赞助和分发物质激励来保证组织运行的经典机器政党时代的终结。

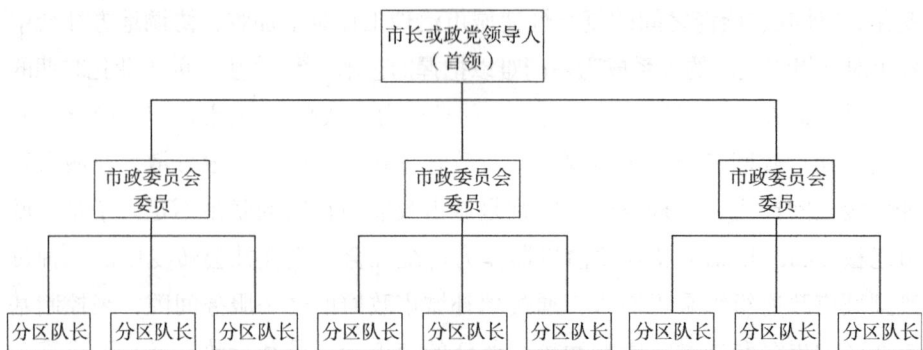

图 4-3　机器政治的组织结构

资料来源：[美] 丹尼斯·R . 贾德、托德·斯旺斯特罗姆：《美国的城市政治》，
上海社会科学院出版社，2017 年版，第 56 页。

人们普遍认为 19 世纪机器政治的发展是为了填补城市政府的缺位，即城市政府责任分配权威性不足，导致城市管理效果较差，尤其是城市基础设施

❶　[美] 丹尼斯·R . 贾德，托德·斯旺斯特罗姆 . 美国的城市政治 . 上海：上海社会科学院出版社，2017：51.
❷　[美] 丹尼斯·R . 贾德，托德·斯旺斯特罗姆 . 美国的城市政治 . 上海：上海社会科学院出版社，2017：50.

贫乏，城市政府无计可施。机器政党更强调实用性政治，更侧重于务实解决问题的方法。他们不甘心城市政府仅起"守夜人"的角色，希望尽可能地介入城市管理，制定有利于自己的公共政策。"机器政治"主要有两大核心手段：一是提供大量的公共管理和服务岗位。在前工业化时期，城市财力有限，城市政府无法设置更多市政管理岗位，尽可能少地雇佣城市管理与服务人员。"政治机器"改变了这一传统做法，首领和个别市政委员会委员掌握着警察、消防、卫生以及街道管理部门的任命工作，提供了大量公共管理和服务岗位，做为支持者的政治酬庸。二是进行较大规模的市政工程建设。19 世纪末期，美国各大城市都进行了大规模的公共工程建设，项目有城市供水、排污、电车轨道、高架铁路等工程。传统上，这些公共产品及公共服务以非政府管理为主，但城市机器政治都热衷于市政工程建设，城市政府从此大规模地介入公共事务，城市政府地位、城市公共政策和公共服务的范围大幅扩大，确保了主要服务和基本设施正常供应。在 19 世纪的后 5 0 年内，美国的城市增长了 10 倍，城市人口由 40 万增加到 3000 万，社会秩序得以维持，住房、街道、交通、供水问题基本得到解决 ❶，1845 年纽约出现正规武装警察，1853 年俄亥俄州辛辛那提市配有先进设备的消防队取代志愿者消防队，公共卫生、住房工程、供水系统、清扫街道、修建公立公园的工作，也陆续成为政府的职责范围，政治寡头的统治撑住了摇摇欲坠的城市政府。但机器政治的积极介入也使庇护和腐败在城市管制和政治中根深蒂固。市政府为了政治分肥设立了一系列相应机构，耗费空前增长，到 19 世纪末 20 世纪初，纽约城已有 4 0 个卫生检查员。政治的腐败也让债务越堆越高。1871 年，纽约公债达到 4000 万美元。1860 ～ 1880 年，费城债务由 2000 万美元增到 7000 万美元 ❷。

　　在工业城市时代，城市各群体之间的利益冲突增多，面对城市迅速扩张和种族多样性的挑战，新兴的城市中上阶层对仍然处于业余水平的城市管理和城市政治腐败，以及社会道义的丧失感到非常不满。这些不满是由传统城市管理体制的缺陷造成的。传统城市管理体制在制度设计上表现为城市立法与行政不分，管理权限分散，使城市服务的供给易于被"城市政治机器"所操控，沦为政党分肥和官商勾结的工具；同时，传统城市服务的志愿和业余

---

❶　Allen M. Wakstein, The Urbanization of America, Boston, 1970, p. 384.

❷　Charles N. Glaab & A. Theodore Brown, A History of Urban America, New York, 1983, p. 211.

性质，不能满足现代城市管理与规划的规模化与专业化的要求。到 19 世纪末，每个城市都有多个独立的理事会和委员会负责市政服务的管理，因此无法绘制出详细的组织图，也无法知晓各个城市的运行情况，这种状况极易导致混乱和腐败现象。❶ 城市进步改革运动就是在这种背景下出现的。城市进步改革运动要求公众利益更多的从整体经济利益方面来定义，强调整个城市统一、高效的管理，主张专业化管理与政党政治相分离。城市管理体制的改革是整个进步运动的核心，改革过时的城市章程与落后的城市管理体制，增加城市本身的自治地位，增加城市政府的管理权限，改善城市公共服务，重申城市政治的民主价值，提高城市管理效率，堵塞城市老板干预市政的制度漏洞。

到 19、20 世纪之交，总的来说，美国的城市比起欧洲国家的城市所提供的服务种类更多、质量更高。现代化和工业化的内在逻辑联系被应用到城市化中。进步运动城市管理改革有两大理论指导原则，一是政治与行政相分离原则的确立。传统的城市管理体制以及城市政治机器最大的弊端之一就是政治与行政不分，既容易滋生腐败，又缺乏管理效率。为了把行政从政治团体的控制下解放出来，必须组织一套完全不受政治影响的政府机构。❷19 世纪末到 20 世纪初的城市政治改革，正是建立在政治与行政关系的这种理解和改革意愿上，力图摆脱政党对政治的控制，使政府的行政职能从政治中独立出来，实现行政集权，提高政府的效率。

二是企业化管理原则。这一时期城市本身逐渐被看作是可以作为一个整体且可以理性管理的复杂"机器"❸，这应该是城市管理史上的一个重要发展里程碑。随着每一次科技创新以及公共活动范围和规模的扩大，城市政府对专家的需求越来越明显。工程师、公共健康专家和改革家凭借这样的观点积极支持改进基础设施系统，为混乱、嘈杂的大都市带来秩序、理性和公共健康。19 世纪 90 年代末，改革者需要寻找的管理指导理论基本成型。这一理论的前提是"公共利益"的界定标准要使所有公民都平等、客观地受益。其核心是四条改革原则："（1）低税收：必须有严格的预算控制来确保税收保持最低水平，

---

❶ [美]丹尼斯·R．贾德，托德·斯旺斯特罗姆．美国的城市政治．上海：上海社会科学院出版社，2017：92.

❷ Woodrow Wilson, "The Study of Administration", Political Science Quarterly, Vol. 2, No. 2（Jun., 1887）.

❸ [美]保罗·诺克斯，琳达·麦克卡西．城市化．北京：科学出版社，2009：142.

以尽可能低的成本提供公共服务;(2)无政治:市政府的日常管理要严格地与'政治'相分离;(3)管理专业知识:受过培训、具有经验和能力的专家应该从事城市服务的管理工作;(4)效率:政府应该按照商业的方式运行,将成本效益作为优秀政府的最终试金石。"❶1911年,泰勒出版《科学管理原则》❷,1912年纽约市政研究局首任董事长亨利·布鲁埃尔出版了一部著作,提出了如何将效率原则应用到市政管理工作之中。❸科学管理原则主张城市政府应该尽可能地按照商业公司的模式来运行。在19世纪90年代中期至1920年之间,市政服务模式广泛传播,这一模式体现了管理的科学化和专门化原则,这是工业时代精神的核心。❹

　　1894年费城第一届优秀城市年会提出的建立在四个元素上的政府理论集中代表了城市进步改革运动的方向:一是把公共利益客观的定义为所有公民受益;二是把日常的公共服务管理与政治、选举和代表严格分开;三是提供持久的市政服务,由经过特别训练的专家管理城市事务;四是运用科学管理的原则泰勒主义,像管理企业一样管理城市。城市政府从政治型转向管理型是一种打破集中化的城市政治机器的方法。

　　商业模式需要"强市长"城市管理模式(见图4-4),20世纪初期,被称作"强化市长制政府"的改革,赋予城市和选民足够的权利来管理城市的事务,弱化州议会的干涉和市议会的控制。但是由于机器政党很容易适应新的游戏规则,实际上在很多城市中机器政党从"强市长"制和城市管理者制度中获益匪浅。"强市长"制在此后确立的美国城市管理三大体制都有不同体现:城市委员会制、城市经理制、市长暨议会制。美国各州的城市根据自己实际情况采用"市长暨议会制""城市经理制""城市委员会制"这三种不同的体制,直到今天。

❶ [美]丹尼斯·R. 贾德,托德·斯旺斯特罗姆.美国的城市政治.上海:上海社会科学院出版社,2017:94.
❷ Frederick Winslow Taylor, The Principles of Scientific Management, New York:Harper and Brothers, 1919; first published in 1911.
❸ Henry Bruceré, The New City Government:A Discussion of Municipal Administration Based on a Survey of The Commisszon-Governed Cities, Upper Saddle River, NJ:Prentice Hall, 1912.
❹ [美]保罗·诺克斯,琳达·麦克卡西.城市化.北京:科学出版社,2009:534.

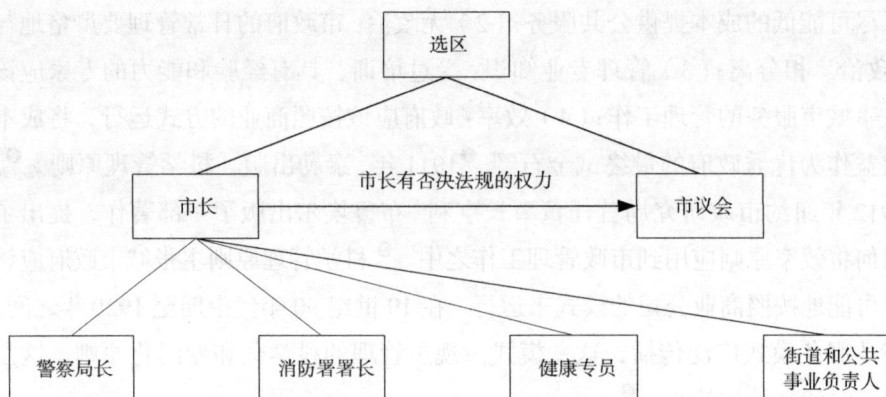

图 4-4 "强硬市长"城市管理模式

资料来源：[美] 丹尼斯·R．贾德、托德·斯旺斯特罗姆：《美国的城市政治》，
上海社会科学院出版社，2017 年版，第 97 页。

20 世纪初，得克萨斯州的加尔文斯顿是第一个以商业模式经营的城市。市
政体制改革产生的第一种体制是城市委员会制（Commission Plan）（见图 4-5），
最初是以应急性措施出现的。在 1900 年发生的飓风和海啸中，州议会任命了 5
名颇具声望的企业家组成一个委员会，行使临时政府职能。该委员会集立法和
行政职能于一身，将所有城市公共事务分为 4 类，每类由一人负责，余下一人
为协调人或称市长，但地位与其他四人平等。到 1915 年超过 450 个城镇和城市
采用了委员会这种城市管理形式，市长在其中通常是负责公共安全的委员。

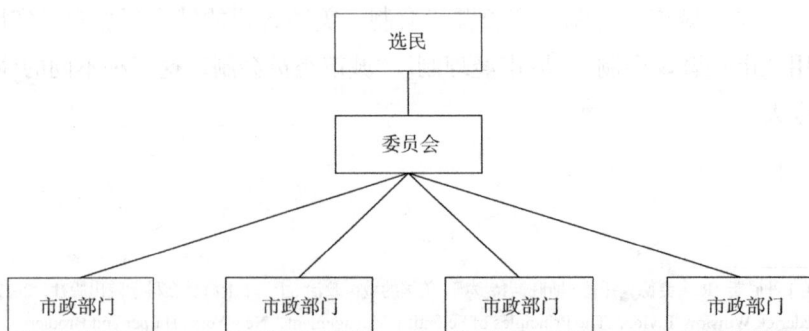

图 4-5 城市委员会制结构图

资料来源：王旭、罗思东：《美国新城市化时期的地方政府——区域统筹与地方自治的博弈》，
厦门大学出版社，2010 年，第 106 页。

1908年，弗吉尼亚州斯汤顿市在市政府设立一个"总经理"职位，负责行政管理部门的工作，取得了很好的效果。蔡尔兹将之总结出一套较为系统的城市经理制理论：（1）采用短票选举；（2）市政权力统一于市议会；（3）行政权力集中于由市议会任命、向市议会负责的城市经理。1915年，全国市政同盟在城市章程范本中正式列入城市经理制。第二年，就有50个城市采用了这种体制（见图4-6）。

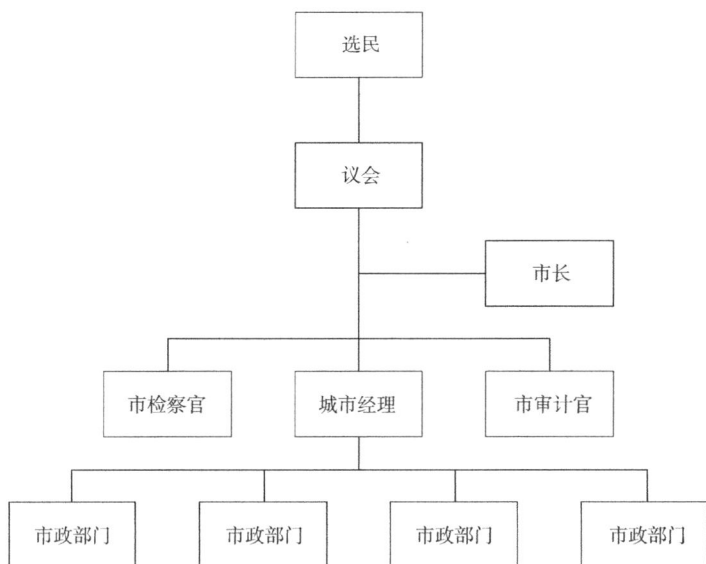

图4-6 城市经理制结构图

资料来源：王旭、罗思东，《美国新城市化时期的地方政府——区域统筹与地方自治的博弈》，厦门大学出版社，2010年，第107页。

强市长制的典型是市长暨议会制（见图4-7）。在市长暨议会制中，市长在城市公共事务中占主导地位，在掌握市政大权的同时，还是城市的政治领导者。实行分权与制衡原则，与联邦政府体制结构较为相近。市议会负责批准预算、通过立法决议、监督政府运作等，市长为行政主管，负责管理市场日常事务，经民选产生。市长拥有行政全权，可以聘任罢免市行政部门主管，提出并执行市政预算；否决议会法案等，市议会处于次要地位。20世纪30年代市长暨议会制中又衍生出兼设CAO的市长暨议会制。

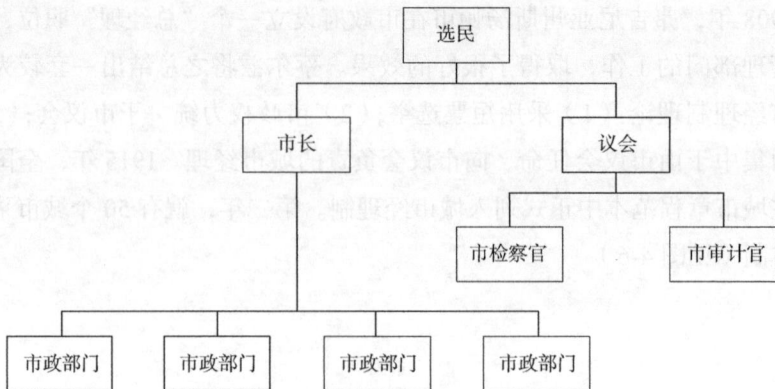

图 4-7　市长暨议会制结构示意图

资料来源：王旭、罗思东：《美国新城市化时期的地方政府——区域统筹与地方自治的博弈》，

厦门大学出版社，2010年，第110页。

在 20 世纪 30 年代前自由放任思想作为经济和城市发展的基础从未受到过挑战，公共利益被狭窄的定义为商业和效率，水、电、煤气、道路、交通等大规模的市政服务项目，多以特许方式由市政府交于私人公司建设。随着人口的增加和城区的扩大，使得对于城市基础设施和公共服务的需求持续增长，特别是 20 世纪 20 年代，上百万辆汽车涌上街头，城市需要投资建设交通信号灯、警车、垃圾车、校车、铲雪车、公路、公交车站和飞机场。为了不断壮大的中产阶级的需求，城市加大了教育投资、修建新的校舍和公共图书馆，还要改善公园和娱乐设施。特别是给排水这样费用较高的服务项目，城市政府财政有限无法满足这些需求。城市政府在这些领域的投资超出了州政府和联邦政府。但由于市政腐败，这些公共服务项目费钱耗时、价格昂贵，普及率不高。城市资助了一系列公共改善方案后陷入了经济萧条。传统的社会组织和政府机制，无法适应工业化和残酷的社会竞争现实。

纵观美国历史，城市仅仅是州的产物，被视为地方自治权的表现，与华盛顿并没有任何直接的联系 ❶。在个人主义和自由企业文化传统下，很多地方（城市）官员感到请求联邦政府的帮助是违法的，会侵犯社区权利，其他官员则担心联邦政府提供帮助会导致城市产生依赖性。20 世纪 30 年代的大萧条，

---

❶　[美] 保罗·诺克斯，琳达·麦克卡西. 城市化. 北京：科学出版社，2009：539.

市长向联邦政府发出援助的请求，联邦政府开始大规模介入城市事务。1937年美国国家资源委员会下属的一个委员会提交了一份报告《我们的城市：它们在国家经济中扮演的角色》，该报告认为："国家对城市问题的关注普遍要少于对国家现有其他问题的关注"❶，这一报告被视为国家开始重视城市问题的标志，联邦和地方之间的关系发生了转折。通过联邦政府与城市之间建立起直接的联系，新政计划赋予了地方政府直接寻求联邦政府帮助的合法性，城市在国家政治中的发言权增强。第二次世界大战后，经济的快速发展，城市政府提供福利和服务的功能增强，政府预算增加，政府开始进行大尺度的规划和管理，带来了市政服务的增加。拆除贫民窟和建设公共住房项目，是新政得以直接保留下来的部分内容。20世纪50年代，城市更新项目成为城市管治和城市政治的主要内容，并在各互相依存的利益团体编织的网络中不断前行❷。

4.2.3 后工业化时代的企业化城市管理（20世纪50年代至今）

经济增长的迫切性、治理的挑战性和分裂大都市的兴起构成了20世纪后半期美国城市管理的三股链条❸。郊区化与汽车的大规模生产，使城市地域范围的扩张成为可能，并进一步导致了一场"拥有属于自己的住房"运动，使郊区人口增长的速度第一次超过了城市中心区，美国城市自第一次世界大战以来就显露出的由工业化时代单一中心结构向后工业化时代多中心结构转变的趋势进一步加剧。这些转变使郊区的就业机会不断增加，城市的就业结构发生反转。郊区从单纯的居住区域变成居住与就业综合的区域，被称为"边缘城市"。经济重构造成的大都市区空间"碎片化"现象的普遍发生，地方政府的分裂即所谓的"巴尔干化"，加剧了财政挤压、社会空间隔离，集聚不经济效应超过了先发优势和累积因果，构成有效解决大都市区经济与社会问题的结构性障碍，标志着"黄金时代"的结束。典型的美国城市发展模式是居民随着城市病的不断蔓延，住房不断向更远的郊区更新，被更新的原有住房依次向下一个收入水平的居民转移，这被称为"蛙跳式"迁移。21世纪前后，

---

❶ [美]布莱恩·贝利.比较城市化.北京：商务印书馆，2014：34。

❷ [美]保罗·诺克斯，琳达·麦克卡西.城市化.北京：科学出版社，2009：542.

❸ [美]丹尼斯·R.贾德，托德·斯旺斯特罗姆.美国的城市政治.上海：上海社会科学院出版社，2017：2.

郊区也出现了与中心城区一样的退化现象，被称为"城市问题郊区化"。

美国城市管理体系和公共服务体系的建立有两种方式：一是被临近的已建制城市兼并，另一种是从州政府获得一份法人特许状，建立自己的自治市。19世纪末，人口分散化加速，建立特区已成为郊区社区确保高质量下水道系统、水供应、教育质量和法律服务的一种流行做法。在前一个时期郊区居民倾向于归并到已建制的中心城市，20世纪后期他们更希望建立自己的自治市。产生这种变化的动力是，郊区居民"试图维护居民的'纯洁'性，从而成为同质性社区"的继续 ❶。20世纪50年代，白人大逃逸现象就是一个突出现象。市政府往往利用所掌握的规划权力作为控制居住在本市居民成分的重要手段。郊区的大肆蔓延，使得大都市管理更加复杂。1950～1960年，美国大都市区新增了300多个市政实体和700多个专区政府 ❷。一方面，原有的城市小政府能力有限，无法有效地提供急需的各项公共服务；另一方面，各级政府都有类似的职能部门，管理和服务功能重叠，而有些跨越行政辖区的诸如污染、交通、犯罪等问题却难以应对。所以，有的美国学者这样总结大都市区城市管理问题："大都市区化不仅是城市社会的表面发生了变化，而且也影响城市决策的基础本身。大都市区是在现有独立地域或辖区的地方机构基础上形成的，所以它包括了多样化的不同的地方和区域性的政治行政管理单位。在社会隔离日益增多的情况下，这些政府实体间的冲突即穷人和富人间的冲突极可能更加严重。应对这些区域性问题的公共政策也更加复杂。也正因如此，大都市区治理的性质问题成为政治学和行政管理学讨论最激烈的问题之一。" ❸

20世纪60年代中期，出现了一个新词"城市危机"，用来指代居住在郊区的白人和集中在市中心的黑人相互隔离的极端地理分布 ❹。美国人习惯将事物一分为二：城市/郊区、黑人/白人、聚居区/住宅区、穷人/富人，这种

❶ 王旭，罗思东.美国新城市化时期的地方政府——区域统筹与地方自治的博弈.厦门：厦门大学出版社，2010：64.
❷ 王旭，罗思东.美国新城市化时期的地方政府——区域统筹与地方自治的博弈.厦门：厦门大学出版社，2010：62.
❸ Michel Bassand and Deniel Kubler, "Introduction: Metropolization and Metropolitan Governance", "Debate: Metropolitan Governance Today," Swiss Politiacan Science Review, no. 7, 2001.
❹ [美]丹尼斯·R．贾德，托德·斯旺斯特罗姆.美国的城市政治.上海：上海社会科学院出版社，2017：145.

惯性思维总是将城市笼罩在阴暗的一面 ❶。对于美国白人来说，犯罪和暴力成为市中心及其居住者的象征。除了阶级身份或经济状况之外，种族成为美国城市生活的重要分割线。种族隔离形成了隔离区，黑人居住在破旧拥挤的地区，这些因素导致了社会疾病的出现，其严重程度令人瞠目结舌。大都市区政治上的碎化，造成了相邻政府之间的竞争而不是合作。除了采取土地利用区划，各地方政府还通过提供整套的税收措施及"全套"服务来寻求竞争优势，这一趋势被称为"财政重商主义"。城市管理成为为城市经济增长的工具，城市成为一部经济增长的机器。促使在城市社会基层出现了对抗城市更新的城市社会运动，《美国大城市的生与死》在其中的影响比较大，反对更新、缓慢增长、社区导向和环境敏感等观点逐渐与城市政治活动融为一体。社区团体作用越来越大，并产生了邻避主义和香蕉现象。1966 年美国设立了住房与城市发展部，这是加强管理城市事务的重大措施，随后制定的城市政策和城市获得的联邦援助都增多了。

城市服务一旦开始提供，便结构化为一种制度因素，很快人们便习以为常的把这些服务措施视为正常的和日常的必需品，绝不可能再回归当初私人承担的状态。同时，市政服务的专业化对员工的素质要求越来越高，需要受过训练的员工承担，日常市政服务管理工作逐渐成为一项专业工作，"专业人士的进入造就了公职事业" ❷。第二次世界大战后，新技术带来了变革，产业开始了从工业向服务业转型的"去工业化"进程，变化的加快也带来了一些可能会影响到城市社会稳定性、公民忠诚度和场所感的严重问题，这导致了新福特主义的出现（Neo-Fordism），使专业化取代了标准化，形成了多样性和弹性生产体系，资本主义也进入了非组织化（Disorganized Capitalism）的阶段，这些都提倡建设新型城市，大家都寄希望于城市政府能够在全球化过程中对所遇到的不利影响逐渐发挥它的关键作用。20 世纪 70 年代，传统的支持增长政治瓦解了，保守主义和新自由主义思潮深入城市政治中，在城市管理方面就是在州政府和公共部门出现新职能，与企业型管理相联系的城市管理的一

❶　Robert A. Beauregard，Voices of Decline：The Great Migration and How It Changed America，New York：Vintage Books，1991，p. 6.

❷　Sam Bass Warner Jr.，The Private City：Philadelphia in Three Periods of Its Growth，Philadelphia，PA：University of Pennsylvania Press，1968，p. 86.

个显著特点就是："企业家型市长"。关注的重点从"集体消费"转移到公私合作，"通过交流和贸易之间的良好管治和有效合作关系，有可能降低城市贫困和不公平性。"❶ 观念变化使得城市公共服务减少，在美国一个重要的趋势就是公共服务的私有化，企业化的方法引入城市管理中。城市服务摆脱了政府对公共利益的家长式管理方式，向企业式管理转变，强调公共——私人联合行动。这种模式在注重传递公共服务和公共管理上的成本效益的同时，却忽视了人们的需求、空间平衡和社会公平。

从 20 世纪中期以来，美国已经完全演变为大都市区化的国家。这样，城市政府如何在日益分散化的大都市地区，提供有效的服务与管理成为美国地方体制发展改革的中心议题。传统改革以政府为中心，以创建大都市区政府为目标，从单纯的中心城市的扩疆增权，到结构重组的市县政府融合与合并，再到未涉及原有地方政府改变的区域性政府机构，改革路径选择的不一而足，但是困难重重，效果不太理想。直到 90 年代之后，新区域主义积极挖掘美国的公民社会传统，发展政府与私人企业、政府与公民社会之间的合作关系，注重调整和发挥原有的政府间协作关系的功能，在大都市地区形成了"没有政府的治理"网络和机制。

4.3　美国城市管理的特点

随着经济和城市化的发展，美国城市管理大致走过了三个阶段，在不同的阶段，除了在城市政策取向的明显商业化外，城市管理呈现出鲜明的层次递进化特征。在萌芽初始阶段，城市管理主体被本地商人精英主导表现出明显贵族化；城市管理结构上体现出无组织性的松散化；城市公共服务提供上以民间组织和个人的志愿性为主。在工业化时期，城市管理主体先后被外来移民的机器政治"老板"和改革型城市联盟长期控制呈现了另一种精英垄断化；城市管理结构受工厂运作特征的影响，出现了各种政治组织、社会组织、工会组织体现出很强的组织化；在城市管理服务上则出现了工作岗位和工作人员素质以及服务素质的标准化。进入后工业化时期之后，城市管理主体打破

---

❶　[美]保罗·诺克斯，琳达·麦克卡西.城市化.北京：科学出版社，2009：13.

了长期为精英垄断的局面，走向了多种主体共同治理的多元化；同时，由于城市的郊区化发展在结构上出现了城市管理与服务破碎化，在经历了各种不成功的大都市政府的尝试后，最终形成了"没有政府的治理"网络和机制；在城市公共服务上引入了企业化管理，强调成本效益基础上的公共——私人联合行动。

4.3.1 城市在宪法架构中从缺位到自治的转变

美国最有特色的地方政府当属市政府，美国实行联邦制，联邦政府对城市的设置没有统一的规定，由各州自行处理。美国的地方建制长久以来被视为州的创造物（Creature of State），在 20 世纪中期联邦政府以财政援助的方式全面干预地方事务之前，城市与州的法律关系，是决定城市发展成败的主要制度性因素。州——市关系中的地方自治，直接来源于新英格兰地区市镇自治的传统。按照托克维尔的说法，在美国，"乡镇成立于县之前，县又成立于州之前，而州又成立于联邦之前"。❶ 因此，奥斯特罗姆曾说美国具有"天然的地方自治权学说"。美国的地方自治最早于 1851 年出现于艾奥瓦州，由州议会通过立法赋予城市地方自治权，属于"法律上的地方自治"；1875 年密苏里州在宪法意义上赋予圣路易斯市地方自治权，被认为是美国现代城市地方自治的开端。

城市政府在法律上被称为自治城市法人（Municipal Corporation），它是指在一个特定的区域，为具有相当密度的人口提供的一般政府形式❷。绝大多数市处于县的地域之内，但是却与县政府没有法律上的隶属关系。市政府直接从州政府取得章程，并以此确定边界，获得职权、组织结构与财政、选举和任用官吏与雇员，提供公共服务，对社区进行自我管理的自治权力。但由于章程可以被修改，因而市政府的自治权力并非不能改变。市政府有在其管辖范围内执行州法律的责任，同时，也有制定只在其境内生效的地方法律法规的权力。

美国城市自治传统反映了美国小政府和直接民主制的思想，"从殖民地时

---

❶ 托克维尔. 论美国的民主（上卷）. 北京: 商务印书馆，1989: 45.

❷ 王旭，罗思东. 美国新城市化时期的地方政府——区域统筹与地方自治的博弈. 厦门: 厦门大学出版社，2010: 68.

期起，就形成崇尚自治和个人主义的观念，政府越小越好，离选民越近越好，几乎成为人们的共识。"❶美国城市管理体制大体上实行市政自治制度，也就是说，城市从法律地位上是一种自治体。根据居民自愿申请，经州特许成立，是最典型的自下而上结成的自我管理团体，享有较多的自治权。它在职能上是一级国家机关，宪法因而无法使其免受州立法机关的干涉，除非后者侵犯了这些城市作为业主的财产权；从法律性质上又执行"私的营业职能"，为市民提供各种公共服务。最早的城市自治形式——镇民会议对外具有很大的独立性，对内奉行民主，实行自我管理。通过20世纪上半叶的改革运动，（美国城市）地方自治已经由禁止城市做没有得到特别授权的任何授权的任何事情，演变成允许城市做没有明令禁止的任何事情❷。

4.3.2　美国城市管理形式垄断化、组织化、多元化的趋势

美国城市自治传统反映了美国小政府和直接民主制的思想，直接体现在早期的市镇议会体制中，这种体制下的城市选举政治和公共服务与农村地区的分散性、直接性和志愿性一脉相承，决定了最初的美国城市政府人员太少，基本都是兼职的，缺乏组织，所能提供的服务有限且杂乱无章；同时，在工业化之前，重商主义一直是美国联邦政府重要的经济政策，使城市政府所制定的公共政策大多围绕城市商人社团的利益，商人社团的利益被优先考虑。最早的商业城市波士顿其城市管理与服务功能很大程度上是民间商人社团进行的，即非政府管理职能居于主导地位。"建国之初以及建国后的几十年中，美国城市政治基本上掌握在贵族和商业精英的手中。"❸

当这些传统应用于新兴的工业城市的时候，产生了扭曲，形成了广泛的城市"机器政治"。但是无论是机器型政权还是以改革"机器政治"为目标的改革型政权，其共同点十分清晰，"两类政治联盟都通过动员选民、识别核心选民、协调执政联盟来获得统治权力。""机器型和改革型政府的执政联盟将

❶ 王旭，罗思东.美国新城市化时期的地方政府——区域统筹与地方自治的博弈.厦门：厦门大学出版社，2010：53.

❷ Thomas R. Dye，politics in States and Communities，Eighth Edition（Englewood Cliffs，NJ：Prentice Hall，1994），p.368.

❸ [美]丹尼斯·R.贾德，托德·斯旺斯特罗姆.美国的城市政治.上海：上海社会科学院出版社，2017：26.

管理城市的权力偏斜于政权中的精英或核心成员，而将其他团体的利益边缘化。"❶ 其核心仍然是一种垄断政治，只不过程度上有所不同，垄断在发展的过程中不断被削弱。但是这一时期城市中的大型基础设施得到了较快的发展，推动了城市的发展。

美国城市管理的发展是与资本主义企业的发展紧密相关的，20 世纪初，"在随后的大约 75 年里，经济的进展伴以组织化资本主义（Organized Capitalism）为特征"。它与福特主义（Fordism）紧密相关，具体地说基于装配线技术和"科学的"管理（泰勒主义，Taylorism）的大生产，这就造就了城市的组织化。根据各类市镇的居民素质、居民的价值观念及利益集团所具有的差异性，在美国的各类城市中开始确立起不同的城市政府组织模式。在大城市，通过市政改革建立起了强有力的城市政府组织形式——"强市长制"，改变了 19 世纪晚期由城市政治机器操纵政府的格局，实现了权力向市长为核心的城市政府回归；城市经理制则是一种从管理组织形式和管理实践上都具有很高效率的城市政府管理体制；城市委员会制也属于一种按照现代科层制构建的管理组织，实现了城市公共管理的高效率。

"美国人习惯于居住在有传统田园风光的地方，亲近自然，享受独立安宁，远离问题成堆的中心城市。"❷ 这造成美国城市的郊区化，郊区化的城市"地方政府不仅在数量特征上表现为大量的碎片，而且这些政府在地域和功能上彼此交叉重叠"，❸ "在公共计划中缺乏协调"❹。经过区域主义与公共选择的反复斗争，形成了后工业时期由多层次、多种类政府组织与私人企业构成的多元化趋势。不仅仍然保留了市长暨议会制、城市经理制、城市委员会制，还出现了很多的校区、单一服务功能的专区。自 20 世纪 90 年代以后还出现了为数众多的区域合作组织，多为自下而上、自发的组织，与私营企业或非政府合作，一般称为"公私伙伴关系"或"社区间伙伴关系"。

---

❶ ［美］杰西卡·特朗斯汀 . 美国城市的政治垄断 . 上海：格致出版社、上海出版社，2017：232.

❷ 王旭，罗思东 . 美国新城市化时期的地方政府——区域统筹与地方自治的博弈 . 厦门：厦门大学出版社，2010：53.

❸ Harrigan and Vogel，Political Change in the Metropolis，p. 11.

❹ Thomas R. Dye，politics in States and Communities，Eighth Edition（Englewood Cliffs，NJ: Prentice Hall，1994），p. 284.

4.3.3　美国城市管理结构松散化、标准化、专业化趋势

"从殖民地时期起，就形成崇尚自治和个人主义的观念，政府越小越好，离选民越近越好，几乎成为人们的共识。"❶ 美国的市政体制大致仿效英国体制，传统的美国城市管理体制反映了早期城镇的分散性特点。殖民地时期所颁授的城市特许状，规定市政体制的形式和市政府的权限，并据此设立集立法、行政、司法于一体的议会，市长、议员和其他主要官员都属于议会成员。到 19 世纪末之前，美国城市基本都沿袭着这种后来被通称为"弱市长型"市长暨议会制的管理形式。所谓"弱"，主要指的是市长没有实权，直选之外的行政官员的任命权在市议会，市长无权任命。❷ 这样的城市管理体制行政管理权限难以集中，城市管理领域之间容易产生管理空隙，为其他社会政治势力的发展留下了空间，城市老板及其政治机器，就是这种体制的产物。这样的传统城市管理体制，无法适应工业化和残酷的社会竞争的现实。

作为对工业化和城市化引起的问题的反应，通过 19 世纪末到 20 世纪初的"市政改革"，使城市的管理跟上了现代城市的发展。传统的城市管理体制的最大弊端之一，就是政治与行政不分，既易生腐败，又缺乏管理效率。工业时期进行的城市管理体制改革借鉴了"泰勒制"工厂的组织化特点，按企业管理模式，特别是实行考绩制管理城市。通过对政治与行政关系的分离，力图摆脱政党对政治的控制，使政府的行政职能从政治中独立出来，实现行政集权，提高政府的效率，彰显出现代城市管理理性原则与科学管理原则的标准化、专业化倾向。

同时，传统城市服务的志愿和业余性质也逐步转向了规模化与专业化的现代城市管理，一个突出表现就是城市管理人员的专业化。城市经理制使城市管理专业定位越来越清晰，1924 年美国国际城市 / 县经理协会（ICMA）制定了明确的职业规章，使城市政府管理成为职业经理人，满足了城市政府对市政管理专业化的客观需要，1969 年，国际城市经理协会制定了城市管理职

❶ 王旭，罗思东 . 美国新城市化时期的地方政府——区域统筹与地方自治的博弈 . 厦门：厦门大学出版社，2010：53.

❷ Robert S. Lorch, State and Local Politics: the Great Entanglement, Englewood Cliffs, NJ: Prentice-Hall, Inc., 1983, p. 296.

位的通行认定标准，使城市管理者摆脱了政客形象，将专业化的价值理念和方法融入城市管理之中。城市管理的专业化特色还对其他政府体制产生了重要影响。在县、市、区等各级地方政府都普遍设立了专业化象征行政管理的职位，使行政管理专业化成为地方政府管理领域的主流。

4.3.4 美国城市公共服务的私人化、公有化、企业化趋势

私有化风行于美国的整个城市历史，这对于理解 20 世纪美国城市动力机制非常重要❶。很多时候，美国城市居民只是抱怨日常生活条件差，却不知道市政府该如何处理，因为美国政治传统中对政府有着很深的怀疑情节，人们普遍相信取得进步要通过个人努力，而不相信集体的力量。市政服务总显得有些滞后，因为要说服市民通过纳税来改善当地公共服务的话比较困难，只有在应对危机时才提供这些服务："市政府不愿意增加税收，通常只有在十分必要的情况下才承担新的责任。"❷ 因此，早期自下而上方式建立的地方政府主要通过市场机制与竞争为社区提供城市公共服务，城市公共服务主要由私人志愿提供，或由企业以获取利润的方式提供，政府严重缺位。

面对城市迅速扩张和种族多样性的挑战，犯罪、卫生条件恶劣和街道堵塞这些慢性问题不仅降低了城市居民的生活质量，而且对当地经济发展构成威胁。新兴的城市中上阶层对仍然处于业余水平的城市管理，以及社会道义与人类体面的丧失感到非常不满。这些不满在很大程度上可以归咎于传统的城市管理体制管理权限分散，公民精英和商业领导愿意支持公共服务的建设，他们不愿意眼睁睁地看着城市走下坡路。城市政府开始越来越多的涉入城市公共事务，包括兴办市政工程、经营公用事业，提供照明和自来水、管理公园和草坪、开办娱乐设施、清除垃圾和回收废物、清扫街道、种植树木等等公共服务。

后工业社会，随着城市政府提供的公共服务越来越多，财政负担越来越重，20 世纪 70 年代的经济危机重新唤起了美国的私有化传统，城市公共服务私有化由企业管理提供。在城市公共服务上引入了企业化管理，强调成本效益基

❶ [美] 布莱恩·贝利. 比较城市化. 北京：商务印书馆，2014：30.

❷ Arthur N. Schlesinger，"A Panoramic View：The City in American Life，"in The City in American Life，ed. Paul Kramer and Fredrick L. Holborn（New York：Capricorn Books，1970），p. 23.

础上的公共——私人联合行动。增加速度最快的政府形式是特区——拥有税收和开支的权力，负责下水系统、收费隧道和桥梁的管理并且提供公共交通服务。特区的运行方式更像是私人公司，而不像政府，大部分的特区实际上是无形的。每一部分负责解决一种实际问题，但在提供公共基础设施和服务方面这一体系的确非常灵活，大部分人对此非常满意。

第二篇

西方城市管理理论

第5章 西方城市管理理论的发展

西方城市管理理论不能简单地等同于西方城市规划理论，也不能简单的套用西方公共管理理论，虽然西方城市管理理论与这两者之间有着难以割舍的联系，但需要从西方城市管理的特征出发，在区分城市规划理论、公共管理理论与城市管理理论的基础上，构建出比较严谨的西方城市管理理论体系。

5.1 西方城市管理理论的真正内涵

5.1.1 城市管理理论不能简单与城市规划混为一谈

在当前的国内外许多著作和文章阐述西方城市管理思想源流时，倾向于将城市规划理论当做城市管理理论的重要来源，甚至是城市管理理论的主要内容，这是由于西方城市管理中政府干预的手段有限，主要是城市规划。城市规划理论具有很强的技术主义倾向，这也是导致城市管理理论与实践被技术工具导向主导的逻辑根源。城市规划理论为城市管理理论提供了丰富的思想成分，但它仅仅体现了城市空间管理这一个部分，毕竟城市管理的根本属性是公共管理。"首先，城市管理的重点在于公共物品及服务的有效供给，其针对的对象既包括物，也包括人。城市规划是关于城市未来发展的一种构想，其重点在探讨城市空间该如何布局，其针对的对象是物。其次，城市管理的一个基本职能就是计划，因此它在一定程度上包含了城市规划的职能。两者的主体也存在一定的差别。城市管理中起关键作用的一定是城市政府，城市政府在整个城市居民的同意下才有权力代表市民管理城市，这种权力从本质上说是不可转移的；城市规划则不同，只要政府同意，它完全可以将规划委托给第三方，政府只要负责对第三方做好的规划进行验收即可。"❶ 严格的说，从公共管理理论的视野中，城市规划理论无疑是城市管理理论的重要组成部分，

---

❶ 赵锦辉. 西方城市管理理论：起源、发展及其应用. 渤海大学学报，2008（5）：112.

或者是交叉，因为现代城市规划是政治过程的产物，它往往体现为化解城市
问题的公共政策。

5.1.2 城市管理也不能简单套用公共管理的理论体系

现有的发展倾向已经表明，城市管理属于公共管理，从美国的情况来看
城市政府行政管理人员拥有硕士学位的达到 72.5%，其中 3/5 是 MPA 学位。
目前城市政府经理大多具有公共管理方面的教育背景。❶ 但是，并不是所有
的公共管理理论都适用于城市管理，毕竟城市管理只是公共管理中一种特殊
的地方管理。城市管理是地方层次上的公共管理，而且是一种强调地理空间
特殊性的地方公共管理。虽然很多公共管理理论都是从城市管理实践中来的，
无论从框架还是内容都极为相似，但公共管理理论明显比城市管理理论更加
宏观和更具普遍性，不加区别的套用公共管理理论，明显有小脑袋带大帽子
之嫌。城市的一个重要特征是它的空间性，城市管理不仅体现了消费政治、
生产政治、还有空间政治，是三者的叠加。城市管理起关键作用的是城市政
府，但是随着每一次科技创新以及公共活动范围和规模的扩大，城市政府对
专家的需求越来越明显。工程师、公共健康专家等积极支持改进基础设施系统，
为混乱、嘈杂的大都市带来秩序、理性和公共健康。因此，探讨西方城市管
理理论的起源及其发展，必须从公共管理学理论的历史变迁出发，结合空间
政治和专业技术工具特点，才能全面理解城市管理的理论。

5.1.3 构建基于公共管理但又符合城市特性的城市管理理论框架

城市管理起关键作用的是城市政府。因此，探讨西方城市管理理论的起
源及其发展，必须立足于公共管理学和管理学理论的历史变迁出发。但是城
市的一个重要特征是它是次国家的地方政府，它的节点集聚特征又使其具有
地理空间性，同时每一次科技创新以及公共活动范围和规模的扩大，促使专
业技术为混乱、嘈杂的大都市带来秩序、理性和公共健康提供必要的政策工
具和管理思维，又使城市管理具有一定专业性。这样城市管理的综合性、复
合型、交叉性，需要通过城市地理的空间性、城市社会的集聚性、城市政治

---

❶ 王旭，罗思东. 美国新城市化时期的地方政府——区域统筹与地方自治的博弈. 厦门: 厦门大学出版社，
2010: 127.

的地方性、城市结构的系统性等特性来进行规定，这就决定了城市管理理论框架基于公共管理又不同于公共管理的性质，城市管理"优先考虑的问题……逐渐从物质取向转向以人为本" [1]，就体现了城市管理的这些个性和共性特征。结合城市发展的历史，将共性和个性结合起来，通过甄别归拢公共管理理论、城市化理论和城市规划理论等相关学科的理论点滴，再用城市管理的个性思维重新结构化，探讨公共管理学视野下的城市管理，才有可能比较准确地把握城市管理理论发展脉搏，建立起真正意义上的城市管理学。

5.2 西方现有城市管理理论研究分类

范戴克提出了与城市管理直接相关的分权理论、新公共管理理论和城市竞争理论等三种主要理论（见表 5-1）。城市政治学理论分为城市权力、城市政府与民主、城市政治及其公民、城市政治，国家和资本主义社会等五类理论 [2]。

城市管理常用理论、方法和工具　　　　　　　　　表 5-1

城市管理理论	方法	工具
地方分权	经济和财政分析 行动计划	综合分析 利益群体参与 环境管理
城市竞争力	研究方法 战略规划 城市市场	依靠私人资金和信息技术 研究综合措施
新公共管理理论	政策分析和评估 改革规划 比较分析	制度改革 监测 制定标杆

资料来源：[荷兰]曼纳·彼得·范戴克.新兴经济中的城市管理.北京：中国人民大学出版社，2006：46.

有国内学者将西方城市管理模式做了如下归类 [3]：

第一类是皮埃尔的四种城市治理模式。瑞士学者皮埃尔将西方发达国家城市管理模式从参与者、方针、手段和结果的角度归纳为四种：管理模式、社

---

[1] Thomas W. Fletcher, "What Is the Futrue for Our Cities and the City Manager?" Public Administration Review 31（January-February 1971）：6.

[2] [英]戴维·贾奇，[英]格里·斯托克，[美]哈罗德·沃尔曼.城市政治学理论.上海：上海世纪出版集团，2009.

[3] 李忠民、汤哲铭.国内外城市治理模式与我国实践选择.长江论坛，2006（2）.

团模式、促进增长模式和福利模式 ❶，这四种模式也成为当前最为经典的城市
管理模式分类。（1）管理模式。它的核心指导思想是"让管理者管理"，这里
的管理者指的是组织生产和非公共服务的管理者，突出的是专业参与，是通
过市场的、广泛的专业管理手段增强城市公共服务的供给及效率，真正实现
消费者选择公共产品及其生产者。这一模式将市场机制的私营部门管理思想
引入城市公共部门，强调了公共服务生产者和消费者的竞争，但却无法准确
定义政府的角色，造成了消费者对城市公共产品的选择具有和市场一样的不
确定性。（2）社团模式。主要适用于西欧国家，该模式以利益为导向，假设
市民以利益集团的形式参与城市管理，每个利益集团又包括直接参与的高层
领导和间接参与的基层群体，以包容的手段实现了所有参与人及其利益进入
城市管理的决策过程，形成了广泛的公众参与。不利之处是参与成本较高，
容易造成较重的城市财政负担。（3）促进增长模式。促进增长模式的主要参
与者是商界精英和当选的城市官员，通过有利于推动城市经济发展的手段促
进经济增长，实现利益共享。这是最常见的治理模式，因为长期的和可持续
的经济增长的结果会为城市经济及城市治理的参与者带来双赢，而且这种结
果易于衡量和观察。随着近几十年来区域经济增长模式越来越依赖于技术的
引进与投资的增加，也使这种模式把吸引技术和投资作为城市管理的目的。
由于公众分享度低，造成促进增长模式的参与者比较狭隘。（4）福利模式。
这是一种特殊以及少见的城市管理政策模式，城市政府官员和国家的官僚机
构是其唯一的参与者。城市政府通过国家预算资金的转移维持地方的福利水
平，复兴地方经济。这种模式具有明显的短视性，因为高层政府不可能对所
辖所有城市都给予同等的重视，同时也有赖于中央政府的财政赤字状况，这
种模式主要应用于福利国家。

　　第二类重要模式是"城市伙伴制治理模式"。这种模式由瑞典厄勒布鲁大
学教授厄马尔·埃兰德提出，他认为对于城市管理而言，"权力主要是一个主
导和社会控制的问题"，20世纪90年代以来城市面对着一种分权和政府形式
更加多元化的趋势，并且城市治理一词本身涵盖了非常广泛的实践，因此伙
伴制越来越多的被当做当前城市政府解决所面临的问题的正确模式，伙伴制

❶ Pierre J. Models of urban governance: the institutional dimension of urban politics. [J]. Urban Affairs Review,
　1999, 34（3）.

被定义为"为重整一个特定区域而制定和监督一个共同的战略所结成的利益联盟"。这个模式的特点是城市治理的责任、政策管理、决策权力和充分的资源下放给最接近市民和最具代表性的地方当局，同时借助于国际合作和伙伴制的方式，将城市能力建设的战略和体制建设权力赋予所有的当事人，特别是地方当局、私营经济、合作经济、工会、非政府组织和社团组织，使它们能够在住房和生活规划以及治理上发挥有效的作用，每个政府都应保证所有社会成员积极参与本社区事务的权利，保证并鼓励他们参与各级决策。在此理论支持下，1997年，世界银行实施了一个城市伙伴计划，旨在为城市和中央政府官员提供双边组织、非政府组织、学术界、公司、基金会和个体的资源与人才。其依据是，分析一个城市是否成功不应从一个方面入手，而应包括其活力、生产率、竞争能力和管理的所有要素。

第三类是"新公共管理模式"。自20世纪最后25年来，随着全球化、信息化、市场化和知识经济的到来，"新公共管理"在主要西方国家走进了城市管理的实践活动。这一模式由奥斯本和盖布勒在《改革政府》一书中提出，其核心概念是"企业化政府"模式，具体化为十大基本原则。（1）起催化作用的政府：掌舵而不是划桨；（2）社区拥有的政府：授权而不是服务；（3）竞争性政府：把竞争机制注入提供服务中去；（4）有使命的政府：改变照章办事的组织；（5）讲究效果的政府：按效果而不是按投入拨款；（6）受顾客驱使的政府：满足顾客的需要，而不是官僚政治的需要；（7）有事业心的政府：有收益而不浪费；（8）有预见的政府：预防而不是治疗；（9）分权的政府：从等级制到参与和协作；（10）以市场为导向的政府：通过市场力量进行变革。这十大原则将在城市政府的职能、城市治理的主体、城市治理的任务、城市治理的手段等四个方面实现变革。盖伊·彼得斯在《政府未来的治理模式》中提出了新公共管理的四种治理模式：市场化政府模式、参与型政府模式、灵活性政府模式、解除规制政府模式。市场化政府强调政府管理的市场化，参与式模式主张对政府管理更多的参与，灵活性政府认为政府需要更多的灵活性，解制型政府提出减少政府内部规则。

国内还有其他一些对西方城市管理理论的分类方式。范广垠认为，城市管理理论应该包含狭义的城市管理理论和城市理论两部分，前者关于如何诉诸于科学方法，以实现城市各种要素合理配置和功用最大化；后者揭示了城市现象和城市问题中蕴含的社会关系和社会本质，表明了城市问题的解决所要调整的社会关系。认为狭义的城市管理理论包括：城市化理论、城市规划理论、新公共管理理论、治理理论、城市企业及区域竞争力理论等五种。❶ 张国庆认为，城市管理理论是一个庞大的理论群族，可以按照理论的侧重点和聚焦点将其分为主体理论、嵌入理论和工具理论❷。主体理论对城市主体自身的特征进行理论描述和研究，主要包括生态城市理论、新城市主义管理理论、城市营销理论、经营城市理论和数字城市理论；嵌入理论研究城市管理当中国家与社会、政府与市场之间的嵌入关系和嵌入结构，主要包括产权理论、城市增长管理理论、空间稀缺理论、城市中心区管理理论；工具理论从城市管理采用的管理工具、管理流程、管理方法和管理机制入手，探讨实现城市管理效率、效益和经济的基本途径，主要包括：委托代理理论、公私伙伴关系理论、无缝隙政府理论和非政府组织理论。

本书将西方城市管理理论分为城市管理结构理论、城市管理过程理论和城市管理工具理论三大类。

5.3 西方城市管理理论发展的特点

西方城市管理理论充分按照从宏观到微观的严格步骤一步步的走下来，体现了鲜明的理性特点。

5.3.1 西方城市管理理论从一开始就确立了终极的价值理性目标："正义之城"

古希腊柏拉图和亚里士多德形成的"理想城市"理论，为后续城市发展与管理提供了价值目标和终极标准。亚里士多德认为，城市是为了某种共同目的而建立的共同体，幸福的城邦必然是道德上最为优良的城邦，正义与友爱是城市文明的核心伦理价值。亚里士多德曾说，"城邦的长成出于人类'生活'的发展，而其实际的存在却是为了'优良的生活'。"❸ "人类所不同于其他动

---

❶ 范广垠. 城市管理学的基础理论体系. 陕西行政学院学报，2009（2）：76.

❷ 张国庆. "十一五"期间北京城市管理的观念、体制、机制研究. 北京：北京大学出版社，2010：73.

❸ [古希腊] 亚里士多德. 政治学. 北京：商务印书馆，1965：7.

物的特性就在于他对善恶和是否合乎正义以及其他类似观念的辨认……而家庭和城邦的结合正是这类义理的结合。"❶ 亚里士多德的"理想城市"主要有两个基本点：既安全又健康。后续西方城市管理理论都是在不同时期为追求这一目标而不断进行的尝试和努力。

5.3.2 西方城市管理理论在自由主义基础上确立了完整的结构体系理论

西方城市管理理论的基核是以亚当·斯密的古典政治经济学生发出的自由主义思想，在此基础上形成了完整的西方城市管理结构理论体系。具体表现为：对外部的国家层面来讲是城市自治理论，对内部的城市而言是以"守夜人"为核心的城市管理理论。总的来说，就是中央等外部上级政府给城市自由，少干预城市管理；城市政府给市场和个人自由，也少干预城市管理。这成为西方城市管理理论的基本框架，并沉淀为被各方所尽力遵循的传统。

（1）对外基于个人自由的城市自治理论

西方无论欧美最基本的城市管理理论之一就是城市自治理论。城市自治由公民的自由精神而来，由公民与政府的关系生发开来。西方城市的发展与重商主义有着直接的重要联系，商业的发展需要以人的自由流动为前提，而以城市为依托的商业的人身自由则毫无疑问来自于城市的自由，从这样的逻辑链出发，西方城市管理理论首先形成了结构层次上的城市自治理论。因为城市的自治是市民个人自由的前提，这促使取得城市的自治权成为市民们的共同目标和集体指向，所以从这个意义上说，自由民在欧洲城市社会的崛起以及中世纪封建主义衰落的过程中有着非常深远的重要意义❷，中世纪西欧的"自治城市"更大程度上是"自由城市"。随着民族国家在欧洲的形成，城市自治更加凸显其规定城市与上级政府关系的性质，城市自治理论也逐步转变成了现代的国家结构理论的一部分，成为城市管理的外部限制因素。

（2）对内基于市场自由的城市服务理论

不管人们是否有意识的选择，虽然影响力时大时小、时隐时现，但是以市场为主的"守夜人"城市管理理论实质比城市自治理论存在的还要早、影响还要彻底，从始至终贯穿于西方城市管理的过程中。早期西方政治思想认

---

❶ ［古希腊］亚里士多德. 政治学. 北京：商务印书馆，1965：8.

❷ ［英］A. E. J. 莫里斯. 城市形态史. 北京：商务印书馆，2011：257.

为政府只需要充当"守夜人"的角色，市场机制能够实现资源的有效配置，这体现在城市管理当中就是尽量由市场通过城市服务，市民、社会管理城市公共服务，从古希腊、古罗马如此，中世纪的城市如此，工业城市仍然如此，虽然在欧洲后来出现了市政社会主义思潮，城市公共服务的市营化、国营化不断提高，但仍然无法动摇市场作为一种基本手段在人们心中的基本地位，总会作为城市管理理论创新的基本构成。

5.3.3 西方城市管理理论形成了"自理——管理——治理"的范式转变

在重商主义占据主导地位的商业城市时代到工业城市中期以前，早期西方政治思想认为政府只需要充当"守夜人"的角色，市场机制能够实现资源的有效配置。与公共管理一样，这一时期城市管理理论以纯粹的市场形式为主，实质上是一种"自理型"的城市管理理论范式。从中世纪甚至更早，城市管理事务就一直由私人承担；到了中世纪，由于商业的繁荣与城市的组织是否良好存在着非常直接的关系，所以商人不得不主动负责供应城市最不可少的必需品，城堡主也没有任何理由阻止他们用自己的财力供应明显急需的公共物品；即使对于世界上第一个实现城市化的国家——英国，起初也把城市公共服务与城市工商业的发展等同看待，对城市公共服务大多采取自由放任的态度。"自理"的城市管理理论范式是历史最久远、传统最深厚、影响最深远，也是西方城市管理理论一直无法彻底摆脱的城市管理理论创新的基点。

工业革命带来的专业化工厂生产模式所产生的组织管理理论，给西方带来了以"专业组织"为主导的城市管理理论，其实质是以行政的"管理型"的城市管理理论范式，这一范式持续到 20 世纪 80 年代。随着泰勒制组织革命在各个领域的扩散，以专业和效率为取向传统的公共行政学从政治学的母体中分离出来的，特别是威尔逊的政治与行政的分离和马克斯·韦伯倡导的官僚制，特别是官僚制度被描述为一种建立在权威和理性基础上的最有效率的组织形式，这一制度在指挥和控制现代社会方面发挥主要作用。这种"管理型"城市管理范式的一个重要体现就是专家治市和精英治市。专家治市的倾向是与工业城市规模的扩大导致城市管理日益专业化、复杂化分不开的，它的典型表现形式是城市经理制。城市经理制的特点是将行政权力集中在由市议会任命的经理手中，由城市经理按照企业管理的模式管理政府。1896 年，著名的改革者约翰·H. 佩特森在俄亥俄州的戴顿市发表演讲时称："一个城市就是一个大企业，市民即是股票持有者……城市事务应建立在严格的商业基础之上……不是由政党——无论是共和党还是民主党——而是应由熟悉企业管理和社会科学、训练有素的人员来管理。"同时，"管理型"城市管理范式还体现在西方精英主义理论之中。精英主义主张，在城市快速发展及城市物质资源快速增长和集聚过程中，涌现出来的掌握优势资源、拥有较高社会影响力的少数人所组成的群体，即精英群体，在城市管理和公共决策中具有主导影响力。这些观点在规划理论中也有鲜明的表现，其代表人物勒·柯布西耶（Le Corbusier），他的核心观念之一就是城市的集中主义。它强调"城市设计太重要了，它不能交给市民"。

随着政府失灵现象在西方城市管理中越来越严重，这种只重视正式组织，而忽略市民在城市管理中作用的"管理型"城市管理范式在 20 世纪 80 年代兴起的"新公共管理"运动中受到广泛的批判。"新公共管理"运动对城市管理有两层含义：一是政府要以需求为导向提供公共产品，消费者（市民）满意不满意，需要不需要是其提供公共产品的首要出发点；二是政府在提供公共产品时，要按照既定的法律、规章和流程提供，从而保证公共产品提供给最需要的市民。在这场运动中，"治理（Governance）"理念作为一种核心理念被反复强调，形成了西方城市管理理论的"治理型"范式。治理突出了公共机构和私人机构两者的合作，特别重视城市利益相关者，尤其是广大市民，通过一定的机制积极参与城市管理，形成了城市公共服务的"公私合作伙伴关系"，为国际社会广泛接受。美国城市政府调动利益相关者参与城市管理的方式很多，而且大多已经制度化，常见的方式有，议员和政府官员走访市民、公共舆论、听证会等。

5.3.4 西方城市管理理论形成了不断丰富创新的工具理论

从古希腊、古罗马开始到现在，西方城市管理工具在不断发展的基础上，逐渐形成了理论体系。在古希腊首先开创了民主参与式城市管理模式，古罗马就有通过行政执法治理大城市病的历史：交通管制和市容的执法行为，古希腊、古罗马还出现了在宗教活动中的城市管理法律的源头，基于方格网系统建设的城市规划。到中世纪时，出现了居民承担建筑城墙费用的城市公共财政与公共工程，还招募了财政官员以及实行税制改革；特别是出现了明确城市地位和市民权利义务的"特许状"，确定了城市法的轮廓和城市立法的原则；城市公共服务由社会团体来组织各户分片包干，商人还开始主动负责供应城市最不可少的必需品；通过行政措施限制侵占街道（包括桥梁）和其他公共空间的倾向；中世纪欧洲城市按照方格网式道路规划布局，已经司空见惯。西方城市管理政策工具的基本体系初具规模。

到了工业城市时期，市场手段仍然占据主导地位，很多国家仍把城市公用设施建设与城市工商业的发展等同看待，政府对公用设施建设完全采取自由放任的态度，由私人主宰城市的建筑、自来水、下水道、煤气照明等公用事业；到19世纪中叶后，英国以1835年的《城市自治机关法》为开端，增加了市府财政和透明度，加快了现代城市管理的公众参与进程；特别是英国的约瑟夫·张伯伦提出市政社会主义的概念，城市基础设施等公共工程被用于提高当地企业的运营效率和盈利能力；霍华德提出了现代城市规划问题；英国城市通过地方法案以"特事特办"的行政方式解决日益复杂的城市问题；到1913年纽约市开始引入绩效管理；20世纪二三十年代，北欧的城市中公共与私人合作关系已经比较常见。这一时期西方城市管理政策工具显示出较强的技术化和系统化的趋势。

到了后工业化时期，从英国开始，绝大多数西欧城市已经或多或少的进行了私有化改革或者将部分市政服务分离出去，特别是出现了"公私合作伙伴关系"；到了1970年代，西方国家对政府绩效的理论研究和实践进入了一个高潮；到了20世纪80年代和90年代，许多欧洲城市的规划项目都引入了某种形式的公众听证制度；20世纪80年代后期还产生了生态预算；西方学者提出了"新城市主义"的新城市规划思想；智慧城市成为城市信息化的发展趋势和新的愿景。这一时期的城市管理政策工具更加多元化、复合化。

总之，西方城市管理理论突破了突破了传统的学科界限，把当代西方经济学、工商管理学、政策科学（政策分析）、政治学、社会学等学科的理论、原则、方法及技术融合起来，将现代西方经济学的基本假定、理论和方法作为自己的学科基础，采用了公共预算、业绩评估、战略管理、城市规划、城市法规、市场手段、行政手段等多种工具形式，形成了不断丰富、不断创新的城市管理工具理论体系。

第6章　西方城市管理的府际协调理论

这一层次主要是城市的外部管理，包括纵向的中央与地方协调理论和横向的城市之间的协调理论，特别是大都市涉及到的区域城市之间的协调理论。

6.1　西方城市管理体制结构理论：城市自治理论

城市管理体制结构理论，指的是中央与地方关系视野中的城市管理理论，西方的城市管理体制结构理论主要指的是城市自治理论。城市自治理论基于地方分权理论，"地方分权基于这样一种理论，即如果条件允许的话，居民在地方层次上可以更好地解决自己的问题。"❶这样地方分权可以将职能和责任从上一级政府转移到更低级的政府，这一过程可以为城市管理创造动力，创造了城市政府自己制定政策的必要空间。西方城市自治理论经历了古希腊、古罗马神权政治思想中的萌芽，到中世纪以城市特许状的形式得到确立，中世纪晚期在一定程度上遭到民族国家建立的削弱，最终形成了欧洲的弱势城市自治理论，在此基础上传到北美殖民地，又形成了美国的强势城市自治理论。

6.1.1　城市自治的概念

城市管理的两大主题，一个是城市行政管理，另一个是自治问题。❷城市自治是西方城市管理的制度基础，规定着城市与外部国家组织机构之间的关系。在《牛津英文辞典》中，"自治"被解释为自我治理和独立。"首先，自我治理的观念在关于地方政府的规范文献中是长期概念。"❸至于第二个要素——独立，随着日益增长的经济、社会和政治相互依存，"尽管我们会去尝

---

❶ [荷兰]曼纳·彼得·范戴克.新兴经济中的城市管理.北京：中国人民大学出版社，2006：27.

❷ [英]彼得·卡拉克：《欧洲城镇史：400-2000年》，北京：商务印书馆，2015年版，第86页。

❸ [英]戴维·贾奇，[英]格里·斯托克，[美]哈罗德·沃尔曼.城市政治学理论.上海世纪出版集团，2009：267.

试，或者我们会有很多期望，但是根据 20 世纪的经历可以非常清晰地看到，各地的地方政府都缺乏相对于其他机构的独立性。"❶ 因此，西美尔认为大都市具有高度的个人自治的个性。个人变得更为自由 ❷。城市自治之所以如此重要，"是因为自治是大多数民选的地方政府体制正当性的核心问题"❸，如果城市政府缺乏能力自行决定本地商品和服务的融合及本地税率，那么，城市政府就失去了代表地方的意义。城市在争取自治的同时，也创造了越来越多的市政机构和管理制度。❹ 在现代国家的地方分权语境中，城市自治程度更多的体现为其在国家管理体制中受限的多少和分权的强弱。高层次的城市自治可以增强城市与市民的贴近性和更好的回应市民的需求，使居民需求和城市政府的公共政策间取得更高的一致性。

6.1.2　城市自治的相关理论

对城市自治理论最早的理论贡献是罗德斯的资源依赖理论。首先，它强调政府间关系的多维属性及由此对城市自治造成的后果。其次，它引起了人们对不同层级政府可以给政府间网络带来的广泛资源。从中央和地方关系所固有的不对称性和资源不平等性，罗德斯发展出了政府间互享、高度专业化网络和部门三种特性理论，并从由此导致的复杂的、多样的和脆弱的政府间关系出发，推出了不同的城市自治模式。

在 1980 年，戈登克拉克提出一种替代理论，他认为城市自治的两个首要原则是主动权利和豁免权力。其中，主动权力涉及城市政府在执行正当职责时的行为，这种权力既可以宽泛的赋予，也可以狭隘的赋予；豁免性权力是指城市可以不用担心州的较高层级监管权力。这种豁免权力允许城市政府在执行正当职责的行为范围内按照自己的意愿行动。在此原则指导下，克拉克形成了一套关于城市自治的四重分类学（见图 6-1）。在类型 1 中，城市政府的主动权和豁免权都很高；类型 2 中，城市政府拥有主动权但受到豁免权的限制；

---

❶ [英]戴维·贾奇，[英]格里·斯托克，[美]哈罗德·沃尔曼.城市政治学理论.上海:上海世纪出版集团，2009: 268.

❷ [美]布莱恩·贝利.比较城市化.北京:商务印书馆，2014: 13.

❸ [英]戴维·贾奇，[英]格里·斯托克，[美]哈罗德·沃尔曼.城市政治学理论.上海:上海世纪出版集团，2009: 268.

❹ 陈恒等.西方城市史学.北京:商务印书馆，2017: 129.

在类型 3 中，城市政府几乎没有主动权但有较高的豁免权；在类型 4 中，城市政府既没主动权也没豁免权。

	主动权	无主动权
豁免权	类型 1 高	类型 3 中
无豁免权	类型 2 中	类型 4 低

图 6-1　城市自治的种类

资料来源：[英] 戴维·贾奇、[英] 格里·斯托克、[美] 哈罗德·沃尔曼：《城市政治学理论》，
上海世纪出版集团，2009 年版，第 271 页。

6.1.3　城市自治理论的萌芽：古希腊、古罗马城市宗教活动的排外性

城市自治理论的萌芽可以追溯到古希腊、古罗马时代。古希腊、古罗马城市的宗教给后来的城市管理在制度和形式上留下了很多直接或间接的影响，其中之一就是欧洲的城市自治制度。城市最早的自治性特征源于宗教，后来从城市宗教扩展到城市行政、司法等领域。❶ 在古希腊和古罗马，一般情况下神庙只对本城公民开放，具有排他性，市民既不希望自己城市的保护神庇佑外人，也不希望外人敬奉自己的保护神，城市祭祀团体的独立性决定了城市祭祀的自治性。同时，在古代罗马的不断对外征服扩张过程中，根本无暇顾及具体的城市管理，在松散的行省制度框架下，使得各大城市拥有相当独立的自主权，"（地方自治制度）是罗马世界一切要素中还残存着的唯一真实、唯一法定的制度"❷，成为城市自治传统的另一渊源。祭祀排他性和城市的自主性，形成后世城市自治的先声。

6.1.4　城市自治理论的形成：中世纪西欧城市的"特许状"

从 11 世纪到 12 世纪，西欧城市通过各种途径普遍获得了自治权，而这种自治权利是以契约的形式规定的，也就是城市自治特许状。中世纪西欧的

---

❶ [法] 菲斯泰尔·德·古朗士. 古代城市：希腊罗马宗教、法律及制度研究. 上海：上海世纪出版集团，2005：182.

❷ 基佐. 欧洲代议制政府的历史起源. 复旦大学出版社，2008：31.

城市特许状影响深远，欧洲的城镇或城市直到今天仍然通过被授予特许状确认它们的权利和特权。

席勒·斯旺森（H. Swanson）认为，特许状授予城市居民各种特权是为了使市民们更好地从事商业交易，这些权利主要包括：市民可以在城市里自由流动，这是市民享有的个人自由；市民可以随时向城市法庭提出诉讼请求和控告，这是司法自由；市民可以控制自己的财产，并随便处置它们，这是承认城市市民财产私有制。与城市外的居民相比，城市市民在经济活动上有很多的经济优势和优先权。这些经济上的优先权组成城市市民享有的特权的核心❶。正如美国法学家伯尔曼（H. J. Berman）所说："它几乎不可改变地确立了市民的基本'特许权'，通常包括自治的各项实体权利。"❷

特许状是国王或领主承认城市的自治地位并授予其相应权利的法律文书，在本质上类似于近代资本主义宪政制度中的"特别授权"的法律，"是近代资本主义宪政制度的起源和基础"❸。它具有很强的政治契约性质，不仅规定了中世纪西欧城市市民阶级的权利，而且规定了城市自身作为一个独立法人组织的权利，确立起了封建领主与城市市民之间的权利义务关系。另外，特许状作为一种政治妥协协议，使城市及其市场获得了合法性。因此，它是城市法的渊源，确定了城市法的轮廓和城市立法的原则。❹从这种意义上，它更类似于近代的宪法，为城市与国家之间的关系奠定了基础。

6.1.5 弱势城市自治理论的形成：英国的城市自治制度

英国在经历诺曼征服后，也大致完成中央集权色彩相对较浓的封建化，后来也兴起不少的自治城市，但是自治权限相对有限。"虽然有时候一些英国学者也在著作中给予相同程度的关注，但是在美国有关主题的文献中尤其强调。"❺

---

❶ H. Swanson. Medieval British Towns[M]. New York：St. Martin's Press，1999. 68-69

❷ H. J. Berman. Law and Revolution：the Formation of the Western Legal Tradition[M]. Cambridge，Mass：Harvard University Press，1983. 362

❸ 冯正好. 中世纪西欧的城市特许状，西南大学学报（社会科学版），2008（1）：184.

❹ 陈恒等. 西方城市史学. 北京：商务印书馆，2017：132.

❺ [英]戴维·贾奇，[英]格里·斯托克，[美]哈罗德·沃尔曼. 城市政治学理论. 上海：上海世纪出版集团，2009：268.

中世纪后期英国城市自由的实现是双重的，一方面是城市体对自身自由身份的争取，另一方面是城市对市民自由权的给予 ❶，英国的自治城市正是从自由城市发展而来。在自由城市里，人身、土地、财政都是自由的，市民不仅拥有自己独立的法庭，还有权选举自己的市政官员。自从 13 世纪中期布里斯托尔（Bristol）成为第一个获得自治权力的城市以来，一些大的城市逐渐取得了自治的权力，但到了 16 世纪后的西欧，所有城市都毫不例外地被比自己发展更快的国家所削弱，迫使城市交出一些已经取得的权力，英国不少城市发展受限。

19 世纪，英国工业革命的持续深入，推进了城市管理体制的现代化。1835 年英国通过了《城市自治机关法》，在民主的基础上改造了自治城市政府。城市政府由市长、市参事会和市议会构成。市议会是城镇自治机关的权力机关，其成员由所有缴纳地方税、并有三年居住资格的成年男子投票选举产生；由市议会再选举市长、市参事会。以三元主体构成的民主的城市政府管理体制代替了旧式的城市寡头制，英国城市政府管理体制进入了现代化时期。1871 年地方政府部成立，开始统一规划指导全国的地方政府工作。 1872 年设内政部（Home Office），加强中央对地方的指导和监督，并逐步充实中央政府的管理机构，开始了中央政府部门对地方政府统筹协调的过程。

1933 年，英国国会进一步通过了《地方政府法案》，英国城市政府开展了一系列以简化管理机构为指向的改革。在过去的 20 年里，英国的城市自治体制不断趋向中央集权，城市自治政府越来越弱势，对税收和支出实行各种限制，并要求通过外包和竞争投标提供更多的服务，越来越多的特设机构承担原来的城市自治政府职能，还要受到相关部门部长的指导。目前，英国城市自治政府在国家管理体系中处于较为弱势的地位（见图 6-2）。

6.1.6　强势的城市自治制度：美国的城市自治制度

相对于欧洲而言，美国城市政府确实拥有程度更高、更彻底的自治权。从美国继承自美国的普通法传统上看，地方政治的主动权并不在州，而在乡镇和县。在英国乡村自治习惯中，一个地方，"按惯例享有若干不受外来干预

---

❶ 张佳生 . 中世纪后期英国城市自由的实现及其制约 . 经济社会史评论，2016（1）：56

```
                            法律地位
               高                          低
        高     ┌─────────────────────────────
               │
               │   德国
               │
               │        法国
               │            美国
               │            比利时
               │   瑞典
               │   挪威      意大利
  政治地位      │            西班牙
               │   丹麦
               │   荷兰              爱尔兰
               │            英国
               │
               │                加拿大
               │                澳大利亚
        低     └─────────────────────────────
```

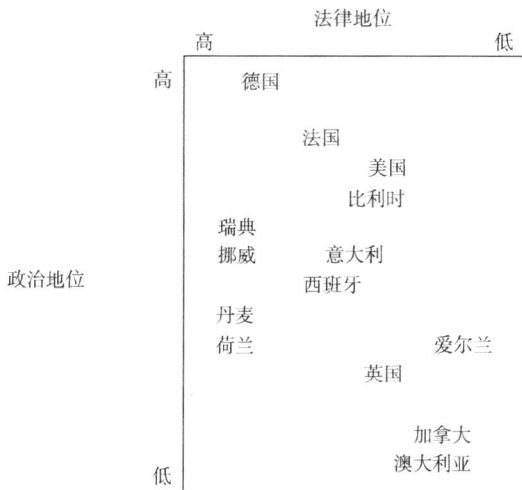

图 6-2　欧洲各国城市自治比较

资料来源：[英] 戴维·贾奇、[英] 格里·斯托克、[美] 哈罗德·沃尔曼：《城市政治学理论》，
上海世纪出版集团，2009 年版，第 277 页。

的权利，自行处理和决定自己的事务，在一定意义上乃是自足的小共同体"，它们依据的原则，"而是一个近乎常识的信念：一个人只有能够对和他有关的事情发表意见，才能对他所处的社区保持责任感。移居北美的英国人将这种传统带来，在新的土地上建立了自治的制度，发展了自治的能力"。❶ 美国的地方建制长久以来被视为州的创造物（Creature of State），美国最早的地方自治以州议会立法授权的形式出现于 1851 年的艾奥瓦州，1875 年密苏里州宪法赋予圣路易斯市地方自治权，被认为是美国现代城市地方自治的开端。城市法人在本质上属于政府性质，因此宪法无法确保城市免受州立法机关的干涉，除非后者侵犯了这些城市作为业主的财产权。在 20 世纪 30 年代联邦政府以财政援助的方式干预城市管理事务之前，城市与州的法律关系，成为制约城市管理发展的主要制度性因素。

　　地方自治改革运动的先驱弗兰克·古德诺（Frank J. Goodnow）于 1895 年出版了《城市自治》（Municipal Home Rule）一书，呼吁"授予市镇法人以充分的自治权，以便使所有城市居民在使其痛苦不堪的罪恶中产生一种健康的

---

❶　李剑鸣 . 美国的奠基时代（1585-1775）. 北京：人民出版社，2002：306.

套的税收措施及"全套"服务来寻求竞争优势，这一措施被称为"财政重商主义"。这样，西方城市碎片化和分散化催生了许多城市间横向协调的"区域性问题"，这些跨区域问题成为20世纪城市管理研究的重要范畴，并出现了区域主义、公共选择理论和新区域主义等多种理论（见表6-1）。

区域主义、公共选择理论、新区域主义理论　　　　　　表6-1

	区域主义	公共选择理论	新区域主义
时间	19世纪末20世纪初到1960年	1950年至1990年	1990年至今
城市管理问题	大都市碎片化	大都市碎片化	大都市碎片化
城市结构	单中心治理	多中心治理	网络化治理
着眼点	公平	效率	合作
理论基础	官僚制	政治经济学	社会资本、权力依赖
解决方案	统一等级制政府	市场	复合型网络

6.2.2　区域主义理论（Regionalism Theory）

面对因郊区化引发的城市管理"碎片化"趋势，从19世纪末开始，美国就开始了建立统一的大都市政府的探索。"区域主义"就是对19世纪中叶至1920年有关城市兼并与合并运动的理论总称，也被称为"大都会主义""统一政府学派""巨人政府论""单一政府论"。"区域主义"理论的提出，一方面基于西方国家存在的高度的自治传统，城市一般由城市行政机构独立管理；另一方面基于马克斯·韦伯的理性官僚制模型，从结构功能角度出发，倡导建立统一集权的大都市政府，即"一个区域，一个政府"，形成一个由上及下的集权式科层制模式，命令由上往下层层遵守覆盖整个城市区域，把社会公共服务传递的"效率"和"公平"作为关注焦点，从宏观上解决整个大都市区面临的主要问题。总而言之，是在单一政府的大框架安排下，通过合作而非竞争来统筹大都市区的政府。

与1990年的新区域主义相比，被称为传统区域主义。受市政改革运动特别是19世纪后期兴起的城市兼并与合并的影响和启发，19世纪末20世纪初，美国学者威尔逊和古德诺和泰勒等就已经形成了建立大都市政府的理念，芝加哥大学的伯恩斯最早提出了关于大都市的定义。政府间关系范畴的大都市区管理理论在 20 世纪上半期系统成型，其标志性代表作有两部，一是保罗·斯杜邓斯斯基的《美国的大都市区政府》，一是维克多·琼斯的《大都市区政府》。保罗·斯杜邓斯斯基指出：中心城市和周边郊区本来就是一个单一的经济和社会大都市区，但却被人为地分隔成市、专区和县。使"大都市区政治组织毫无章法，成为由名目各异的政治部门在不同时间随意建立而无融合的大杂烩"。❶ 他认为，对于大都市区政府的零碎化问题，不可能只有一种答案或修补方法；不同的组织对零碎化政府的反应并不是相互排斥的；政府领导人需要集中于全面解决政府零碎化问题，而不能局限于个别目标；区域性政治利益应大于各地方政府利益的总和，某种形式的地方自治并不等于地方政府可以作为分离的政治实体永久存在，当区域共同利益要求较小的地方政府被归并到较大的社区时更是如此。作为 20 世纪上半期区域主义研究的集大成之作，琼斯在《大都市区政府》中认为，中心城市通过政府间协议方式向郊区提供服务，仅是小修小补而已，长此以往，就会增加大都市区政府重组的难度。他强调出现以下情况就可以组织统一的政府：（1）为了在大都市区内任一地方提供有效服务的需要，必须在整个区域范围内对政府功能进行协调；（2）需要以整个区域统一的税收，以替代地方各自征税、各自提供服务的现状；（3）需要发挥大范围合作的优势；（4）要让公民们既在他们的居住地、又在他们的工作和娱乐所在地，对可能影响他们的决策施加影响。❷ 琼斯还提出了通过结构性改革构建统一的大都市政府的途径：（1）相邻地方的兼并与合并；（2）市 - 县合并与分离；（3）专门机构与中心城市或县的融合；（4）位于城市地区的县的重构，使其拥有遍及整个大都市地区的城市功能；（5）在大都市区政府建立"联邦式"城市政府；（6）创建大都市区城市国家。❸

　　总的来看，传统区域主义理论集中在以下三点：（一）指明大都市"碎片化"的危害。城市政府的碎片化"不仅严重有悖于地方政府的行政成本的节约和绩效的提升，而且还严重地阻碍了所有进步性和综合性的事业"❹。"权威

---

❶　Paul Studenski，The Government of Metropolitan Area in the United States（New York：National Municipal League，1930），p. 23.

❷　Victor Jones，Metropolitan Government（Chicago：University of Chicago Press，1942），pp. xxi-xxii.

❸　Victor Jones，Metropolitan Government（Chicago：University of Chicago Press，1942），p. 87.

❹　Maxey，Chester C. The Political Integration of Metropolitan Communities. National Municipal Review，1922，11（8），P. 229.

的碎片化以及为数众多的地方政府之间的辖区重叠被诊断为城市政府制度失败的根源。"❶（二）主张统一政府。威廉·安德森这样做了归纳："①每个大城市应该由一个单一的地方政府组织；②每个大城市的选民应该仅仅选举最重要的政策制定官员，而且这些官员的数量很少；③分权的传统应该从单一合并的地方政府单位的内部机构中予以摒弃；④行政职能应该与政治职能相互分离；⑤为适应官僚制原则，应该将行政机构整合为一个单一的命令结构体系。"❷（三）改革政府结构。根据政府层级和权力分配，大都市政府可以分为三种：单层的大都市政府结构、联邦式双层的大都市政府结构和其他适当的统一政府结构。其中，联邦式双层大都市政府是区域主义中最受欢迎的改革方案，它主张保留现有机构，但让渡部分权力组建大都市政府，一般双子城就是这种模式的产物。

6.2.3 公共选择理论（Public Choice Theory）

以地方自治和民主管理为基础的地方政治权力分散化是二战后美国社会的总趋势，这是公共选择理论在 1960 年兴起和发展的历史背景。公共选择理论是在这一美国政治传统基本原则基础上，形成的经济学理论和方法。公共选择理论家把个人主义、自利以及个人理性等这些"草根"价值，从方法论意义上看成是理论假设前提。在规模适当的地方社区，政治上的草根民主与经济上的市场价值得以相互融通，成为公共选择理论解释城市政府"零散化"的思想源泉。

公共选择理论解释城市政府体制和公共服务供给机制方面的代表性学者是奥斯特罗姆夫妇、查尔斯·蒂堡特、罗伯特·沃伦、罗伯特·比什等人。特别是 1956 年发表于《政治经济学杂志》的"单纯的地方支出理论"❸ 和 1961年发表于《美国政治科学评论》上的"大都市地区的政府组织"❹，分别奠定了

---

❶ Bish，Robert L. and Vicent Ostrom. Understanding Urban Government：Metropolitan Reform Reconsidered.（Washington，D. C.：AEI Press，1973），p. 8.

❷ Bish，Robert L. and Vicent Ostrom. Understanding Urban Government：Metropolitan Reform Reconsidered.（Washington，D. C.：AEI Press，1973），pp. 7-8.

❸ Charles M. Tiebout，"A Pure Theory of Local Expenditures."Journal of Political Economy，Oct.，1956，pp. 416-424.

❹ Vincent Ostrom，Charles M. Tiebout and Robert Warren，"The Organization of Government in Metropolitan Areas：A Theoretical Inquiry". The American Political Science Review，Dec.，1961，pp. 831-842.

"用脚投票"的公共服务市场模型和以"多中心"体制提供公共服务的契约模型的基础。

　　查尔斯·蒂堡特在1956年发表了"单纯的地方支出理论"一文，初步提出了公共选择理论的城市管理模型。该模型认为，作为消费者的城市居民会根据付出（税收）与收益（公共服务）进行理性选择"用脚投票"来挑选地方政府。城为了吸引居民，市政府会竞相优化政府结构，提高公共服务水平，提高城市管理的效率。在最优的情况下，地方政府供应的公共物品就是个人偏好的正确汇总。但是，在现实中蒂堡特的这一模型却可能沦为增长机器，而普通居民根本无法承担因"用脚投票"搬离社区带来的巨大成本。

　　罗伯特·沃伦的《大都市组织的市政服务的市场模型》及其与罗伯特·比什合作发表的《城市政府服务的规模和垄断问题》，共同奠定了公共选择理论中的城市公共服务市场模型。沃伦认为："政府体系如果是建立在自主单元之间的相互竞争的基础上，那么它的绩效可能优于或至少是与统一集权的决策制定体系相差无几。"❶ "通过一些外部管制，市场机制能实现有效的资源配置并满足多样化的偏好。"❷ "在一个分权的制度内，服务不仅是充足的，而且在没有正式的集权政府的条件下，也能实现规模经济"❸。他试图利用市场机制来构建解释大都市区政府组织通过竞争和分权行为提升绩效的模型。

　　20世纪60年代，立足于宗教契约伦理和联邦主义的多中心政治体制理论，构建了为大都市区居民提供不同规模的、多种类的公共服务的公共选择模型。奥斯特罗姆、蒂堡特和沃伦认为，"如果多中心政治体制能够解决冲突，并在适当的约束之内维持竞争，那么它就能够成为富有活力的安排，来解决大都市地区各种各样的公共问题"❹。在多中心的政治体制中，大都市区公共物品和服务的提供者、生产者之间，可以像市场中的企业一样进行竞争，从而让消

---

❶ Warren, Robert. A Municipal Services Market Model of Metropolitan Organization. Journal of the American Institute of Planners, 1964, 30（3）, p. 194.

❷ Warren, Robert. A Municipal Services Market Model of Metropolitan Organization. Journal of the American Institute of Planners, 1964, 30（3）, p. 196.

❸ Warren, Robert. A Municipal Services Market Model of Metropolitan Organization. Journal of the American Institute of Planners, 1964, 30（3）, p. 200.

❹ Vincent Ostrom, Charles M. Tiebout and Robert Warren, "The Organization of Government in Metropolitan Areas: A Theoretical Inquiry". The American Political Science Review, Dec., 1961, p. 838.

费者获得实实在在的收益。公共选择理论以消费者的共同偏好为标准，来确定提供服务的范围与水平，进而确定地方政府的功能与边界。美国数量众多的一般地方政府和更多的专区政府，成为多中心政治体制理论的重要经验验证。

公共选择理论对城市管理的重要影响体现在三个方面：一是提供了城市政府行为竞争的解释模型，二是政策理论和公共部门绩效是公共选择理论的关注重点；三是公共选择对城市公共管理政策的影响❶。

6.2.4 新区域主义理论（New Regionalism Theory）

面对长期困扰美国大都市地区的经济和社会问题和全球化竞争的挑战，借助于20世纪70年代美国公民社会传统的复苏，新区域主义以问题为导向，以政府和社会合作为核心，强调政策过程与政策网络，注重政策的实际效用，主张"没有政府的大都市区治理"，鼓励公民个人、私营部门和非营利组织积极参与区域性事务，弥补政府处理区域性事务的不足，成为20世纪90年代城市政策与大都市区治理的主流。

作为中层网络治理途径，社会资本理论和资源依赖理论是"新区域主义"的两大基础理论支柱。社会资本理论认为，拥有高度信任的网络将有助于降低成员间的交流和监督成本，不必再依赖权力或透过正式制度来化解"搭便车"等问题，集体行动和网络治理的成功主要依赖信任关系的维持。❷资源依赖理论认为，由于各地方政府、私人部门和非营利组织等行为体都无法单独解决问题，因此政府必须与其他掌握资源的行为体合作❸，从而构建出资源相互依赖网络和权力关系，形成相互合作与协调的"公私伙伴关系（PPP）"。❹

阿伦·沃利斯是"新区域主义"的主要代表。他认为"新区域主义"与城

---

❶ George A. Boyne, Public Choice Theory and Local Government: A Comparative Analysis of the UK and USA (New York: St. Martin's Press, Inc., 1998), p. 2.

❷ Gittell, R. and A. Vidal. Community Organizing: Building Social Capital as a Development Strategy. California Press, 1998, p. 15.

❸ Kickert, W. J. M., E. M. Klijn and J. F. M. Koppenjan, eds, Introduction: A Management Perspective on Policy Networks. In W. J. M. Kickert, E. M. Klijn and J. F. M. Koppenjan, eds, Managing Complex Networks: Strategies for the public Secter. London: Sage, 1997, p. 6.

❹ Kooiman, Jan ed. Governing as Governance. London: Sage, 2003, p. 11.

118

市区域主义有以下不同，即治理、跨部门性、协作性、过程和网络；他还把"新区域主义"的特征概括为：区域、多边界。❶达尼埃拉·温茨海默又进一步提出了三个特征：开放、信任和赋权。❷总的来说，"新区域主义"是治理能力的发展，而非政府部门的行政扩张。其核心主张有如下：

第一，大都市区治理以合作为主，"这是减少社会不平等以及提升地方政府经济效能的关键环节"。❸沃利斯认为，新区域主义的关键，是要依靠公民的广泛参与和责任，创建治理的合法性，提高治理的能力。❹

第二，大都市区治理是一系列的公共政策制定与执行过程。萨维奇和福格尔认为，"通过公众的介入，新区域主义者试图划定增长边界、成立土地保护的托管机构，来控制蔓延；通过税收分享来缩小经济差距；希望在郊区建设可负担住房来缓解种族隔离；以强有力的污染控制、发展大众交通来处置环境的恶化；寻求共享城市和郊区的资源，来更好地参与全球经济的竞争。"❺

第三，大都市治理立足于构建跨越公私部门和地区界限的政治联盟。具体而言，中心城市选民应该与衰退郊区的中低收入选民联合起来，让他们知道税基的分享可以降低他们的税收水平，改善近郊区的服务，将中心城市与近郊对贫困人口所承担的义务，控制到整个区域的一般标准，从而遏制本地居民外流与减少的趋势。❻

第四，大都市区治理还利用区域规划，来改善大都市区社会状况和生活质量的目标。卡尔索普和富尔顿以"区域城市"来概括自己的理论，其具体内涵是在区域层次上使有形的设计与社会、经济政策相结合，通过有意识的设计过程，来塑造一个有形的物理空间，借此整合一系列的生态、经济、文化和社会平等问题。这些问题只有在区域范围内才能得以解决，区域城市就

---

❶ Wallis, Allan D. . New Regionalism, In Ray Hutchison ed, Encyclopedia of Urban Studies, London: Sage 2010, pp. 546-548.

❷ Windsheimer, Daniela. New Regionalism and Metropolitan Governance in Practice: A Major Smart Growth Construction Project in the Waterloo Region-the Light Rapid Transit-Project. Berlin: Freie Universität, 2007.

❸ Richard C. Feiock, eds., Metropolitan Governance: Conflict, Competitiom, and Cooperation (Washington, D. C. : Georgetown University Press, 2004), p. 67.

❹ Wallis, "Inventing Regionalism: A Two-Phase Approach. "

❺ H. V. Savitch and Ronald K. Vogel, "Paths to New Regionalism", State and Local Government Review, No. 3, 2000.

❻ Orfienld, Metropolitics, pp. 103, 37.

是为此目的而创建的，它将更加丰富、包容和多样化。❶

　　新区域主义在实践中一般表现为三种形式：州政府的政策议程及其实施过程，如"精明增长"；政府、私人部门、非营利组织之间合作对大都市问题的治理，如"棕色地块"的治理；政府间关系中的协作机制，主要是围绕联邦政府与州政府的政策项目，形成的地方政府的区域协作，如政府间理事会等区域合作组织等。

---

❶　Peter Calthorpe and William Fulton，The Regional City：Planning for the End of Sprawl（Washington，D. C.：Island Press，2001），pp. 10、106.

第7章 西方城市政府管理理论

西美尔认为，大都市具有高度的个人自治的个性。个人变得更为自由，但也带来一种威胁：在处理个人的外部关系上基于非感情因素考虑，精于计算，往往会丧失个人特征。❶ 伴随着城市中群体规模增加，专业化程度也会增加，大都市多元化的特征也会越来越显著。现代化创造了高度专业化和差异化，彼此间的相互依赖加剧，形成脆弱的社会，政府作为一种特殊形式的管理机构❷，作用越来越大。

7.1 西方城市管理的基础理论

7.1.1 西方城市管理的核心理论——"守夜人"

在西方经济社会中影响最为深远的就是自由主义思想，被西方奉为圭臬。西方城市从诞生之日起就与商业及其发展而来的经济紧密的联系在一起，虽然在不同的时期具体的表现有所区别，但是无论是自觉还是不自觉，在西欧和美国的城市管理中自由主义思想始终是基本思维，自由主义的"守夜人"理论是其城市管理理论的最基本的理论精髓，这几乎成为欧美城市管理研究者的常识。

自由主义的"守夜人"理论来自古典经济学斯密的经济学理论。"守夜人"理论有两大支点：一是市场的基础作用，即所谓"看不见的手"；二是政府的保底功能，即所谓"守夜人"。斯密指出："确实，他通常既不打算促进公共的利益，也不知道他自己是在什么程度上促进那种利益。由于宁愿投资支持国内产业而不支持国外产业，他只是盘算他自己的安全；由于他管理产业的方式目的在于使其生产物的价值能达到最大程度，他所盘算的也只是他自己的利益。在这场合，像在其他许多场合一样，他受着一只看不见的手的指导，去

---

❶ [美]布莱恩·贝利.比较城市化.北京：商务印书馆，2014：13.

❷ [美]布莱恩·贝利.比较城市化.北京：商务印书馆，2014：15.

尽力达到一个并非他本意想要达到的目的。他追求自己的利益，往往使他能比在真正出于本意的情况下更有效地促进社会的利益。"❶斯密在《国富论》对政府的基本职责也有论述，即国防费、司法经费、公共工程和公共机关的费用等❷。也就是说，国家要实行自由放任的政策，推崇地方自治，城市政府要当好"守夜人"，守好城市的"底线"，执行最基本的职责，其他交由市场，由私人部门自行处理即可。

受这一理论的影响，西方城市政府在很长时段内对公共管理介入不多，城市公共政策的范围有限，公共政策及处理公共事务、提供公共产品和服务的工作主要由非政府的民间提供，这种状况在很大程度上限制了城市的发展。从古希腊、古罗马到中世纪，再到工业革命初期，城市公共管理特别是城市公共服务一直由商人和个人主要承担。19世纪末，人们开始重视直接的公共管制（Public Regulation），英、美等西方国家都是在这一时期逐步强化和扩张了城市的"守夜人"职责。后来，城市政府的作用越来越大，市场的作用退缩，到后来政府出现财政危机，又出现了政府、市场和非政府的合作越来越多，政府重新收缩，私人部门扩张，出现了以市场为主导和政府主导为两端的"钟摆运动"（见图7-1）。

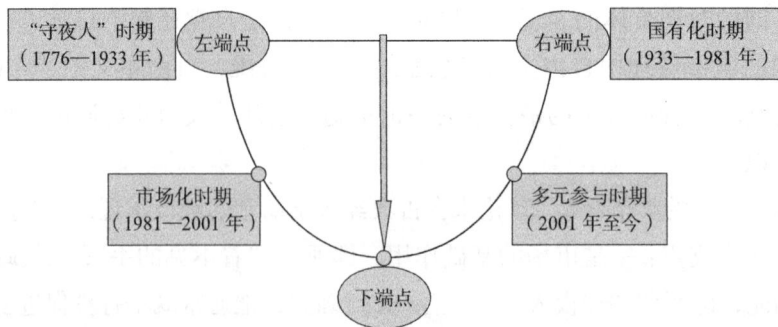

图 7-1 以市场为主导和政府主导为两端的"钟摆运动"模型

资料来源：王少泉，黄山．美国公共服务演进历程"钟摆运动"研究，《中共福建省委党校学报》2015年第12期，第24页。

---

❶ ［英］亚当·斯密．国民财富的性质和原因的研究（下卷）．北京：商务印书馆，2002：27.

❷ ［英］亚当·斯密．国民财富的性质和原因的研究（下卷）．北京：商务印书馆，2002：254-374.

7.1.2　西方城市管理的基础理论——专业化管理

随着工业城市发展得如火如荼，城市管理变得如此复杂，为了提高管理效率，以致于管理者不得不对"守夜人"管理思想进行修正。这样，"在'一战'之前，一种新理念进入了改革者的核心议程之中，城市政府的理性化管理……这一新改革混合了商业伦理和泰勒主义——提高管理效率的科学方法"❶。这种理性化管理具体表现为专业化管理理论的两大原则：政治与行政分离原则，组织化原则。

19 世纪 90 年代末，城市管理的改革者就初步形成了"管理指导理论"。这一理论的前提是"公共利益"的界定标准要使所有公民都平等、客观地受益。其核心是四条改革原则："（1）低税收：必须有严格的预算控制来确保税收保持最低水平，以尽可能低的成本提供公共服务；（2）无政治：市政府的日常管理要严格地与'政治'相分离；（3）管理专业知识：受过培训、具有经验和能力的专家应该从事城市服务的管理工作；（4）效率：政府应该按照商业的方式运行，将成本效益作为优秀政府的最终试金石。"❷

1911 年，弗雷德里克·温斯洛·泰勒出版《科学管理原则》❸，以泰勒制为标志的科学化管理运动推崇的效率观念很快为城市管理实践所吸收。1912 年纽约市政研究局首任董事长亨利·布鲁埃尔出版了一部著作，讨论了如何将效率原则应用到市政管理工作之中。提出需要应用有序和科学程序，这些程序就是详尽的记录和报道工具，用来规定城市官员的职责、他们应该采取什么样的行动来履行职责、操作设备和管理人事以及其他方面的细节，并建立了一套打分体系来对城市效率进行排名和比较，将城市的职能行使情况简化为一个数字❹。

---

❶ Lawrence J. R. Herson, Pilgrim's progress：Reflections on the Road to Urban Reform, in Political Science and State and Local Government（Washington, D. C.：American Political Science Association, 1973）, p.10.

❷ [美] 丹尼斯·R.贾德，托德·斯旺斯特罗姆.美国的城市政治.上海：上海社会科学院出版社，2017：94.

❸ Frederick Winslow Taylor, The Principles of Scientific Management, New York：Harper and Brothers, 1919; first published in 1911.

❹ Henry Brueré, The New City Government：A Discussion of Municipal Administration Based on a Survey of The Commisszon-Governed Cities, Upper Saddle River, NJ：Prentice Hall, 1912.

在政治与行政分离方面，威尔逊指出，政治是为行政制定任务，行政是对公共规则具体和系统的执行。古德诺在《政治与行政》一书中，提出政府权力实际上只有两种：一种是阐述国家的意愿即"政治"，另一种是执行已决定了的国家意愿即"行政"；"政治是国家意志的表现，行政是国家意志的执行"。政治应当控制和监督行政，但这种控制必须限定在行政所要达到的目标必要范围之内。

1945年以来，很多学者开始对威尔逊和古德诺阐述的政治与行政两分法来设计政府体制与施政方式的理论提出修正，其中以北卡罗来纳大学公共管理系主任詹姆斯·H. 斯瓦拉教授为代表的学者提出的理论最为完整和系统。斯瓦拉将城市管理的施政过程分为使命、决策、行政和管理四个方面，并对市议会和市经理在这四个方面的情况进行调查研究。其调查内容和结论如下：（1）使命（Mission）是指一个组织的基本观念、任务和为自己设定的目标，具体包括政府提供服务的范围、税收和支出的基本原则和政府的政策导向等。结论：确立使命主要是市议会的责任，而城市经理在这方面有影响力，但不大。（2）决策（Policy）是政府施政过程中的步骤，如政府财政收入、设立新的机构、开展新的项目和调配市政资源等。结论：在此方面多半由市议会和城市经理共同作用，市议会决定总体框架，城市经理领导的行政部门制定决策的具体措施。（3）行政（Administration）是指为达到决策目标而采取的具体措施、制定以及为此所做的工作。结论：一般来讲，行政主要是行政机构的事务，但在城市经理制中，议会通过审批、监督、审查等手段不同程度地参与了行政事务的管理。（4）管理（Management）是指为执行决策、履行行政职能所采取的具体行政行为，包括对政府资源、信息等的调配使用以及管理过程中采用的具体管理手段和方式。结论：市议会和城市经理在管理范畴内的界限分明，市议会发挥必要的监督和检查作用，但放手让城市经理充分施展专业化科学化管理的才能。因此，实施城市经理制的城市市政管理运行顺畅，富有成效。

20世纪60年代末是西方理性规划与专家治国论思潮的高峰期，英国城市社会学家Ray Pahl提出城市分析方法即后来的"城市管理主义"，他认为城市可以被看做一个有组织的资源分配系统❶。

---

❶　[英]诺南·帕迪森. 城市研究手册. 上海：格致出版社，2009：47.

城市—工业社会，由专业管理者负责的理性化的功能组织建构的政府受到欢迎。城市管理专业化、企业化思想的集中体现就是城市经理制，当前实践中，美国市民对城市行政管理专业化路线的需求强烈，城市经理人已经成为地方政府管理的一个全新专业。城市经理制政府第一次聘任全职的专业人士作为市政府的行政首脑，被授权管理大部分市政部门和官员，使原来分散在形形色色的市政官员和市政机构的行政管理权集中到城市经理手中，为有效地管理市政提供了前所未有的机遇和条件。专业化和企业化管理已经成为城市政府发展的共性特征和一般发展规律。

7.1.3 西方城市管理的行为管理理论——企业化城市管理理论（新公共管理理论）

20世纪80年代，从美国、英国、新西兰等国开始在全球兴起了一场公共管理运动，这场运动以追求经济、效率和效益所谓的"三E"为目标，旨在用企业化思想克服官僚主义，影响了世界许多政府管理和城市管理实践。新公共管理理论主张以市场和消费者为导向，推动以契约和自主性为核心的改革，从而形成良好的城市管理能力。

新公共管理理论的主要观点有以下几点：

（一）绩效导向。最先提出新公共管理这一概念的英国公共管理学者克里斯托佛·胡德认为，新公共管理强调绩效评估，推行严格的目标管理，需要设定公共组织总目标及构成单位的具体目标，并将其转化成为明确的、可比较的量化指标。这一管理模式强调结果，强调输出，实行明确绩效导向的资源配置和薪酬管理体系。❶

（二）自主性。曼纳·彼得·范戴克对内部自主性和外部自主性作了区分：内部自主性侧重于公共事业内部，使机构更加灵活、更有效率和更富有创新性；外部自主性指服务的提供者不受投机者的政治干涉，直接服务于他们的消费者。公共事业的法律权威决定它的自治程度，这种自治程度仅仅受一些外部限制因素的束缚。❷

---

❶ Christopher Hood，1991. A Public Management for All Seasons. Public Administration，Vol 69，Spring，pp. 3 — 5.

❷ [荷兰] 曼纳·彼得·范戴克 . 新兴经济中的城市管理 . 北京：中国人民大学出版社，2006：33.

（三）市场导向。彼德斯探讨了未来政府治理的四种模式，其中一种重要治理模式就是市场型政府，即强调政府管理市场化，将市场机制引入公共部门，通过交换与激励提高政府绩效，放松政府规制，进行政府变革。❶萨瓦斯探讨了多种可用于提供物品和服务的制度安排：政府服务、政府间协议、政府出售、合同承包、补助、凭单、特许经营、自由市场、志愿服务和自我服务，并强调了不同安排方式之间的理性权衡和选择。❷

（四）顾客导向。奥斯本·盖布勒认为顾客导向有几个优势：增强服务提供者对其消费者所负有的责任；可以消除腐败；可以刺激创新；消费者定位的服务供给能更好地使服务需求保持一致，大大提高其运行效率。❸林登强调，通过政府再造，使政府每项资源投入、人员活动、公共产品提供都能真正而有效地符合顾客的需求，顾客能在"任何时间和任何地方"得到服务，真正实现为民服务目标。❹

（五）竞争机制。尼斯坎南分析了竞争型官僚制的价值所在，提出要增强供给相同或相似服务的官僚机构之间的竞争，改革官僚机构的激励机制。❺

（六）责任性。责任意味着对正在发生事件后果的承担能力。在公共责任中，主要包括两种责任：第一种责任与服务的提供者与管理监督机构的关系相关；第二种责任是机构内部职工的责任。❻

7.1.4 西方城市管理的新范式理论——城市治理理论

20 世纪 80 年代以来，面对传统城市管理模式的挑战，城市管理开始转向城市治理研究（见图 7-2）。城市治理强调发展城市政府与利益相关者之间的合作关系，包括政府与市场、社会、市民的合作，以及政府内部的府际合作、部门间合作。美国网络治理理论已经通过城市机制理论得到解决，城市治理理论主要还是一种欧洲式的研究方法。

❶ 彼德斯.政府未来的治理模式.北京：中国人民大学出版社，2001.

❷ 萨瓦斯.民营化与公私部门的伙伴关系.北京：中国人民大学出版社，2002.

❸ 奥斯本·盖布勒.企业家精神如何改革公共部门.上海：译文出版社，1996.

❹ 林登.无缝隙政府.北京：中国人民大学出版社，2002.

❺ 尼斯坎南.官僚制与公共经济学.北京：中国青年出版社，2004.

❻ [荷兰] 曼纳·彼得·范戴克.新兴经济中的城市管理.北京：中国人民大学出版社，2006：34.

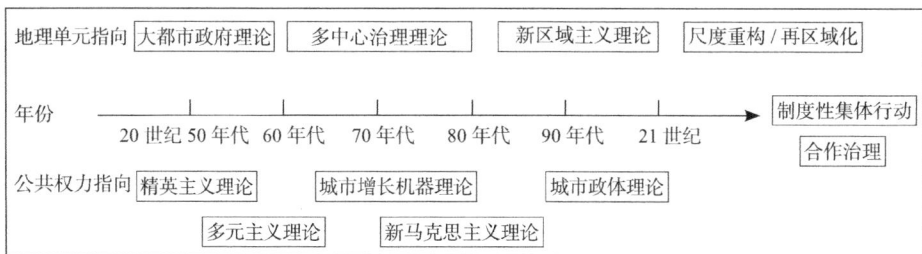

图 7-2 城市治理理论的发展

资料来源：吴晓林 侯雨佳："城市治理理论的"双重流变"与融合趋向"，
天津社会科学，2017 年第 1 期，第 74 页。

　　治理按照全球治理委员会的定义，治理是各种公共的或私人的个人和机构管理其共同事务的诸多方式的总和。❶治理理论的权威学者威格里·斯托克对目前流行的治理概念作了一番梳理后，提出了如下五个要点：（1）治理意味着一系列来自政府，但又不限于政府的社会公共机构和行为者，对传统的政府权威提出挑战，它认为政府并不是唯一权力中心。（2）在现代社会，国家正在把原先由它独自承担的责任转移给公民社会，即各种私人部门和公民自愿性团体，它们正在承担着原先由国家承担的责任。（3）治理明确肯定了在涉及集体行为的各个社会公共机构之间存在着权力依赖。所谓权力依赖，是指致力于集体行动的组织必须依靠其他组织，为达到目的，各个组织必须交换资源、谈判共同的目标。（4）治理意味着参与者最终形成一个自主的网络。这一自主的网络在某个特定的领域中拥有发号施令的权威，它与政府在特定的领域中进行合作，分担政府的行政责任。（5）治理意味着办好事情的能力并不仅限于政府的权力，不限于政府的发号施令或运用权威。在公共事务的管理中，还存在着其他的管理方法和技术，政府有责任使用这些新的方法和技术来更好地对公共事务进行控制和引导。❷治理和管理的最大区别在于治理的多向性，强调治理的共同属性，多主体参与、多中心结构是治理的核心内涵。❸城市治理是治理理论在城市管理方面的应用。克莱恩斯·斯通认为城市治理模

❶　转引自盛广耀.城市治理研究述评.城市问题，2012（10）：81.

❷　威格里·斯托克.作为理论的治理：五个论点.国际社会科学（中文版），1999（2）.

❸　郝雅立.从"整合"走向"共治"的城市治理研究：理论论题、实践问题与演进向路.行政科学论坛，2017（7）：18.

式，指的是市政府与市中区工商业精英之间的非正式伙伴关系，政治逻辑和经济逻辑联合，再加上随之产生的所有张力、冲突和模棱两可之处，构成了本地的城市治理模式。❶瓦利斯·阿兰从城市区域空间结构的历史角度把美国大都市治理划分为三个阶段：第一阶段是单核心中心发展的工业城市区阶段，第二阶段多核心中心的城市区域阶段，强调在同一区域内的地方政治实体的竞争阶段（这一阶段以网络化即复杂的补充和相互依赖为特征），第三个阶段强调治理而非统治，主要涉及参与主体的多样性、参与机制的综合性、参与规范的灵活性、参与方式的自愿性等；强调跨部门而非单一部门；强调协作而非协调；强调过程而非结构，例如远景、战略规划、建立共识或解决冲突等；强调开放而非封闭等。❷皮埃尔以城市治理主体来界定，把城市治理模式分为四种：管理模式、社团模式、支持增长模式与福利模式。马尔·埃兰德提出了基于城市主体共同参与的城市伙伴制治理模式。盖伊·彼得斯提出以新公共管理定向的四种治理模式，即市场化政府模式、参与型政府模式、灵活性政府模式、解除规制政府模式。

斯多克和莫斯贝杰将城市治理归纳为三种类型：朴实的、工具的、象征性的。朴实的治理模式出现在具有同类人口和强烈地方归属的小城镇和郊区，它们的主要目的是维持现状；工具性的治理模式关注那些由城市政府和工商业利益集团的政治伙伴关系所指出的特定目标；象征性的治理模式出现在急速变化的城市中，这些变化包括大规模的复兴运动、重大的政治变革、试图转变公众对自己城市的观念的形象运动等。❸

7.1.5　西方城市管理的参照系理论——城市竞争理论

近年来，经济全球化的不断扩展和深化，城市作为竞争主体在国际市场竞争中发挥着越来越重要的作用，促使以全球城市为核心全球城市体系的形成。

迈克尔·波特是研究竞争理论的代表人物，在《竞争优势》一书中阐述了企业可以选择和推行一种基本战略以创造和保持竞争优势的方法。同样，这

---

❶ [英]约翰·伦尼·肖特.城市秩序：城市、文化与权力导论.上海：上海人民出版社，2015：315.

❷ Allan D. Wallis. Evolving Structures and Challenges of Metropolitan Regions. National Civil Review，83（Winter-Spring）.

❸ [英]约翰·伦尼·肖特.城市秩序：城市、文化与权力导论.上海：上海人民出版社，2015：316-317.

种竞争优势理论也可以被用来分析城市的竞争力，有助于城市管理者制定和采取适宜的城市发展战略。

代表性的城市竞争力模型有以下五种：（1）道格拉斯·韦伯斯特模型。韦伯斯特把城市竞争力区分为"活动"要素和"地点"要素。前者包括金融、旅游、电脑制造等，后者泛指一切不可转移的因素，诸如区域禀赋、人力资源和制度环境等。所以将决定城市竞争力的要素划分为4个方面，经济结构是城市竞争力评价的传统焦点；区域禀赋包括地理位置、基础设施、自然环境和城市形象等；人力资源主要涉及劳动力的技术水平、劳动力的可得性及其成本等；制度环境包括企业文化、地区治理、管理政策和社会网络。（2）林纳马亚模型。林纳马亚将城市作为一个整体来经营，把城市发展模式建立在网络和合作基础之上，一个城市的竞争力主要由基础设施、企业、人力资源、生活环境的质量、制度和政策网络、网络中的成员等6个要素决定。（3）彼得模型。彼得提出城市竞争力及评价框架是显示性框架和解释性框架的结合。其中显示性框架为：城市竞争力＝F（△制造业增加值，△商品零售额，△商业服务收入）；解释性框架为：城市竞争力＝F（经济因素，战略因素）。经济因素＝生产要素＋基础设施＋区位＋经济结构＋城市环境；战略因素＝政府效率＋城市战略＋公司部门合作＋制度灵活性。（4）胡格斯模型。胡格斯构建了一个城市竞争力的三要素模型，包括商业密度（单位企业）、科技企业比重和经济参与率（活动率）；生产率（人均GDP）；工人成果、收入以及失业。（5）丹尼斯模型。丹尼斯提出了一个概念框架：城市竞争力＝F（城市环境，国家要素，对国际贸易条约的依附程度，当地企业和产业的国际竞争力），并在此基础上设定指标体系，对大都市地区的国际竞争力进行了测量和评价。❶

竞争理论在城市管理中能产生的重要影响主要在于引入竞争理论的思维：首先，城市管理竞争力是可量化评估的，可以为城市管理者提供改善城市管理的途径；其次，竞争理论有助于区分竞争力的因素，有助于分析一个城市管理的优势和劣势。最后，竞争理论为城市管理提供了一个明确不同层面、不同角色的综合视角，将各项政策和相关利益连接在一起。

---

❶ Paul Cheshire, Gianni Carbonaro Dennis Hayl. Problems of Urban Decline and Growth in EEC Countries: or Measuring Degrees of Elephantness[J]. Urban Studies, 1998, 23（2）: 131-149.

7.2　西方城市管理的过程理论

　　城市管理同样是一个权力政治的过程，以权力解释城市管理现象在城市管理理论研究中占有极为重要的地位，围绕城市管理中权力应该分散还是集中，形成了多元主义与精英主义的分野（见表 7-1）。从早期的多元主义者达尔、雷蒙德·沃尔芬格（和波尔·斯比）直到后来的多元主义者基本拒绝认为政治权力是高度分层的，而是认为权力以及由此产生的社会不平等是分散的。从早期的精英主义者亨特对美国亚特兰大市的分析到之后的新精英主义者巴赫拉契和巴拉茨则认为，城市政府通常被在商业、利益方面志趣相投的集团统治和掌控，政治权力高度集中于少数精英人物之手。尽管机制理论在经验性研究的深度和广度方面相对于多元主义和精英主义仍有欠缺，但是它却为城市管理的权力问题研究提供了一种特殊方式。机制理论强调政府和非政府力量在城市经济和社会挑战下的相互依存，把理论焦点聚集在两者之间的合作与协调问题上，机制理论研究的注意力超越了将权力仅仅视为社会控制问题，而是转向并扩展了将权力视作通过社会生产而表达的理解方式，即权力的范式就是使得某些特定利益体能够将其自身能力融合到共同目的的达成中去。

城市管理过程理论概况　　　　　　　　　　表 7-1

	代表人物	代表作	主体	运行模式
精英理论	亨特	社区权力结构	一元	控制
多元理论	达尔	谁统治：美国城市中的民主与权力	多元	控制、竞争
增长机器理论	罗根和莫洛奇	作为增长机器的城市		竞争
城市机制理论	斯通	政体政治：治理亚特兰大 1946—1988	多元	合作

7.2.1　城市精英理论

　　虽然精英管理理论的提出比较晚，但是精英主义的理论渊源可以追溯到古希腊时期柏拉图的"哲学王"思想，现代精英理论则与意大利的相关学者有着重要联系。城市的商业功能决定了城市政治生活中商业精英集团的主导地位（见图 7-3），使城市政府所制定的公共政策大多围绕城市商人社团的利益。

由于商业的繁荣与城市的组织是否良好存在着非常直接的关系,所以中世纪的城市商人就不得不主动负责供应城市最不可少的必需品,同时商人行会主动地从事于新生城市的建设与管理,实际上在每个城市中执行着公社长官的职责。到工业化城市时期,新兴的企业家开始依靠组织争夺政治控制权,以使公共政策朝向对自己有利的方向发展,形成所谓的"城市机器政治"。到 20世纪则出现了专门从事城市管理的城市专家,这些都是城市精英管理的体现。

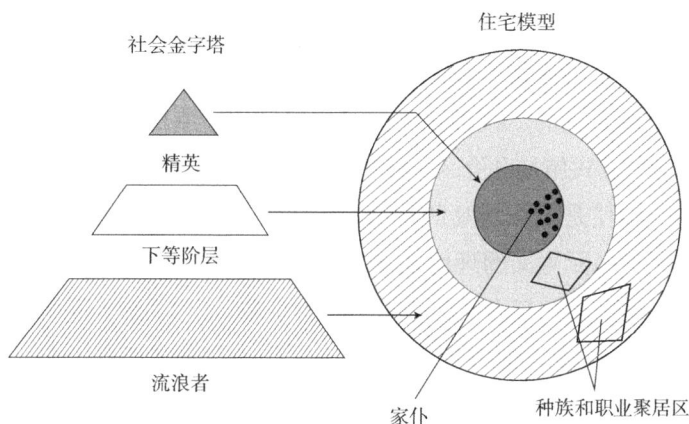

图 7-3 前工业城市中阶层结构和居住地之间的关系

资料来源:[美] 保罗·诺克斯,琳达·麦克卡西:《城市化》,科学出版社,2009 年版,第 133 页。

《牛津英语辞典》将精英主义定义为:"拥护或依靠一个由选举而产生的团体的领导或统治。"精英理论分为三种:规范的精英理论、技术的精英理论和批判的精英理论。规范的精英理论认为只有一个人才可以称为精英理论;技术精英理论与马克斯韦伯的科层制理论有着直接关系;批判的精英论将精英理论应用于城市研究中 ❶。19 世纪中后期到 20 世纪 50 年代,古典精英理论在形成和发展过程中,确立了较为明确的理论框架和研究方法,其主要代表人物有三位:意大利社会学家维尔弗雷多·帕累托、加塔诺·莫斯卡和瑞士籍德国社会学家罗伯特·米歇尔斯。作为精英循环理论的开创者,帕累托认为社会的发展过程就是政治精英的无限循环过程。莫斯卡提出了"精英再生产"。米歇尔

---

❶ [英] 戴维·贾奇,[英] 格里·斯托克,[美] 哈罗德·沃尔曼. 城市政治学理论. 上海:上海世纪出版集团,2009:45.

斯认为，由政治精英所构成的所有政治组织特别是政党都是受少数统治寡头控制的，这是万古不变的"历史铁律"。

经典的精英理论被作为理解国家公共政策的一种政治模型，亨特在 1953 年开拓性的把精英理论引入了城市管理，出版了引起强烈反响的《社区权力结构》一书。社会学家在进行人群分析研究时，所采用的分类标准是人群所处的阶层和地位以及所拥有的权力，其中人群所处的地位是社会学家一直以来就拥有的分类标准。亨特的贡献就是把这种方法扩展到城市管理的权力关系研究之中。他通过利用"声望法"，采用调查研究法，对亚特兰大市的研究发现，亚特兰大市的城市管理政策制定实际上是由一个以工商业和社会精英为中心的金字塔形状的"社区权力"结构所共同主宰的，精英的影响主要是通过"非决策"方式施加和介入的。❶ 而人们一般印象中应该占有重大影响力的各级官僚，即使是地位最高的政府官员，也排在这些人后面。这一论断引发了精英主义与多元主义的理论之争。精英主义形成了城市权力的基本模型，为解释城市管理活动和权力运行提供了基本框架。

美国学者拉契所扩展的"新精英"研究的观点与结论不同于多元决策论者，而是认为掌握城市政治议事日程同在公开的利益冲突中获胜的能力同样重要，精英的影响主要是通过"非决策"方式施加和介入的。

7.2.2 城市多元理论

20 世纪五六十年代，多核中心的大都市区取代传统的单核心城市，城市人口向郊区进行了离心式迁移，城市化转入了大都市区化的新阶段。

新城市化转型与亨特关于城市管理精英理论一道催生了城市管理的理念变革，这一变革的集中体现就是多元主义城市管理理论，其代表人物是达尔。达尔在《谁统治：美国城市中的民主与权力》一书中采用案例观察法，通过决策分析模型对纽黑文市的多元主义权力结构进行了经典阐述❷。分散的权力资源是多元主义的逻辑起点。多元主义认为，城市社会可以理解为数百个小的特殊利益集团的聚合体，这些团体有着不完全的人员重叠，广泛分散的权

---

❶　F. Hunter. Community Power Structure：A Study of Decision Makers. Chapel Hill：University of North Carolina Press，1953.

❷　R. A. Dahl. Who Governs? Democracy and Power in an American City. New Haven：Yale University Press，1961.

力基础，以及大量的对重要决策施加影响的手段❶。多元主义者并不认同整体的权力精英的存在。相反，他们认为许多社会精英和其他利益群体互相竞争，但没有哪一个群体足够强大到独享权力；精英是功能上的和特定化的，他们的需要与其他群体和阶级的需要相冲突，所有利益群体以不同的和相互交叉重叠的选民为代表。

概括言之，多元主义的核心观点包括：（1）突出了以人为本的理念。关注并回应公众的利益诉求，是多元主义城市管理理论的重点。多元主义摒弃了把城市管理作为工具的理念，重视市民的需求，强调城市多种功能的融合和不同群体的融合包容。（2）注重公众参与的理念。多元主义主张政府应当识别并回应公众的利益诉求，认为城市管理制度本身具有吸纳公众参与的能力，并通过回应和满足公众的利益诉求，来强化选民的政治认同。（3）坚持平等公平的理念。多元主义的城市管理理念没有回避社会资源分配不公这一事实，多元主义内蕴了一种机会公平的理念，即任何群体都可能拥有掌握某种优势资源的机会，也拥有在某一类政策问题中进入决策议程的机会。

7.2.3 城市增长机器理论

为了弥补精英理论和多元理论在解释"为什么城市政府主要关心增长"上的不足，在精英理论和多元理论的基础上，利用新城市政治经济学研究范式，美国城市管理研究界出现了城市增长机器理论。"增长机器"，即拥护政党之外的奉承"价值中立的发展的普遍意识形态"的地方利益联盟❷，是城市发展的主导力量，标明了谁在起支配作用以及如何运作❸。形象的说，城市就像一部增长的机器，它的主要目标是自我服务，追求增长是其本性的自然体现。伟大的城市最美好的未来并不取决于上帝或国家的权力，而取决于对财富孜孜不倦的追求。❹"增长机器"理论突出了城市增长利益的重要性，着重强调个人和利益团体为追求满意的发展目标形成的联盟所起的作用，代表了最具系统性的发展"地方"政治经济的尝试，成为城市机制（Urban Regime）

❶ N. W. Polsby. Community Power and Political Theory. New Haven：Yale University Press，1980：118.
❷ [英]乔纳森 S. 戴维斯，[美]戴维 L. 英布罗肖 . 城市政治学前沿（第二版）. 上海：格致出版社、上海人民出版社，2013：40.
❸ [美]约翰·R. 洛根，等 . 都市财富：空间的政治经济学 . 上海：格致出版社，2016：4.
❹ [美]乔尔科特金 . 全球城市史 . 北京：社会科学文献出版社，2014：126.

理论的重要来源。

莫洛奇发表《作为增长机器的城市》，标志着城市增长理论的初步形成。莫洛奇和罗根于 1987 年出版的《都市财富：空间的政治经济学》一书❶，标志着城市增长机器理论的成形。比起分散的城市社会权力，增长机器更关注"城市发展"的问题，即谁对地方在物质上的重组有着最大的影响力，为什么，有什么样的影响。因为他们认为与生产有关的决策会支配与消费有关的问题，谁控制了生产的政治，谁就有效地控制了城市。与多元理论和精英理论不同，罗根和莫洛奇认为，地方政府只是城市生产政治众多参与者中的一员。他们感兴趣的是，众多的行动者之间是如何联系和互动的，而不是设法衡量他们对地方政府决策的影响力。换句话说，增长机器理论关注的是一般意义上的城市发展政治，而不是地方政府的发展政治。莫洛奇认为，长期以来，几乎每一个城市政府都是一个增长机器。"作为充满活力的政治力量，地方政府实质上就是要有组织地影响城市增长结果的分配，这不是政府的唯一的功能，但它是关键之一，具有讽刺意味的是，最被忽视的功能。"❷ 依赖于"地位的"判断和更大、更专门化的主要利益群体特征，在城市决策方面，罗根和莫洛奇仍旧得出与城市精英理论相同的观点，认为商界精英是增长机器中的主要成员，城市增长战略的性质是由利益群体和利益群体对主导经济环境和未来远景的解读决定的。

增长机器理论为城市管理提供了更加清晰明确的目标，使城市中的各种行为体在城市经济增长的目标下形成了联盟，并将土地开放等重大政治经济议题引入了城市管理研究，将 1950 年代以来精英理论与多元理论关于城市管理权力结构的争论推进到了一个更具实质意义的深度。1990 年代的城市精明增长计划则是这一理论在反思城市蔓延、社区瓦解基础上的进一步发展。

7.2.4　城市机制理论

机制理论从 20 世纪 80 年代中期开始进入城市管理研究领域，相比精英理论多元理论和增长机器理论来说，城市机制理论是出现最晚的理论。城市

---

❶ Logan，J. and Molotch，H. Urban Fortunes：The Political Economy of Place. Berkeley：University of California Press.

❷ Harvey Molotch，The City as a Growth Machine，American Journal of Sociology，1976，82（2）：313.

机制理论由费恩斯坦夫妇、埃尔金和斯通共同完成,斯通于 1989 年出版的《政体政治:治理亚特兰大 1946—1988》一书代表着城市机制理论的兴起,已经成为 20 世纪 90 年代以及 21 世纪美国城市政治学的主旋律。

在城市机制理论上,埃尔金提供了更清楚的论述。第一,美国地方当局,像大多数欧洲地区或为特定目的而建立的特殊机构一样,是通用性机构,没有任何宪法地位。因此,城市发展战略主要是依靠私营部门的资源。第二,地方政府的融资方式使它们对当地经济的繁荣和居民的收入尤其敏感。在美国背景下,当地经济环境和本地服务融资有更直接的关系。第三,商业社区在城市政治中扮演者一个强大而又直接的角色。商业代表或其他被商业利益团体接受的人,有作为城市政治代表的重要传统倾向。

要了解城市机制理论的本质,必须区分政治权力的掌握和有效治理的实施,对狭义的地方政府和广义的地方治理做出区分。在当地政客和官僚以何种方式使他们通过与商业社区形成关系来确保自身处在当权者的位置这一问题上,城市机制理论认为,地方政府不能独自实现所有的野心,他们需要通过对商业社区的不同部分提出的建议进行筛选寻找盟友,这个过程促使地方政府与一些私人部门采取相同的立场并进行详细协商。要想使联盟行为经受住时间的考验,具有可预测性和稳定性,需要具备 3C 特征,即承诺(Commitment)、共识(Consensus)和持续性(Continuity)。

作为多元理论的延伸,城市机制理论不再局限于将权力视为单向的社会控制问题,而是将权力视为理解社会生产的互动方式。据此,费恩斯坦夫妇认为二战后美国形成了三种成功的城市管理机制:指导型机制(1950 ~ 1964 年)、让步型机制(20 世纪 60 年代中期—20 世纪 70 年代中期)、保守型机制(20 世纪 70 年代中期—20 世纪 80 年代中期)❶。埃尔金提供了一个历史的分析视角,他认为,城市管理制度形成于市场力量与政治控制之间的动态关系,并把美国城市管理制度分为多元型、联邦型、企业型三种❷。多元主义机制与 20 世纪五六十年代美国老牌大城市商业中心在社会和经济上的变化紧密相关,它基

---

❶ N. Fainstein, and S. Fainstein, Regime strategies, communal resistance and economic forces, in S. Fainstein, R. C. Hill, D. Judd and M. Smith(eds), Restructuring the City: the political economy of urban development, Longman, New York, 1986, pp. 159-168.

❷ S. Elkin. City and Regime in the American Republic. Chicago, I. L. : University of Chicago Press, 1987.

于如下事实：发展型机制不是全能的，它们与相对独立并能够对其他政策领域起决定作用的联盟形式共存。联邦型机制所处的典型特征是，人口和经济活动越来越脱离中心城市、民权运动日益强大、社区服务需求增加、对多元主义时代由土地使用变迁产生的成本和收益不平等分配强烈反对。企业型则与埃尔金对达拉斯的观察有关，他认为，传统上发挥强大作用的商业角色在城市政治中一直保留着一套治理结构（由商业主导的灰色组织，一个去政治化的城市管理系统），鼓励商业领袖和政府官员在议程上保持密切的联系，并将那些反对增长的抗议屏蔽在外。

城市机制理论对于理解城市变化引起的种种回应具有较强的解释力。城市管理机制理论认为城市政治包括广泛的参与者，政治组织、经济组织、社会组织分别掌握不同的资源，任何一方都无法独立地实现发展目标，多元主体之间的"联盟"就成了一种必然选择。斯通指出，在 40 年间，亚特兰大商业和政治精英都用同样的方式，从他们所组成的稳定联盟中获得了巨大的利益；他们并不是简单的控制对方，也不只是进行策略型的合作；这种合作反映出他们共同的愿景。他认为，"机制"特指一种关于城市权力的"非正式协定"，是政府权力的补充形成。❶ 在亚特兰大这个具体的案例中，体制就是"城市政府与市区商业精英之间所形成的非正式的合作关系"。从具体运作上说，机制由"一群反复聚集在一起制定重要决策的核心人士所凝聚起来"。在这个联盟中，商业合作伙伴很明显处于支配地位。这些商业合伙人都有强烈的政策偏好，并拥有源源不断、充足的资源。城市机制理论从根本上而言是在城市环境下的一个政策选择模式。❷ 城市机制理论"认为公共政策由三个因素塑造：（1）共同体统治联盟的组成；（2）统治联盟中成员关系的本质；（3）成员带给统治联盟的资源" ❸。

复杂性是城市机制理论的中心视角，多样和广泛的相互依存方式是现代城市系统的特征，机制分析指向了协调社会生活的第三种模式：网络系统。斯

---

❶ Clarence Stone，Regime Politics：Governing Atlanta，1946-1988，Kansas：The University Press of Kansas 1989，p. 3.

❷ [英]戴维·贾奇，[英]格里·斯托克，[美]哈罗德·沃尔曼 . 城市政治学理论 . 上海：上海世纪出版集团，2009：74.

❸ [英]戴维·贾奇，[英]格里·斯托克，[美]哈罗德·沃尔曼 . 城市政治理论 . 上海：上海世纪出版集团，2009：74.

通认为，城市经济发展或城市分配中虽然有联盟在政策上起主导作用，但这些联盟的影响并不像精英论所讲的那样，由上而下全面控制，那些不在联盟内的团体或成员，要能够掌握议题并进行有效动员，也有相当宽广的空间可以反制联盟。所以，斯通认为城市机制更为重要，它可以在复杂社会中促使重要的任务完成。

城市机制描述的是公共部门和私营部门之间正式和非正式的合作模式，对城市管理过程中不同政治力量的联合及其路径进行了解释。但是总体上来看，城市机制概念具有较强的模糊性。城市机制理论给城市管理提供了一个逻辑严谨的分析视角，但也招致了这种僵化的框架割裂了国家与市场的作用的批评。

7.3 · 西方城市管理工具理论

国外城市政府绩效管理将其与城市战略规划、公共预算改革结合起来，注重加强对政府支出的绩效审计，注重构建政府绩效管理"3E"模式。"3E"模式就是注重从成本、效率、效益三个角度来设计政府绩效管理系统。如美国城市政府绩效评估就强调政府必须制定战略规划以及年度绩效计划，并向国会和公众提供绩效计划完成情况的报告。城市变化主要表现在公共利益的变化、公司关系变化以及城市化形式 ❶

7.3.1 城市规划理论

近代城市科学是以城市社区形态、结构的重新规划与设计为发端。就近代城市科学体系自身衍化来看，城市规划与空间形态设计确实构成了自工业革命至 20 世纪上半叶城市理论的主体也是城市科学中最为发达的一部分。"研究城市内部结构的一个通用方法是判别一个城市化地区的布局大部分是未经规划的还是规划过的。" ❷ 由此可见城市规划对于城市的重要作用。芒福德在其所著的《乌托邦系谱》一书中，从柏拉图的《理想图》到托马斯·莫尔的《乌托邦》，以至于 20 世纪的乌托邦文学，搜寻出 24 个乌托邦的系谱，考察了人

---

❶ [美] 布莱恩·贝利. 比较城市化. 北京: 商务印书馆, 2014: 8.

❷ [美] 保罗·诺克斯, 琳达·麦克卡西. 城市化. 北京: 科学出版社, 2009: 28.

类近几百年来对"理想的城市是什么样子"的思考，发现不论是科学家还是文学家，他们对未来理想的城市设想都有着共同的理念——"把田园的宽裕带给城市，把城市的活力带给田园"，这种理想城市的思想是城市规划的思想起源。

英国学者 E·霍华德是现代城市科学史上一位划时代的人物，他于 19 世纪末发表的《明日的花园城市》从城市最佳规模入手，创造性地提出了花园城镇体系的设想，这一构思已不限于对城市形态设计和人口规模的简单测算，而是经过较精确的经济分析和图解，将 20 世纪的城市构造设计和建设理论推向科学化的新高度。以霍华德、马什·盖迪斯、克里斯泰勒、艾伯克龙比为代表的综合规划派中，倡导从不同的视角和方法来"综合"观照城市建设，使人们越来越清楚地认识到，城市规划必须通过跨学科的分工合作。在研究客体上，他们则认为必须把城市看成"不仅是市区本身，而且还是城市近郊和远郊在进化过程中人口的焦聚"（Geddes）。这种承认城市社会问题的存在和跨学科合作有效性的思想，在城市建设史上尚属首次提出。

19 世纪末，人们开始重视直接的公共管制（Public Regulation）。在城市形体设计与管理方面，西特、艾纳尔、柯布西埃、伊·沙里宁等代表人物则用建筑师的眼光看待城市建设问题（包括建设中的经济和社会问题），他们采取的是"把砖瓦砂石和钢铁水泥在地上作一定组合的那种物质和空间环境的解决方法"（Hall，1975），其最终目标是实现物质环境开发，并常常有一个准确的三度设计方案。自此，城市科学便更多地与国家和各级政府决策机构结合，取决于它们的意志和社会的目标取向。当然，这首先应归因于城市科学本身的综合性、社会性、战略性和系统性的日益加强。

城市科学在 20 世纪初城市建筑学、地理学、规划学的发展基础上逐步壮大，国际交流也日渐频繁。其中一个最有影响的国际性学术团体——1928 年成立的国际现代建筑协会（CIAM）。该协会最大的成就是于 1933 年（第 4 次会议）宣布的都市计划宪章，又称为"雅典宪章"。应该说雅典宪章展现了工业文明发展出来的都市综合规划的原理原则，雅典宪章的制定是以市民的日常生活为都市计划的基础，也就是以"人"为都市计划的主体。同时，依照都市内的每个市民是在平等的立场，不因贫富、阶级之差而不平等的原则来讨论都市计划。显然，"雅典宪章"已超越了当时一般建筑、规划以空间形态为建设主体的城市理论，开始从多学科的结合上考虑到城市住宅、娱乐、交通、工业生产、文物保护等多方面的规划建设与管理，它的以人为本原则和社会系统观念一直影响到今天的城市乃至都市圈的发展战略设计。在理论上，分区规划成为规范城市的主要理论工具，"它可能被认为是美国人对待城市土地市场的放任自由态度的转变"❶。它被鼓吹为保护财产的一种方法，直到今天，规划委员会在房地产意义上，仍代表着中高层的价值观，强调效率，保守运作以应对社会变革的力量。"当规划业变得制度化以后，原先广泛的改革目标被日益受到专注的技能所替代"❷。

20世纪60至80年代，伴随着美国大城市人口大批向郊区迁移城市空心化日益严重，西方学者提出了"新城市主义"的新思想。新城市主义的特点在于，强调传统、邻里感、社区性、场所精神、全面、整体、有用、持续发展，主张恢复城市人文价值以提高城市生活品质的设计观念。其设计思想的内涵和原则主要体现在：尊重自然——构建完整的城市生态系统；尊重社会与个人——建设充满人情味的社区；保持多样性——维持城市生态系统的稳定；节约资源——实现城市生态系统的可持续发展。尽管新城市主义的本质是城市规划理论，但它对城市管理同样有着重要启示。基于新城市主义的城市管理思想，强调在城市管理中要体现对人的尊重，注重人的感受，重视培养城市的宜居性和舒适性，提升城市对人的吸引力，通过对人的聚集与合理配置来保持城市的发展活力。

1978年，国际现代建筑师协会通过了《马丘比丘宪章》。该宪章旨在回答城市规划面临的新情况和新问题，它提出：（1）城市功能分区的同时，要考虑发挥城市各功能之间的联系，特别是城市的整体功能；（2）城市的每座建筑要与其他建筑对话，以完善自身形象；（3）城市交通政策要使私人汽车从属于公共交通；（4）要处理好城市建设、自然环境与人文环境的关系，保护城市历史遗产。《马丘比丘宪章》最大的特点在于表明了城市规划理论由"功能分区"向"功能综合"转变的强烈倾向。

20世纪80年代中期，在美国一些州的相关立法中正式引入了"增长管理"一词。近年来，随着城市无限增长的危害日益明显，国际学术界针对城市增

---

❶ [美]布莱恩·贝利.比较城市化.北京：商务印书馆，2014：27.

❷ [美]布莱恩·贝利.比较城市化.北京：商务印书馆，2014：28.

长管理的研究日益丰富，相继出现了"精明增长""增长管理""填充式开发"以及"新城市主义"和"区域城市"等众多理论思潮，对城市增长管理概念的描述也同样众说纷纭。美国城市土地协会 1975 年出版的《对增长的管理与控制》对增长管理的定义是"政府运用各种传统与演进的技术、工具、计划及活动，对地方的土地使用模式，包括发展的方式、区位、速度和性质等进行有目的的引导。"奇尼茨认为"增长管理是积极的、能动的……旨在保持发展与保护之间、各种形式的开发与基础设施同步配套之间、增长所产生的公共服务需求与满足这些需求的财政供给之间，以及进步与公平之间的动态平衡。"波特进一步将增长管理概括为"解决因社区特征变化而导致的后果与问题的种种公共努力"，是"一种动态过程，在此过程中，政府预测社区的发展并设法平衡土地利用中的矛盾，协调地方与区域的利益，以适应社区的发展"。1999 年弗恩特提出增长管理"泛指用于指导增长与发展的各种政策和法规，包括从积极鼓励增长到限制甚至阻止增长的所有政策和法规"。总起来说，增长管理已经从一种单纯的规划思想扩展为一种公共的政策行为，它贯穿于管理计划制定和实施过程的始终，通过政策法规等具体工具的运用，对城市增长过程中的速度、时序及发展总量进行随时的预测和引导，以便协调多方矛盾冲突，实现开发与保护等各种发展目标及利益之间的动态平衡，从而将城市增长维持在合理适度的范围内。❶

7.3.2 市政社会主义理论

尽管历史学家德雷克·弗雷萨（Derek Fraser）等认为市政社会主义作为一种意识形态主要是 20 世纪初的现象，但不可否认 19 世纪的公用事业的市营——即市政社会主义已经初露端倪。19 世纪 70 年代以后，城市政府的规模开始稳步扩张。除了地方政府自身追求改变之外，中央政府也担心城市问题会威胁到社会和政治稳定，支持更加强硬的市政干预。对于在社区中变得相当重要的各种新型城市服务而言，市政委员会逐渐地在服务分配和办理这两个方面都占据了决定性的地位。城市再一次像 16 世纪那样成为了公共政策发展和尝试的实验室。城市中的治安机构越来越组织化和专业化，警察越来越

---

❶ 翁羽.城市增长管理理论及其对中国的借鉴意义.城市，2007（4）：53-57.

多的把精力放在督促公共卫生和交通安全等一系列问题上的市政条规执行情况上。新的市政干预开始将社会福利的考量置于关键地位。

市政社会主义（Municipal Socialism），即城市政府干涉市场对其进行引导，并确保主要服务和基本设施的正常供应。❶ 通过城市管理达到如下目标：一是通过规范物质环境和社会环境努力改善人民生活；二是建立社会福利体系，从根本上改变滋生贫穷和社会混乱的环境。也有的把它归纳为：一是提供许多非盈利的服务政策，二是福利计划，三是广义的城市规划。城市政治家一般宣扬左倾思想，被称为"市政社会主义"。市政社会主义在财政上谨小慎微、在运作上具有企业性质，这一传统在当今西欧国家依然存在。❷ 英国的伯明翰市长约瑟夫·张伯伦对市政社会主义的形成有着重要作用。市政社会主义认为，城市基础设施投资被用于提高当地企业的运营效率和盈利能力，而对城市自豪感和与其他城市竞争的强调也与这一思想紧密的交织到了一起。这使商业领袖更加直接、积极地参与到市政管理之中。到了十九世纪和二十世纪之交，市政工作开始从公众政治中吸收新的动力，这也反映出工人阶级教育和生活水平的提高以及整个欧洲在市政和议会层面上的解放趋势。

7.3.3　城市预算管理理论

对于城市政府来说，如果有足够的资金，几乎没有什么问题不能解决，因此，政府的预算职能被称作"扶助之手"，目前是公共行政的核心所在。作为资源分配计划，预算不仅通过分配有限资源来实现人类各种不同目的的公共行政活动，同时也是一项决策行为，反映了城市打算追求的项目和目标，成为城市管理的一项重要工具。西方国家对预算及预算改革的理论研究起步较早，形成了丰富的预算理论。传统预算产生于19世纪的欧洲，当时预算被定义为一套反复使用的程序，这些程序用来约束国家公共支出部门的行为，控制政府支出的程度。

西方学者很早就意识到了公共预算对政府管理控制引导的工具作用。威廉·F.威洛比在1918年就对预算实践做了深入研究，他认为公共预算有三条主线："实现并拓展公共控制；发展并提高立法和执行合作；确保并提升行政和

❶ [美]保罗·诺克斯，琳达·麦克卡西.城市化.北京：科学出版社，2009：530.
❷ [美]保罗·M.霍恩伯格，林恩·霍伦·利斯.都市欧洲的形成1000-1994.北京：商务印书馆，2009：297.

管理效率。"❶唐纳德·艾克洛德进一步指出，"公共预算就是为了高效、经济地实现政府优先权和目标而进行分配资金和利用资源的一种决策制度"❷。希克则具体阐述了公共预算发挥作用的逻辑：公共预算在三个层次上影响着公共部门的运作，就宏观层次而言公共预算的规则或者程序对于决策者来说形成了一种总财力约束；从中观层次上来看公共预算的规则或程序将影响以战略重点为基础的资源配置和利用；而在微观层次上公共预算的规则或者程序将影响生产和供给公共服务的效率❸。乔纳森·卡恩提出，理想化的公共预算制度应该能够落实政府的多重责任，而不应把公共预算局限在作为政府资源配置的技术性工具这一重涵义上。就其实质而论，推行公共预算改革实际上就是要创造能影响公众生活、建立并完善国家制度，并对公众与政府间关系产生重大影响的一种文化或制度环境❹。

1940 年 V. O. Key 首次提出了公共预算的核心问题，"基于什么样的标准将预算资金 X 分配给项目 A 而不是项目 B？"❺在罗森布鲁姆看来，新绩效预算"可能会成为立法机关对联邦计划进行微观管理的工具"，但它同时也使得公共预算的政治途径重新受到关注。❻美国公共预算的政治途径强调代表性、预算共识和联盟的形成以及资金分配权等问题，该途径集中体现在渐进主义的预算理论中。瓦尔达沃斯基在《预算过程中的政治学》（The New Politics of the Budgetary Process）中系统地论述了渐进预算理论，这也是美国长期以来比较认同的预算方式。他认为，预算是政治过程的中心，它应该是渐进的（Incremental）而不是综合性的（Comprehensive）❼。

公共预算理论的原理还被引入其他城市管理领域产生了生态预算。所谓生态预算，是 20 世纪 80 年代后期由负责管理地方环境事务的国际理事会欧洲区理事康拉德·奥托·齐默曼（Konrad otto—Limmermann）依据财政预算原

❶ 阿尔伯特·C.海迪.公共预算经典第 2 卷——现代预算之路.上海：上海财政大学出版社，2006：2.

❷ Donald Axelrod. Budgeting for Modern Government. New York：St. Martin's Press, Inc., 1988, p. 7.

❸ 艾伦·希克.现代公共支出管理方法.北京：经济管理出版社，2000.

❹ 乔纳森·卡恩.预算民主——美国的国家预算与公民权（1890—1928）.上海：格致出版社，2008.

❺ V. O. Key, Jr. 1940. The lack of Budgetary Theory. American Political Science Review 34（December）：1137-1140.

❻ [美]戴维·H·罗森布鲁姆.公共行政学：管理、政治和法律的途径.北京：中国人民大学出版社，2002.

❼ Aaron Wildavsky. The New Politics of the Budgetary Process. Addison Wesley, 2000.

理首次提出的一种关于自然资源管理的理论与方法，其主要目标是弥补城市环境管理制度的不足，尽快实现城市环境的可持续发展。为使城市管理当局能够合理管理环境资源的开发利用，调整好每个部门之间的环境活动，ICLEI在借鉴财政预算程序和原理的基础上，专门开发了这一管理方法 ❶，其过程基本如下：首先，基于对当地环境状况和可持续环境政策全面透彻的分析来确立生态预算的目标，并制定出相应的环境资源利用计划；其次，对预算年度环境资源的消耗量进行监测，并在此基础上调整实现目标的措施以加快预算目标的实现；最后，在预算年末对评估结果进行审计，并依据此结果调整下一年的计划及预算。依此循环往复，运用生态预算循环程序来保证持续性环境管理的正常进行。

7.3.4　城市绩效管理理论

为了满足公众对政府公信力和公共服务质量效率效益等的要求，随着西方国家新公共管理运动的兴起，西方国家的各级政府开始关注并开始进行绩效改革，政府绩效管理成为一项政府管理工具。西方主要国家都在城市管理中实施了绩效管理工具，而美国城市政府绩效评估则可以上推至1906年纽约市政研究局（Bureau of Municipal Research）的成立。该局定期向市政府提交市政管理和公共工程绩效报告。1912年纽约市政研究局首任董事长布鲁埃尔出版了一部著作，内容是关于如何将效率原则应用到市政管理之中。❷他认为，纽约市之所以存在各方面的管理不善，就在于"从前人们将此归咎为官员腐败以及普遍的冷漠态度，其实真正的原因在于官方和民众对……有序和科学程序的无知"。❸这些程序就是详尽的记录和报道工具，用来规定城市官员的职责、他们应该采取什么样的行动来履行职责、操作设备和管理人事以及其他方面的细节。他建立了一套打分系统来对城市效率进行排名和比较，将城市的职能行使情况简化为一个数字。城市的排名以下列选项为基础："城市的

---

❶ Andrea Burzacchini, Henrik Frijs, Holger Robrecht. ecoBUDGET Brief . 2003（1）.

❷ Henry Brueré, The New City Government: A Discussion of Municipal Administration Based on a Survey of Ten Commisszon-Governed Cities（Upper Saddle River, NJ: Prentice Hall, 1912）.

❸ Henry Brueré, The New City Government: A Discussion of Municipal Administration Based on a Survey of Ten Commisszon-Governed Cities（Upper Saddle River, NJ: Prentice Hall, 1912）, p. v.

所有财产是否有记录？”"会计账簿多久审计一次？”"保证牛奶供应的 20 个注意事项""卖淫场所的地点是否知晓并记录？"❶ 总之，布鲁埃尔和助手们用1300 个标准化问题将城市从"管理最差者"到"最佳者"进行了排列。1913年布鲁埃尔被任命为纽约市长政策顾问，推行了美国第一套完全成熟的公务员制度。他把设计公务员制度细节的任务分配给了罗伯特摩斯，摩斯设计的制度聘用经过特殊培训的效率专家监视公务员，应用一套精心设计的数学公式对每位工作人员的效率进行排序。1928 年，美国成立了全国市政标准委员会，其目标是要建立政府服务效率的考核标准 ❷。

　　西方公共部门绩效评估的理论和实践更多的开始于第二次世界大战后，盛行于 20 世纪七八十年代西方国家的行政改革（见表 7-2）。克莱伦斯·雷德和赫伯特·西蒙出版的《市政工作衡量：行政管理评估标准的调查》一书，标志城市政府绩效评估研究的开始。在早期行政模式下，对政府绩效的研究由于受到科学管理运动和一般管理理论的影响，主要采用技术效率的研究方法，认为公共组织与私人组织在管理方法的本质上没有任何区别。到了 20 世纪 70 年代，西方国家对政府绩效的理论研究和实践进入了一个高潮。20 世纪 90 年代，政府绩效评估更加规范化和系统化。1993 年美国政府成立全国绩效审查委员会，美国公布的《政府绩效与结果法》是政府绩效评估达到高潮的标志。

　　经合组织（OECD）认为，绩效管理是组织管理、绩效信息、评估、绩效监控、评价和绩效报告的整合。Bennett 和 Hill 指出，绩效管理包含了"战略计划、绩效测量、绩效评估、绩效预算过程"，Whittaker 也认为绩效管理由战略计划、目标设置和执行管理组成。Boland 和 Fowler 则认为绩效管理涉及"绩效测量、绩效指标、绩效评估和质量控制"。根据绩效管理的过程形成了绩效管理模型。米维塔提出了一个五因素模型，包括使命陈述、战略和计划、行动计划、绩效认知和管理信息系统等维度。Landrum 和 Baker 则在对美国公共卫生部门的绩效管理调查中提出了一个四因素模型，包含绩效标准、绩效

❶　Henry Brueré, The New City Government: A Discussion of Municipal Administration Based on a Survey of Ten Commisszon-Governed Cities（Upper Saddle River, NJ: Prentice Hall, 1912）, pp. 27-29.

❷　R. C. Nyhan and H. Marlowe. Performance Measurement in the Public Sector. Public Productivity & Management Review, 1995,（18）: 333-348.

测量、发展报告和质量改进。❶

绩效评估方法

表 7-2

	运用背景	价值准则	指标体系	优点	缺点
"3E"评价法	政府面临严重的财政危机	成本节约	规范化的三指标：经济、效率、效能	指标明确：有利于对政府的财政控制	指标单一、片面，与政府行为本身的难以量化相悖
标杆管理法	政府改革进一步深化，企业化政府呼声越来越高	实现政府效能的全面提升，发挥政府对社会的全方位引导作用	不固定，可以根据需要测评需要自主确定	指标确定比较灵活、全面：集评估与比较于一身，有较好的激励效果	随意性较强，易导致指标体系的繁杂；管理主义的强调易忽视政府公共性的本质
平衡计分法	短期化行为较为严重，导致资源的严重浪费	主张长远战略与短期目标之间的平衡	较规范，在指定的四个领域内细化	既注重现实结果，又兼顾长远发展	

资料来源：张小玲："国外政府绩效评估方法比较研究"，《软科学》，2004 年第 5 期，第 4 页。

　　同时，西方国家也在运用基于各种技术手段的城市管理新理念来解决城市管理问题，美国的城市政府绩效管理实践较为典型的有加利福尼亚州的森尼韦尔（Sunnyvale）市。"地球上很少有其他地方这样广泛地采用业绩测定措施"❷，一方面，对自身公共服务质量和公众关于公共服务的满意度进行测评，另一方面，便于市政管理者利用这些信息通过绩效管理和预算系统对公共部门的绩效进行评估和管理。该市被认为"是至今在美国唯一最好的实现可理解的绩效评估方法的案例"❸。英国都市（城市）政府全面绩效评估由国家审计署根据法律法规，在充分征求政府官员、专家学者、社会团体以及公众意见的基础上，提出绩效评估的框架结构和具体方案。都市（城市）政府绩效评估每三年一次，首先对照评估办法进行自评，然后由审计署组织有关官员、专家等进行实地考察和问卷调查，根据评估结果分别授予城市一星级、二星级、三星级、四星级政府的荣誉称号，成绩优秀者给予奖励，欠优秀者则需要拿出整改方案。

---

❶ 转引自孙骏.当代西方政府绩效与绩效管理理论研究综述.宁波党校学报，2005（4），15.

❷ [美] 戴维·奥斯本，特德·盖布勒.改革政府——企业家精神如何改革着公营部门.上海：上海译文出版社，1996：125

❸ 周志忍.质量与顾客满意：21 世纪管理的主题.新视野，2000（4）：28-30.

7.3.5　城市中心区管理模型

城市中心区管理理论出现于20世纪80年代，兴盛于20世纪90年代，英国、瑞典等国家相继成立了城市中心区管理协会（Association of Town Centre Management，ATCM），其会员来自各个城市的中心区管理组织。在1987年到1996年这短短的十年期间，英国城市中心区管理协会的会员就快速增加到180多个，到1999年则已经超过227个。对于城市中心区管理的相关研究主要集中在各种关于城市、商业的学术杂志中（见表7-3）。

城市中心区管理模型主要包括四个方面的内容。黑尔顿构建了一个城市中心区管理模型，该模型将城市中心区管理的工作分成四个方面。斯塔布斯、华纳拜和梅德韦等学者构建的城市中心区管理的四维分析框架：分析、规划、执行和控制。分析包括对内、外部环境的审计；规划包括目标确定及实现目标的策略规划；执行包括组织与行动；控制包括评估与校正。他们还具体应用营销学原理，从城市中心区管理的分析、规划、执行和控制四个方面分析了英国五个城市的中心区管理运行过程及其内在规律。福斯伯格、梅德韦和华纳拜以瑞典的城市为例，从合作行为的角度，分析了城市中心区管理中各种利益体的相互关系和行为特征。

城市中心区管理的思维分析框架　　　　　表7-3

框架组成	主要内容
组织形式	论坛成员：公共部门、私营咨询机构 顾问委员会：公共部门、私营参与机构 大型联合会：各种合作委员会
组织机构	独立机构
性质	联合的城市中心区管理者 特别管理团队
资源	私营部门的捐赠 组织机构成员的赞助 地方政府拨款 政策资源
主要任务	公共服务 政策制定 中心区的规划控制 地方营销：活动策划、形象宣传等

资料来源：赵航：《国内外城市中心区管理理论及启示》，《规划师》2006年第4期。

总的来看，城市中心区管理理论认为，不同类型城市的实施城市中心区管理的组织机构是从以公共部门为主到以私营部门为主的连续变化的联合管理机构。但是无论哪种类型的组织机构，其组成成员都大体涵盖了政府、各种商业部门、产权拥有者三个利益集团。在具体实践中，组成成员还包括交通提供商和管理顾问，前者主要负责提供城市中心区的完善交通网络，后者为城市中心区管理提供智力支持。城市中心区管理的整个过程中突出协调和共赢的理念，联合管理机构主要发挥了一个各方充分协调与合作基础平台的作用。联合管理机构的功能包括两个方面：一方面，在政府的职能部门（如规划、行政管理等部门）制定规划与政策时，各种商业部门及产权拥有者通过城市中心区管理机构参与规划的讨论和制定，有利于提高规划质量；另一方面，由于联合管理机构的成员参与了规划的讨论和制定，联合管理机构就能够更加方便的协调各方关系，有效的推动规划的落实。

7.3.6 公众参与理论

一般认为现代公众参与的制度开始于 20 世纪 70 年代左右的欧洲新社会运动（New Social Movement，在美国更多地称之为多元化运动——Puralist Movement）。新社会运动比较典型的例子是生态运动、绿色运动、女权运动、激进的行业工会运动、社区控制运动、消费者协作社和工人所有权运动等。虽然目标不同，在欧洲的一个共同特点是，在现代西方社会的结构下，不妥协地寻求民主参与和自我管理。

美国学者阿恩斯坦在 20 世纪 60 年代末对模范城市项目中运作的近 1000 个公民行动计划进行分析，提出了公民参与的梯级模型（见图 7-4）。在该模型中，公民权力随着公民参与组织化程度的提高而增加，能够实现公民权力最大化的参与方式是公民控制,公民借此最终行使对项目决策和实施的权力。❶根据谢尔·阿恩斯坦的公民参与阶梯论，公众参与发展水平或阶段的评价因素有：公民参与过程中主导或发动公民参与的力量来源、公民对政务信息知晓与把握程度、主要参与手段、自治管理程度等。根据这些评价因素，公民参与从低到高、从不成熟到成熟的发展经历了八个层次：一是政府操纵，即政府设

❶ Arnstein，"A ladder of Citizen Participation". Journal of the Amencan Instituteof Planners，1969.

置规则，利用各种方式影响选举过程，较多地将政府意志输入或强加给公民参与过程；二是教育性治疗，即政府将公民参与看作是一种政治发动或动员手段，作为一种宣传工具，以此对国民实施教育；三是向公众提供政务信息；四是政策咨询；五是安抚；即政府与公民论坛等自治组织建立合作关系；六是合作伙伴关系；七是赋予决策权力；八是公民自主管理。这八个参与阶梯又构成三个阶段。第一阶段是政府操纵与教育性治疗，也称为非实质参与形式；第二阶段是给予信息、政策咨询和安抚，称为象征性参与形式；第三阶段是合作伙伴、授予决策权力和公民自主控制，称为完全型公民参与形式，这是高级阶段，西方发达国家公众参与的发展已经进入了这个阶段。❶

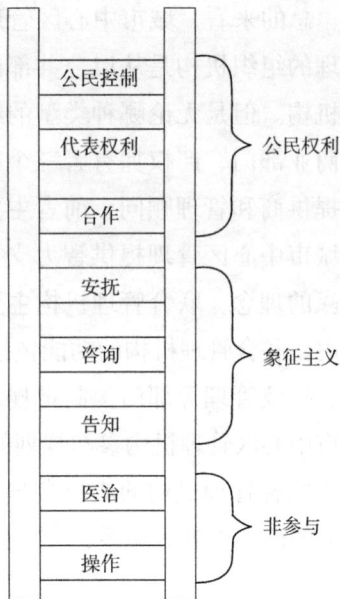

图 7-4　3 大类 8 个层次的公众参与

资料来源：Arnstein. A Ladde r of Citizen Participation. Journal of the Amrencan Institute of Planners，1969

20 世纪 70 年代晚期之后，有组织的公民参与已经成为城市政治中的制度化要素。与传统的公共参与不同，新的公民参与有两个特点：一是公民不但参与政策的制定，还参与政策的实际操作，进入公共项目的实际管理过程；二是扩大了参与政策过程的公民的范围，将低收入阶层的市民纳入参与过程。❷ 这两个特点，尤其是前者，对公民参与的组织化提出了更高的标准，组织化程度的提高也是公民参与发展到一定阶段的必然产物。公众参与经历了从"权益防御型"+"利益代表型"到"意见听取型"，再到"过程取向型"的历史演进过程。21 世纪前后，在西方国家出现了"过程取向型"公众参与。这种模式主张公共性要在行政机关与社会各类行为者之间的咨询与协商过程中生成。由于将个人与国家之间的关系从二元对立转换为三元互动共生，处于个

❶ 孙柏瑛. 当代地方治理. 北京：中国人民大学出版社，2004：227-229.

❷ 约翰·克莱顿·托马斯. 公共决策中的公民参与. 北京：中国人民大学出版社，2005：4.

人与国家之间的市场和市民社会便获得了成长空间。

"公众参与"是一个起源于西方现代公共/政府治理理论和实践，经由以联合国机构系统为主推动的国际政策法律文件的推进而广泛应用于世界各地的概念，其核心内涵和外延已经定型。正如美国学者托马斯（John Clayton Thomas）所指出的："将公民参与作为现代公共管理不可分割的有机组成部分是一个比较新的思想或观念，是20世纪末叶的管理创新。" ❶

7.3.7 公私伙伴关系

在20世纪70、80年代，城市公共服务的供给几乎完全由政府提供，这给城市政府带来了不断上升的财政负担，甚至引发了经济危机。这样，城市政府面临着前所未有的两难困境：一方面要求政府要减少预算，另一方面又要提供充足公共服务以满足社会的需要。在这样的背景下，私人部门的参与开始不断增加进来。目前，人们所提到的公私伙伴关系的原型产生于1979年英国撒切尔夫人执政时兴起的"私有化"改革时期，1992年英国梅杰政府正式提出"私人主动融资"（PFI），标志着公私伙伴关系（PPPs）开始成为英国政府公共政策或公共治理的工具。20世纪90年代以来，在世界范围内兴起了一种公共政策的重要工具——公私伙伴关系（Public—Private Partnerships，PPPs），甚至被认为是西方语境中治理形成的本质。

"公私伙伴关系"被认为是对一系列政策议程的公共政策提供有效实现机制的工具，也被认为是能为合作伙伴带来互利的有效方式。在公共部门管理改革压力的促进下，各国都在寻求为市民提供更好服务和更好满足公共利益的新的制度安排。哈丁给出了相似的定义，认为公私伙伴关系是在公共和私人部门，依赖于参与者之间的协议并在一定程度上有利于改善城市经济和生活质量的任何活动。❷ 萨米提出，公私伙伴关系是以一种创新形式出现的、公共部门和私人部门以产出效益和可持续的发展方向确立的伙伴关系，在项目下结盟的不同伙伴间建立的紧密型合作，并进行成功的管

❶〔美〕托马斯.公共决策中的公民参与.北京：中国人民大学出版社，2010：2.
❷ Harding，A. Public—private partnerships in urban regeneration. inM. Campbell（ed.）Local Economic Policy，London：Cassell，1990.

理。❶ 戴维和克劳斯指出，公私伙伴关系是为了完成一个既定的目标，公私各方采取相应的行动，提供各自的资源，在伙伴关系下形成制度结构，公私优势相互补充，协同完成需要特定专业技术的产品和项目，一个公私伙伴关系也为一个团队协作。❷ 莎菲乌尔和曼苏尔指出，公私伙伴关系被认为是政府和私人部门对城市服务具有联合所有权和共同责任，是民营化趋势的选择，即私人部门负责服务，公共部门进行规制和维护公共利益。通过公私伙伴关系，私人部门具有投融资、技术、管理效率和企业家精神优势，公共部门作为政策导向具有社会责任、环境、地方认同和就业关心优势，公私部门以互补的形式承担着社会角色，发挥各自优势，以联盟的形式组成。❸

公私伙伴关系也有不同的分类，管理型公私伙伴关系是指具有管理主义的特征，强调公私部门间就共同项目的资源优化，以及私人部门管理技术、管理流程与管理模式等要素在公共物品与服务供给中的运用。这种理念一般出现于公共项目管理领域。20 世纪 90 年代中期以来，工程管理文献中最早出现了有关这方面的研究，并给这种形式的公私伙伴关系命名为"伙伴式项目管理模式"。克罗利（Crowley，L.）和凯瑞姆（Karim，A.）将伙伴式项目管理模式视为一种解决组织冲突的方法，它可以让两个或更多的组织在实现共同项目目标时实现资源的最大利用，并认为成功的合作关系的标志是公开、创新、公平、风险分担以及通过解决问题来消除矛盾 ❹。行政改革型公私伙伴关系盛行于治理理论充斥于重塑政府与治道变革时期，因此，又可称其为治理型公私伙伴关系。很多学者认为借助公私伙伴关系，尤其是将私人部门的管理技术、管理流程、资金、人力资源管理模式等引入各层级政府，以实现政府再造，强化多中心治理格局的形成，突破传统官僚制的组织结构僵化、改变自上而下的权力与权威链条。萨瓦斯对"公私伙伴关系"这个术语从三

❶ Ramina Samii, Luk N Van Wassenhove, Shantanu Bhattaeharya. An Innovative Pub1ic—Private Partnerships: New Approach to Development[J]. World Development, 2002, 30（6）.

❷ David J Spielman, Klaus von Grebmer, Public—Private Partnerships in Agriculture Research: An Analysis of Challenges Facing Industry and the Consultative Group on International Agricultural Research[Z]. Environment and Production Technology Division, disiussPaPer13, 2004.

❸ Shafiful Azam Ahmed, Mansoor Ali, Partnerships for Solid Waste Management in Developing Countries: Linking theories to realities[J]. Habitat International, 2004, 28（3）.

❹ CROWLEY L, KARIM A. Conceptual Model of Partnering [J]. Journal of Management in Engineering, 1995, 11（5）: 33-39.

个层面进行定义：首先是广义界定，指公共和私营部门共同参与生产和提供物品与服务的任何安排；其次，在另外一些地方，它指一些复杂的、多方参与并被民营化了的基础设施项目；再次，它指企业、社会贤达和地方政府官员为改善城市状况而进行的一种正式合作❶。

事实表明，公私伙伴关系为达到一系列公共政策结果提供了机会，包括：为改革公共服务提供了机会，使社区更加容易获得公共服务；使公共服务可以利用来自公共和私人领域的资源，并为实现这些资源的使用建立起地方网络；有利于更有效、更灵活的公共政策的制定，公私伙伴关系中社区和商业之间的联系可以改善政策制定过程的质量；为改革政府的政治基础以及建立和维护公民社会的政治基础提供了路线。

7.3.8　智慧城市管理

"智慧"一词就是由美国企业首先提出的，数字城市和智慧城市是两个具有阶段意义的城市信息化形态（见表 7-4）。数字城市源于前美国副总统戈尔于 1998 年提出的数字地球理念。随着信息新技术的不断发展，以透彻感知、深度互联、智能应用为特点的智慧城市成为城市信息化的发展趋势和新的愿景。1990 年美国加利福尼亚州圣弗朗西斯科举行了一场关于"智慧城市，快速系统，全球网络"的会议，探讨了以"智慧"的信息通信技术来推进城市竞争力和可持续发展的经验，并出版了会议文集❷，这是关于智慧城市研究的早期代表性文献。哈佛大学商学院在"智慧城市宣言"中倡导以智慧城市、智能社区作为节点来服务于城市居民的生活❸，维也纳科技大学区域科学中心确定了六大维度，它涵盖了 70 个中等规模的欧洲城市排名。这些维度分别为：智慧经济、智慧流动、智慧环境、智慧人口、智慧住房以及智慧治理❹。

❶ E. S. 萨瓦斯. 民营化与公私部门的伙伴关系. 北京：中国人民大学出版社，2002：105.
❷ David V Gibson，George Kozmetsky，Raymond W Smilor. The Technopolis phenomenon：smart cities，fast systems，global networks[R]. 1992.
❸ Rosabeth Moss Kanter and Stanley S. Litow. Informed and Interconnected：A Manifesto for Smarter Cities[R]. Harvard Business School Working Paper，2009.
❹ [意] 安德里亚·卡拉留，基娅拉·德·波，彼特·尼坎. 欧洲智慧城市. 城市观察. 2012（4）：30.

数字城市与智慧城市比较　　　　　　　表 7-4

	数字城市	智慧城市
数据采集	利用数字编码技术的数字化描述	基于物联网的对象感知及知识描述
互联程度	孤立的、基于领域的信息	泛在化的深度互联
信息处理	存储在信息源头产生单位，以通知性信息、二维度表示为主	跨单位语义关联，基于云计算的存储与智能化处理
系统构架	传统的基础设施层、数据层、应用支撑层、应用逻辑层、展示层	增加物联感知、语义知识库、智慧处理逻辑和模型等
应用效果	数字化、网络化、虚拟化、仿真模拟	随需性、普适性、便捷性、综合性

资料来源：徐静，谭章禄：《智慧城市：框架与实践》，北京：电子工业出版社，2014 年版，第 73 页。

一般认为，智慧城市（Smart City）概念的发展基于两条主线。第一条是有关智能和信息城市（Intelligent / Informational Cities）的研究和探讨，特别是关于信息与通信技术在 20 世纪晚期城市发展中的作用，以及对城市规划和城市体系的影响。这方面的代表作品包括美国城市规划学者曼纽尔·卡斯特的信息时代三部曲 ❶。第二条则是有关智慧增长（Smart Growth）方面的研究 ❷。智慧增长是 20 世纪 90 年代源于美国并在世界范围内产生广泛影响的一个城市规划思潮。它的产生主要是针对第二次世界大战后美国城市蔓延式扩张以及对小汽车高度依赖所产生的一系列城市和社会问题。意大利学者帕帕（Papa R.）和他的同事总结了智慧城市的 3 个主要导向：技术中心、以人为本以及两者的结合 ❸。其中，技术中心论强调信息通信技术以及相关硬件设施在建设智慧城市过程的核心作用。技术中心论是智慧城市理论中较为早期的观点。近些年，智慧城市理论开始强调人以及社会资本的重要性，强调技术和硬件设施只是手段，而人和社会资本才是发展智慧城市的核心。这两个观点分别强调了智慧城市中技术和人这两个核心因素。学者罗伯特·贺兰（Hollands，R.）在检讨智慧城市建设背后的逻辑和矛盾的同时，对智慧城市的概念，特别是很多

❶ 曼纽尔·卡斯特．网络社会的崛起——信息时代三部曲：经济、社会与文化（第一卷）．北京：社会科学文献出版社，2003.

❷ Batty M，Axhausen K W，Giannotti F，et al. Smart Cities of the Future[J]. The European Physical Journal：Special Topics，2012，214：481-518.

❸ Papa R，Gargiulo C，Galderis A. Toward an Urban Planners' Perspective on Smart City[J]. Journal of Land Use，Mobility and Environment，2013，1：5-17

城市把智慧城市标签化（Urban Labelling）的现象，提出了批判和质疑 ❶。

由数据驱动的管理方法充当着充分利用稀有城市资源的诊断工具，成为未来城市管理的一种趋势，推动了城市管理行政文化的转变以发挥大数据及深层分析的全部潜能 ❷。

7.3.9　城市公共工程

城市公共工程是城市政治经济学的一个重要内容，虽然城市管理理论研究者更多的把它作为案例和其他理论的论证工具，但显然它并不仅仅是一种简单的公共投资活动。因为城市政府强调当地的经济增长以及府际之间为了增长而展开的激烈竞争，城市公共工程成为地方商业和政治领导人寻找传统增长目标和城市竞争力的方法和工具，"发展策略型项目"概括了城市公共工程的这一性质。城市公共工程的发展大致都经历了相似的几个时期，以美国为例，从建国初期到 1950 年前是第一个时期，公众从这个时期就督促各级政府促进公共工程特别是巨型项目的发展，从 19 世纪敦促各级政府修建运河和铁路，直到 19 世纪最后几年，私营部门都远比政府机构更多的承担起改善巨型项目的工作，包含大型交通基础设施：公路、机场和公共交通系统。第二个阶段是公共项目大规模兴建时期（1950 年—20 世纪 60 年代末），城市政府开始大规模实施公共项目，这是城市为了适应技术和工商业偏好。第三个阶段是转型时期（20 世纪 60 年代中期—20 世纪 70 年代），工程计划对社区环境的影响激起了公众的抗议，政府采取相关的法律法规严格限制破坏型公共投资项目的实施。第四个阶段是"无伤害"时期（20 世纪 70 年代—现代），城市政府依然大规模建设巨型项目，主要集中于许多城市的发展策略型项目。环保人士、社区居民和文物保护人士采用了许多新政策和程序来捍卫他们的价值理念。在 20 世纪 90 年代这些 20 世纪 70 年代设立的限制性条件受到越来越大的挑战，但是这些限制条件依然有效。

20 世纪上半期是城市公共工程快速增长，受到重视的时期。城市公共工程在每个时期的重点有所不同。20 世纪 60 年代中期实施城市更新计划，之后

---

❶ Hollands R. Will the Real Smart City Please Stand Up? Intelligent, Progressive or Entrepreneurial. City, 2008, 12（3）: 303-320.

❷ [美]安东尼·汤森.智慧城市：大数据、互联网时代的城市未来.北京：中信出版社，2015：213-219.

的新建公路和机场的时期，1990年以来建设会展中心和体育设施。20世纪50年代到60年代初，高速公路建设项目和城市更新计划都迫使大量居民搬迁，特别是贫民搬迁。这些项目要减少对社区和环境所造成的破坏。费恩斯坦夫妇观察到，"指令型"的城市机制能促进城市大规模的公共工程建设，而这只在20世纪50年代联邦政府为城市更新项目和高速公路建设项目提供资助的时候才出现过。在1950年前，地方政权的碎片化和地方利益集团多元化严重阻碍了地方政府应对经济衰退的努力。❶ 具有显著城市特征的全国性联盟联合起来支持大规模的投资如下这些工程，如住房计划、城市重建计划、高速公路以及机场建设工程。获得联邦资助的新项目常常会改变当地的政治格局。地方官员能够把新增的巨大收益分配给激烈反对的提出要求者，而不必得罪纳税人。公共选择理论认为，在分配可分割的利益时，国会对能赢得广泛支持的一揽子工程规划方案更偏爱。虽然20世纪60年代以来公民运动的兴起引发的大规模抗争导致了公共工程建设的转向，但这种转向只不过是一种策略性的转变，公众仍然无法抵制从商业利益出发，最优先考虑修建的工程。

从20世纪40年代末到90年代初，精英在有关城市更新、公路和机场投资的项目上达成了异常坚定的共识，推进这些项目发展的主要是政府——商业——工会联盟。被授权制定项目规划和执行项目的机构通常是半自治性的机构，这些机构总是认为它们只是做出技术性决定。实际上，这些机构十分擅长培育它们的支持群体，它们还经常公然地采取一些政治手段（如向它们的支持者提供就业机会和工程承包合约）来培育之。但这些机构的支持者联合起来及其所能产生的影响力，不仅能强化它们只是做出技术性决定的这一神话，也能让它们在其决定遭遇挑战的几乎所有的案例中获得胜利。

波士顿的中央大道工程作为20世纪70年代后期高速公路中具有代表性的项目，最明显的就是，从一开始他就试图避免激起社区或环保人士的反对。该项目的实施印证了"自上而下的联邦主义"，几乎所有的改革倡议都来自地方和州政府，而大多数的财政支持却来自联邦政府。这些模式代表着20世纪50年代末到60年代初所形成模式的重大分野，在这个过程中形成了共同模

---

❶ [美]艾伦·阿特舒勒，大卫·吕贝罗福.巨型项目：城市公共投资变迁的政治学.上海：格致出版社，2013：294.

式 ❶：（1）1970 年以后，公共项目的成功实施更多地取决于所在城市政府依据其具体情况而采取的行动方案及其支持者所采取的策略。（2）除极少数的支持联盟外，巨型项目的支持联盟都是由其直接利益受到威胁的商业企业所领导的。这极少数的支持联盟就包括由环境组织所领导的支持公共交通项目的联盟。（3）修建巨型项目的这一想法经常是由公共部门提出来的，然后再"兜售"给潜在的选民进行投票表决。即使私人组织推动了巨型项目最初的发展，精力充沛而又足智多谋的公共部门领导层也常常被要求扩大公众支持的基础，平息反对意见，确保获得上级政府的资助，以及对这些巨型项目进行多年的周密规划、批准和执行以常规性地解决由此可能产生的冲突。这样的领导层被称作"公共企业家"。（4）需要扩大巨型项目的支持联盟，如果巨型项目对街区或自然环境造成了更为严重的破坏，那么，这些项目的提案很难再继续执行下去。这样的项目被称为"无伤害"的范例。（5）即使是规划最严谨的巨型项目，也会产生一些负面影响，人们所能广为接受的事实是，应尽可能最大程度的"减少"这些负面影响。虽然减少巨型项目所造成的伤害及其带来的净收益之间的界限经常模糊不清，但是巨型项目的支持者还是有很强烈的动力来减少由此可能产生的争议。因此，对于那些相较于其他群体只是关注修复或补偿巨型项目所造成破坏的群体来说，减少巨型项目所造成的影响而采取的措施就经常成为平息其反对意见的一个重要手段。（6）虽然联邦政府常常为城市巨型项目提供了绝大部分的资助，但这些项目几乎总能获得其所在城市主要选民的支持，而这些城市几乎不会考虑国家利益。这种模式被称为"自下而上的联邦主义"。（7）对城市政府为巨型项目采取的融资策略所作的主要规定是，避免扩大地方税种增收税收——尤其是，城市政府只是向这些项目所在的城市居民征税，具体来说就是征收财产税和收入所得税。（8）1970 年至 2000 年间，巨型项目所耗费的成本急剧攀升，这通常都超过了官方所估计的成本总额，而这也远远超过了这些项目所批准获得的资助资金。

---

❶ [美]艾伦·阿特舒勒，大卫·吕贝罗福.巨型项目：城市公共投资变迁的政治学.上海：格致出版社，2013：258.

第三篇

西方城市管理政策

第8章　西方城市管理政策

公共政策关注的是政府做些什么，为什么要这样做以及这样做的结果如何。西方的城市管理政策作为一种特殊的公共政策，与一般的公共政策相比既有共性也有特性。

8.1　西方城市管理政策的特性

8.1.1　西方城市管理政策的公共性

詹姆斯·安德森认为，"政策是一个有目的的活动过程，而这些活动是由一个或一批行为者，为处理某一问题或有关事务而采取的"；"公共政策是由政府机关或政府官员制定的政策"❶。但是，在西方城市管理的发展过程中，长时间是由私人部门来处理城市公共服务的，也就是西方城市管理中存在"公共性"的缺失，城市的"公共利益"长期被狭窄的定义为商业和效率，使西方的城市被异化成了"增长机器"，城市公共管理政策长期成为为城市经济增长服务的工具。这种偏向促使城市社会基层出现了对抗城市"增长机器"的城市社会运动，这期间出现的《美国大城市的生与死》一书影响比较大，反对更新、缓慢增长、社区导向和环境敏感等观点逐渐与城市政治活动融为一体，并产生了邻避主义和香蕉现象。这些运动促使西方城市管理政策的"公共性"特点越来越受重视、越来越突出，公共性成为贯穿在西方城市管理政策之中的本质特征之一。西方城市管理政策"公共性"的具体体现就是要创造公共价值，即满足市民和社会的公共需求。

8.1.2　西方城市管理政策的地方性

"任何撰写一部综述全球城市政策书籍的企图，毫无疑问都会归于失败。

---

❶ [美]詹姆斯·E·安德森.公共决策.北京：华夏出版社，1990：4.

城市之间差异很大，一方面是政治体制、治理方式、特定文化和民族历史的差异,另一方面是对城市问题的举措和反应的差异。"❶ 这段话恰恰说明了一点"城市就是地方层次的"❷,"城市在国家宏观政治经济学中的地位,从根本上影响了城市所做的政策选择"❸,也就是说,城市政府就是城市化了的地方政府。对于城市政府提供的公共服务,"已经有共识的是,地方政府和地域政府应该提供限定在单一法律体系范围内受益的公共服务"❹"在做出这些决策时,城市以其作为一个整体的利益为导向。正是这些城市利益,而不是城市内部的权力斗争,对城市政策以及城市政府行动的条件构成了限制。""城市政治是有限的政治"❺,"至少有一个特征让城市政策极其与众不同。其他社会政策与为'客人'、'用户'、'消费者',或者'顾客'提供服务和供应有关。相比之下,城市政策则关注场所、有空间界线的区域或与此有关的人群。"❻ 这样,从次国家权力层级和空间两个方面城市管理政策受到的限定构成了其特有的"地方性"。

8.1.3 西方城市管理政策的实践取向

西方城市管理政策无论在学术研究和政策时间上都有着浓厚的实践性。一方面"即使是学术文献也日渐被一种'实践的'或'以实践为导向'的方式所主导"❼;另一方面,"城市的法规颁布以及在中央、地域性、地方政府之间的公共服务责任划分,更多依靠过去的实践经验和历史沿革,而不是依靠理论上的划分。因此,在不同的国家,城市政府的特征和权力结构有着显著的不同。"❽ 更深层次的看,这种实践性的背后是明确的实用取向。"如果我们认识到城市是复杂的和异质的,甚至是潜在流动的、多产的和能使各种事务成为可能的,那么最有用的城市政策应该是这些能解决复杂性的政策,而非

---

❶ [英]加里·布里奇,[英]索菲·沃森.城市概论.桂林:漓江出版社,2015:533.

❷ [英]乔纳斯·S.戴维斯,[美]戴维·L.英布罗肖.城市政治学理论前沿(第二版).上海:格致出版社、上海人民出版社,2013:20.

❸ [美]保罗·E.彼得森.城市极限.上海:格致出版社,2012:3.

❹ [英]诺南·帕迪森.城市研究手册.上海:格致出版社,2009:432.

❺ [美]保罗·E.彼得森.城市极限.上海:格致出版社,2012:3.

❻ [英]加里·布里奇,[英]索菲·沃森.城市概论.桂林:漓江出版社,2015:560.

❼ [英]加里·布里奇,[英]索菲·沃森.城市概论.桂林:漓江出版社,2015:559.

❽ [英]诺南·帕迪森.城市研究手册.上海:格致出版社,2009:432.

旨在获得某种标准化理性解决方案的政策"❶。

西方城市管理政策的实践和实用取向，首先体现为注重专业技术，在价值理性和工具理性中一边倒的偏向了工具理性。以城市规划政策来看，早期的城市规划往往表现为一种"工程设计"模式，二战后逐渐演变成为一种"过程控制"模式。然而，不论这种过程的演变是否确切，长期以来的以工程技术为主导的思维模式却一直延续下来。也就是说，传统研究模式强调规划制定和目标评价的技术过程，但对决策的社会政治环境缺乏深入的考虑，那些在社会生活中成为公众注意焦点的非空间性的问题和目标，例如社会平等、经济发展、就业等问题，基本上被忽视了，使城市规划在社会政治过程中显得苍白无力，公共价值的哲学深度没有体现。❷其次表现为为经济增长目标服务的城市政策，提供教育、道路、公共住宅的使用与供给、福利和保护性服务，这就使城市规划限定在一种改良地解决问题的角色。❸斯坦菲尔德在评论传统政策模式中认为："新古典综合派已经进入不结果实的形式主义阶段。在这一阶段中，它被保护起来以避免实践检验的破坏，而且，虽然人们普遍关注政策和道德标准，而它在这方面已明显地赶不上时代。……实际上其整个核心都依赖于对经济的逻辑演绎分析，忽视了对在历史上同生产和消费联系在一起的现实的社会制度和行为分析。强调通过计算机得出来的选择，很明显是同在制度上偏爱市场交易纠缠在一起的。交易过程能有效地控制个人价值的观念，已经导致了市场价格和社会价值的实质差别，而这种差别又导致了失真的政策建议和政策评估"。❹

8.2 西方城市管理政策的演变

8.2.1 西方城市管理政策的起源

西方乃至整个世界的城市管理政策确定了终极目标，那就是实现城市正义。同时，确立了实现城市正义的具体政策途径，即解决城市的安全问题、

❶ [英]加里·布里奇，[英]索菲·沃森.城市概论.桂林:漓江出版社，2015: 535.

❷ 童明.城市政策研究思想模式的转型.城市规划汇刊，2002（1）: 6.

❸ [美]布莱恩·贝利.比较城市化.北京:商务印书馆，2014: 83.

❹ 参见斯坦菲尔德.制度分析:经济学中即将到来的革命.载艾克纳主编.经济学为什么还不是一门科学.北京大学出版社，1990: p163.

健康问题，亚里士多德认为城邦人口应该是"自给自足的，如此形成一个政治社群后才能更好地生活"，并认为"人们对于彼此之间的品格能力有所了解后，才能做出公正的判断并分配各自的职责。""建设一个城市，必须让生活在其中的市民感到快乐和有安全感"，"与理论建设相比，实践更难"❶。同时，他还认为，城市"应着眼于四个要点。第一，最关紧要的是应该顾及健康（卫生）。城市的阳坡东向者常得东风的嘘拂，这最合于健康；其次，如果北有屏障，（其坡南向）可以挡住北风，宜于冬季。……其他两点为城市要安排好便于政治和军事的活动"❷。在古罗马，则提出了具体的城市管理政策。奥古斯都在各地组建用于维护治安的"警备队"，"为防火他（奥古斯都）制订了一套消防站夜班巡逻的制度"❸；为了应对城市急剧发展带来的各种"城市病"，恺撒采取了限行政策，哈连德则进一步采取了限重、限排量等具体措施；还在城市建筑的高度和建筑材料等方面制定了政策措施。首先在城市规划管理上，当城市需要土地用于建造新的防御工事或扩展已有的防御工事的时候，涉及公民的"强制购买（土地）"法令，这是西方世界现代城市和农村规划的法律前提，荷兰早在 13 世纪和 14 世纪就已经在这方面达成了一致。❹ 此外，荷兰城市议会还发展出了一种互补的系统，由此那些附近的将从他们财产的增殖中受益的所有者应当被征收"改良"费以用于支付城市发展的费用。其次，在城市卫生管理上，剑桥议会在 1388 年通过英国的第一个城市卫生法，禁止向沟、河、水中丢弃污物和垃圾。

8.2.2 中世纪西方城市管理政策的萌芽阶段

西方城市管理政策在中世纪最重大的进步是利用法律确保了个人自由：农奴如果在某法人城镇能够连续居住一年零一天，他的农奴身份和义务就被免除了。这也是西方城市在商业时期获得的最大竞争优势。

中世纪西方城市的安全问题是由城墙解决的，一旦有了城墙，城里居民就能够获得安全保障、能够井然有序地从事各种活动和工作。因此，12 世纪

---

❶ [英]A. E. J. 莫里斯. 城市形态史. 北京：商务印书馆，2011：149.

❷ Aristotle，Politics. 1330a，35-40.

❸ 李雅书译. 罗马帝国时期（上）. 北京：商务印书馆，1985：34.

❹ [英]A. E. J. 莫里斯. 城市形态史. 北京：商务印书馆，2011：365.

晚期很多自治城市都获得了建筑城墙的权力、这又催生了城市税收政策，即建筑城墙的费用需要市民承担，这既成为西方城市管理的最初功能，也成为各地城市财政政策的出发点。1565 年进一步要求，税收用于修建道路、人行道和运河堤坝。

现代西方城市政策与规划可以追溯到欧洲的文艺复兴及巴洛克时期（15-17 世纪）。❶荷兰在这一方面做了很大贡献，一是荷兰早在 13 世纪和 14 世纪就已经在涉及公民的"强制购买（土地）"政策上达成了一致；荷兰城市议会还进一步发展出一种互补的系统，那些附近的将从他们财产的增殖中受益的所有者应当被征收"改良"费以用于支付城市发展的费用。

在城市卫生管理政策上，1533 年荷兰阿姆斯特丹实施了一项政策，规定房主必须安装连接有铅制污水管的水槽；随着城镇人口的增长、过度拥挤，政府试图控制环境卫生习惯，清理街道和集市上的垃圾和障碍物，维修道路，处理工业污染以及引发疾病的臭气。

在城市人口政策上，16 世纪议会、国王和伦敦市的管理机构联合起来制定政策，遏制向首都地区涌来的移民。

8.2.3　工业城市时期西方城市管理政策基本形成

前工业化时期，城市政府组织成员主要是城市商人，代表商人集团的利益，市长及城市政府成员地位较为稳定，商人利益高于一切，城市公共政策向商人倾斜。而政治机器有着多元社会的特征，政治机器植根于利益集团的竞争基础上，他们不甘心城市政府仅仅起"守夜人"的角色，希望尽可能介入城市公共管理，制定有利于他们的公共政策，并通过提供公共产品和服务的活动来达到攫取城市权力的目的。❷运河、铁路等由城市政府建设，拉开了城市政府干预公共事务的序幕。职业专家与企业化管理，使城市更能应付城市社会经济运行中的问题，有利于政府公共政策的调整。城市政府管理组织都制定了有利于本城市发展且服务于本城居民的公共政策，在这期间，市政服务模式广泛传播，并体现了管理的科学化和专门化原则，这是工业时代精神的核心。到 1920 年，几乎所有规模较大和工业化水平较高的城市，都有某种形

---

❶ [美] 保罗·诺克斯，琳达·麦克卡西. 城市化. 北京：科学出版社，2009：575.
❷ 刘建芳. 美国城市政府的演变与公共政策的导向. 南通大学学报·社会科学版，2012（1）：54.

式的市政服务在起作用，成为公共政策重要组成部分。

　　城市政策与规划的历史开始于理性主义的日益盛行。理性主义表现在对多种城市问题的关注之上，如效率、秩序、目标、目的及成本收益等。在最初，城市政策及规划的确是用来控制放任自由的经济和城市发展。为经济增长目标服务的城市政策，提供教育、道路、公共住宅的使用与供给、福利和保护性服务，这就使城市规划限定在一种改良地解决问题的角色。进入20世纪，北美有的只是一套不和谐、经常性对立、本质上随意的公共政策和计划的复杂组合，而且这些公共政策和计划的产生还是因为受到了启动城市增长日程的强大经济力量的激发。因此，如果说过去的城市化根本上是受一些有意识的公共目标支配的，那么其目的一方面是鼓励增长，这很明显是为了它自己的利益；另一方面，是提出公共建设工程和公共福利计划以支持主要由私人动机推动的零碎的、自发的发展。❶

　　大都市人口的迅速集中，使城市问题越来越突出。城市区域范围的扩大使城市的变化更加复杂和迅速，给人们带来不可靠和不安全的感觉，促使了"防御性城市"公共政策的出现。这种防御性城市白天受到人们在建筑物里的购物或工作活动的保护，夜晚则由警察"封锁"起来。❷ 在第一次世界大战之前，伦敦城市理事会已经发起了贫民窟清理行动，并为低收入者提供住房。1949年美国的《住房法案》加强和扩展了贫民窟清除和公共房屋计划。资本主义国家经济大萧条，使政府不得不将城市管理政策也转变为干涉手段。1937年美国国家资源委员会下属的一个委员会提交了一份报告《我们的城市：它们在国家经济中扮演的角色》，该报告认为："国家对城市问题的关注普遍要少于对国家现有其他问题的关注"❸，这一报告被视为国家开始重视城市问题的标志。对于城市的系统性的关注重点被放在住房问题的解决、贫民区的清除以及城市复兴上。二战后城市政策迎来了一个黄金时代，"城市生产并提供了数量不断增长的服务，而且这些服务越来越细。"❹

　　在第二次世界大战结束30年后，城市管理政策进一步成了西方政治经济

❶　[美]布莱恩·贝利.比较城市化.北京：商务印书馆，2014：83.

❷　[美]布莱恩·贝利.比较城市化.北京：商务印书馆，2014：61.

❸　[美]布莱恩·贝利.比较城市化.北京：商务印书馆，2014：34.

❹　伊沃·叶古卓，让-皮尔·高丹.法国城市管理研究的方向.城市问题，1995（6）：24.

中的重要元素，这也是福特主义生产系统的内在要求，特别是城市规划工作者成为各级政府与各种工程之间不可缺少的联系纽带。从 20 世纪 60 年代起，英国城市管理政策形成六大主题：种族；管理危险区域；社区和社会福利；协作、合作和跨机构工作；经济衰退；全球化可能性。

8.2.4 后工业城市西方城市管理政策的继续完善

在 20 世纪 30 年代凯恩斯主义兴起之后，西方城市管理政策基本形成了以下模式（见图 8-1），在税收和支出之间通常会有一种分工，中央政府拿走了大部分收入，但大部分支出却是由城市政府来承担❶，各国大多如此。不同城市管理政策间的区别主要有三个来源：需求、资源、部署。

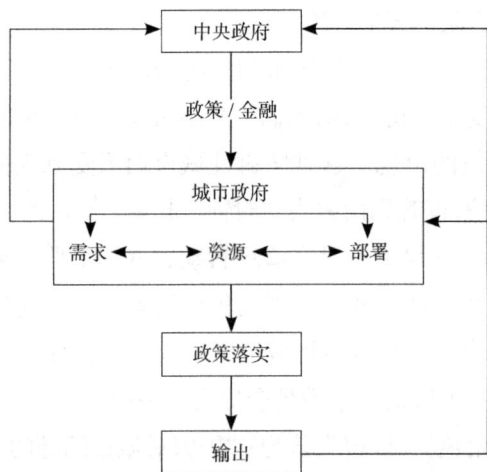

图 8-1 凯恩斯主义影响下形成的西方城市管理政策模型

资料来源：[英] 约翰·伦尼·肖特 . 城市秩序：城市、文化与权力导论 .
上海：上海人民出版社，2015：309.

20 世纪 60 年代以来，西方城市管理政策"优先考虑的问题……逐渐从物质取向转向以人为本"❷。新福特主义时代直到 1973 年后才稳定下来，1978

---

❶ [英] 约翰·伦尼·肖特 . 城市秩序：城市、文化与权力导论 . 上海：上海人民出版社，2015：310.

❷ Thomas W. Fletcher, "What Is the Futrue for Our Cities and the City Manager?" Public Administration Review 31（January-February 1971）: 6.

年美国卡特政府发表的国家城市政策报告，促使联邦政府从城市事务中脱离出来。20世纪70年代以后，新自由主义思想在西方国家的政治经济政策中占据主导地位，西方国家普遍认为新自由主义是对国家有益的少数几个思想理论之一，认为自由市场是实现理想的经济发展、政治和社会生活的不二法门。在政策实践上，新自由主义十分不认同通过对资源的再分配来帮助发展处于弱势的地区与个人。这样，就使城市政府能够得到和提供的资助急剧减少，城市管理政策中对自由市场的管制日益减少、私有化措施逐渐成为主流，促成了城市管理企业家化的兴起，城市管理政策制定者更多地转入了公私合作伙伴关系的事务之中，也导致了城市管理事务中腐败现象的加重。城市管理政策通过市场化和私有化更加关注3E，即经济、效率、效力（Economy，Efficiency and Effectiveness）方面的效果。

在20世纪70年代后期，政治学家道格拉斯·耶茨提供了一个相当完整甚至带有娱乐性的城市政策制定描述，他强调了间断性和无序性的特性。❶耶茨的基本特点是，考虑到大城市官员的层次和范围要求，以及地方政治环境的不稳定，有秩序的议程建设、规划和执行的前景是非常渺茫的。耶茨坚持说，城市政府的一些结构性特征创造了一种独特状况，这种状况使全面、系统的政策制定变得不可能。耶茨强调，城市政府的基本职能是提供服务。服务是有形的、可见的，其影响具有个体性。在许多情况下，他们可以被分割，以便需要的人能获得比其他人更多的服务。但是市民和一系列社会组织不断地向市长和城市行政机构提出服务需求，而两者中谁都没有正式的权力或资源以有效回应这些需求。

耶茨进而强调了权威分散导致了城市政策制定的混乱，它将这种不稳定政治称之为自由竞争的"多元混战"。它将"多元混战"定义为"一种非结构化、多边冲突性的模式，其中，多个对手之间以各种不同的排列和联合方式，持续不断地相互战斗"。❷由于这种无约束的战斗提出的要求没有任何过滤、引导或优先选择，结果源源不断的制造出令城市决策者意想不到的新问题。实际上，城市政策制定成为了一种反应性过程，领导者对那些最突出的、抱怨最多的问题进行回应，并列入政策议程。这种反应性模型的目的在于描述一

❶ Douglas Yates，The Ungovernable City（Cambridge，Mass.：MIT Press，1977）.

❷ Douglas Yates，The Ungovernable City（Cambridge，Mass.：MIT Press，1977）. p. 34.

些大城市的实际政治状况，如波士顿、底特律、克利夫兰、芝加哥和纽约市。在小城市或中等规模城市，政策制定涉及的群体要少些，事件也不是那么紧迫，不确定性和不稳定性程度较低，反应性模型可能并不那么适合。但是，即使在一个慢节奏的社区，政策制定有时也被视为在本质上是反应性的。❶

英国 1977 年的《内城市政策》白皮书（Policy for the Inner Cities），标志着政府第一次明确承认经济原因导致了许多城市问题。

20 世纪 80 年代后期西方城市治理方式发生转变，其主要特征是城市管理政策由促进财富再分配和扩大提供公共服务转向促进资本积累和振兴城市的经 济地位。这一转变被哈维称作管理主义（Managerialism）转向企业主义（Entrepreneurialism）。这种城市管理政策有两个本质特征：第一，把促进地方经济增长作为政治优先，出台一系列为增长服务的新型城市管理政策，主要目的是创造就业、扩大税基、促进小企业生长，以及最重要的吸引新形式的投资；第 二，城市管理政策的组织安排由政府（Government）转向治理（Governance），以公私合作伙伴关系为基础，城市管理政策的制定与实施主体不再是政府一方，而是包括了私人部门、半私人部门、非政府组织以及其他社会力量的多方协商与利益博弈。

---

❶ [美] 戴维·R. 摩根，罗伯特·E. 英格兰，约翰·P. 佩利塞罗 . 城市管理学：美国视角（第六版）. 北京：中国人民大学出版社，2011：88.

第9章 西方城市管理政策模式

由于城市管理的产生是城市发展过程中产生的各种问题所决定的，城市管理天生就具有强烈的问题导向性，因此，城市政策"即使是学术文献也日渐被一种'实践的'或'以实践为导向'的方式所主导"❶。

9.1 西方城市管理政策生成模式

9.1.1 "问题——回应"：西方城市管理政策的生成机理

"关于城市政策的主流理解是它反映并影响了人们体验城市生活的方式；城市政策有助于界定城市问题或者城市危机。它们不仅仅是对这些问题的回应，而且也是这些问题的诱因。"❷ 这段话比较全面的概括了西方城市管理政策的生成路径（见图9-1）。城市管理政策"在不同时期依赖于不同元素"，城市管理政策的产生同其他公共政策一样，最初是针对连续不断的城市问题与回应的相互作用过程。一方面，"城市政策是各种不断变化的倡议的混合物，反映了一系列可变的优先领域和政策方向"❸，是诸多理论思潮和政治过程综合作用趋于平衡的结果；另一方面，"城市政策并不是单纯的干预形式，但它本身有助于塑造和界定干预对象"❹，也就是说，这一系列的回应措施，不仅受到危机的影响，还受到过去类似回应的经验影响，是一个连续不断的博弈过程。这种反应性模型的目的在于描述一些大城市的实际政治状况，如波士顿、底特律、克利夫兰、芝加哥和纽约市。在小城市或中等规模城市，政策制定涉及的群体要少些，事件也不是那么紧迫，不确定性和不稳定性程度较低，反应性模型可能并不那么适合。但是，即使在一个慢节奏的社区，政策制定有

❶ ［英］加里·布里奇，［英］索菲·沃森. 城市概论. 桂林：漓江出版社，2015：559.
❷ ［英］加里·布里奇，［英］索菲·沃森. 城市概论. 桂林：漓江出版社，2015：568.
❸ ［英］加里·布里奇，［英］索菲·沃森. 城市概论. 桂林：漓江出版社，2015：568.
❹ ［英］加里·布里奇，［英］索菲·沃森. 城市概论. 桂林：漓江出版社，2015：568.

时也被视为在本质上是反应性的。❶

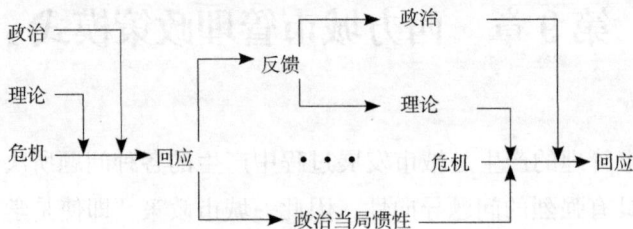

图 9-1　西方城市管理政策的"危机——回应"模型
资料来源：[美]保罗·诺克斯，琳达·麦克卡西．城市化．北京：科学出版社，2009：576.

　　具体来说，"推动和塑造城市化的核心动力是经济变化"❷，"人口变化与城市化的关系是所有相互依存关系中最为重要的一环。""换言之，城市人口的规模、组成和增长速度的变化对于城市化特性的塑造意义重大。"❸城市化被一系列紧密联系的变化过程所推动，引发了土地、建筑、生态、生活等方面恶化的城市问题，促使政府采取各种政策进行回应，而这些政策回应又反过来影响到城市化的发展进程（见图 9-2）。

　　总之，"本质上来说，一个地区的政治活动就是为增强正外部性、抵制副外部性而进行的斗争。"❹西方城市管理政策开始于理性主义的盛行，理性主义主要体现在对效率、秩序、目标、目的及成本效益等多种问题的关注之上。在公众利益和私人利益两个对立力量间的平衡点就是当前西方城市管理政策的实质（见图 9-3），在这个过程中，西方城市管理政策一开始是用来控制放任自由的经济及城市发展的，城市管理政策是对市场推动的城市化内生诸多力量的一种回应。现在在整个西方城市管理政策的核心问题是增长的区域分布。经济增长被认为是达到改善收入、住房、教育、卫生、福利和娱乐业等社会目标的基本途径。❺公共交通和小汽车、中心区高密度的公寓综合体和郊

❶ [美]戴维·R.摩根，罗伯特·E.英格兰，约翰·P.佩利塞罗．城市管理学：美国视角（第六版）．北京：中国人民大学出版社，2011：88.
❷ [美]保罗·诺克斯，琳达·麦克卡西．城市化．北京：科学出版社，2009：10.
❸ [美]保罗·诺克斯，琳达·麦克卡西．城市化．北京：科学出版社，2009：16.
❹ [英]约翰·伦尼·肖特．城市秩序：城市、文化与权力导论．上海：上海人民出版社，2015：293.
❺ [美]布莱恩·贝利．比较城市化．北京：商务印书馆，2014：162.

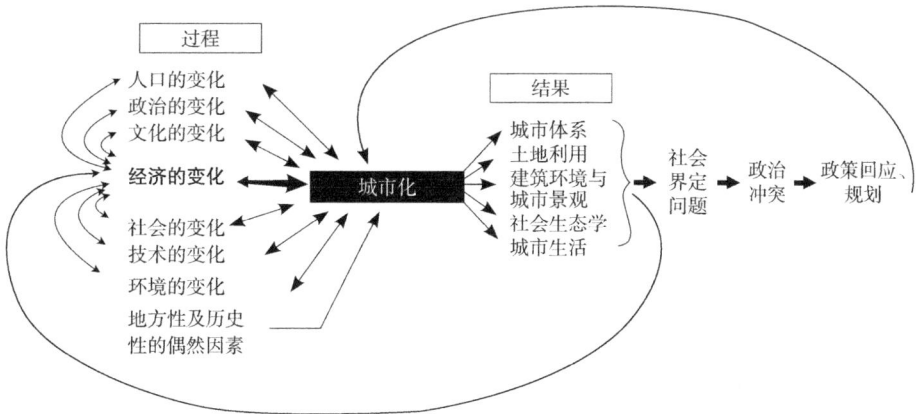

图 9-2 城市化对西方城市管理政策作用的过程

资料来源: [美] 保罗·诺克斯，琳达·麦克卡西. 城市化. 北京: 科学出版社，2009: 10.

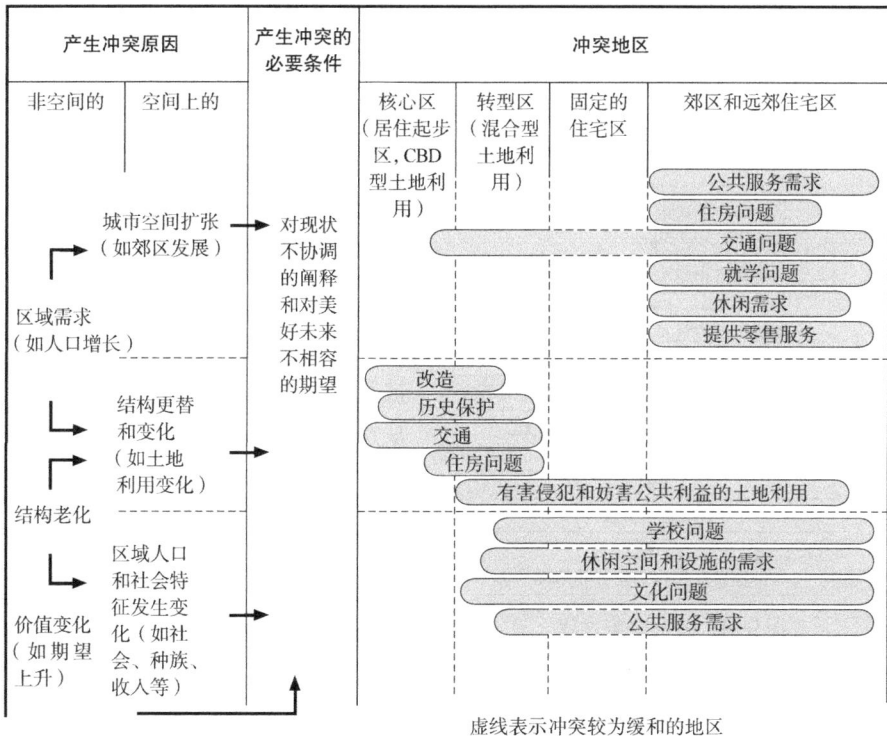

虚线表示冲突较为缓和的地区

图 9-3 城市内部冲突模型

资料来源: [美] 保罗·诺克斯，琳达·麦克卡西. 城市化. 北京: 科学出版社，2009: 571.

区的低密度别墅城市管理面临的冲突主要集中在两个方面："一方面是对私人实施的变化进行公共管治，另一方面是对提供的各种服务和设施的质量和形式的公共管治"❶。但西方城市管理政策的目的则是一方面保证城市发展过程的稳定，另一方面通过减轻市场力量，使城市化系统能够保持长久，"政府的政策其实就是社会力量平衡和总体经济形势的函数。"❷

9.1.2 "输入——输出"：西方城市管理政策的一般过程模型

城市管理政策和公共政策一样，其目标在于用某种方式改变社会行为，这种改变可以实现更好的社会结果（见图9-4）。第一，其首要的步骤是明确目标：政策变化带来的潜在好处是什么？或者是否可以缓解造成的损害？第二，由于市场是满足理性人需要的首要机制，为什么市场在这个问题上会失败？如果存在没有满足的社会需求，为什么没有私人公司填补这一缺口？第三，选择最为合适的推动政策变化的机构，需要考虑三个问题：（1）哪一级政府最接近民众，同时又拥有足够的权威性？（2）什么机构最有能力采取有效的行动？（3）什么机构可以提供最大的政治成功机会？第四，评估不同的政策选择，最关键的问题是政策补救措施是否减少了最初确定的损害。第五，评估政治形势，要从3个相关问题开始：（1）它需要多少选票？（2）选票来自哪里？（3）谁需要被说服做什么？第六，做出决策。从可选方案中选出最有吸引力的政策。第七，建立联盟。有效的政策制定者要在利益集团和支持自己的其他团体中建立联盟，同时，也努力安抚、抑制甚至是击败那些有可能反对自己的利益集团。最后，监督、执行、巩固、拓展。政策需要

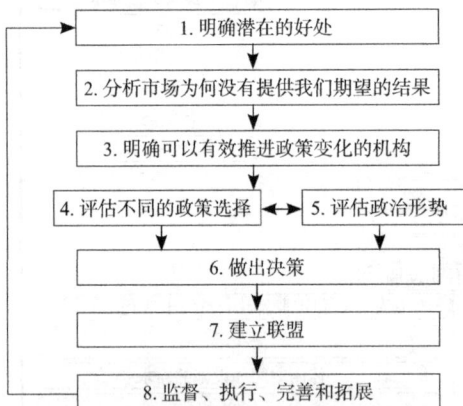

图9-4　公共政策过程

资料来源：[美]查尔斯韦兰.公共政策导论.上海：格致出版社，2014：391.

---

❶　[美]保罗·诺克斯，琳达·麦克卡西.城市化.北京：科学出版社，2009：570.

❷　[英]约翰·伦尼·肖特.城市秩序：城市、文化与权力导论.上海：上海人民出版社，2015：307.

根据数据、反馈、环境变迁和政治氛围不断加以完善。❶

西方城市管理政策大致按照"过程—目标—措施"这样的逻辑制订（见图9-5）。城市管理政策首要的是确立目标，这个目标是建立在辨识城市管理政策问题的基础上的。城市管理政策问题是指城市实际状态与城市管理主体理想目标之间存在的矛盾冲突。城市管理政策问题确认的过程也就是城市管理政策各类目标形成的过程。城市管理政策"目标"比理想状态相比更具体、更现实的目的。城市管理政策体系不仅包括能够影响城市系统功能的所有措施和因素，还包括了政策的应用目的和实施范围。从确认政策目标到最后制定并执行相关政策措施，引起城市系统发生相应的调整变化，形成一个完整的政策过程，这样的过程不断周而复始。在这个过程中，城市管理政策问题的发展和解决方法由政府的政策目标 所决定，而这些政策目标又与城市社会所公认的价值观念、喜好厌恶和公众愿望直接相关，与人们追求的城市生活方式相关。

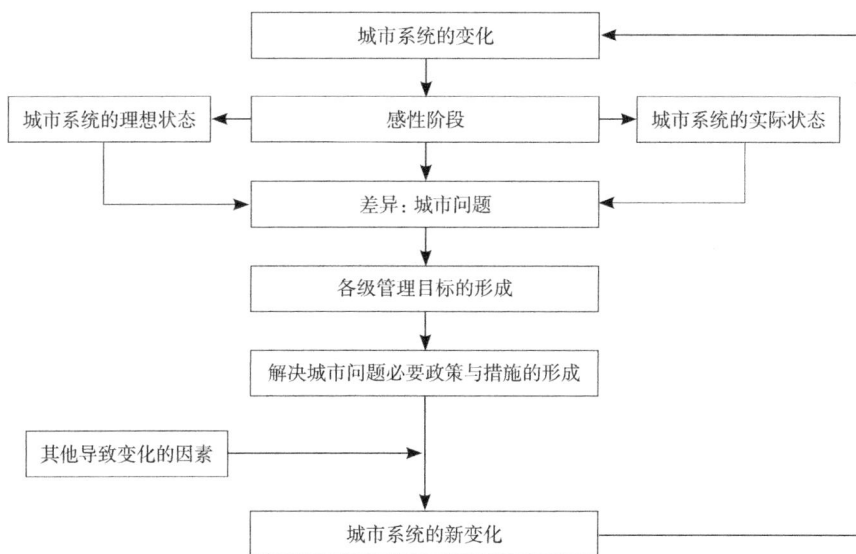

图 9-5　西方城市管理政策的过程

资料来源：连苏华.西方城市政策的理论.城市问题，1985（1），28.

❶ [美]查尔斯·韦兰.公共政策导论.上海：格致出版社，2014：390-401.

西方城市管理政策的具体措施内容及其与城市系统之间的关系，以城市规划政策为例（见图9-6）。图中第二层和中心的各个要素代表了城市居民福利方面的重要因素，也就是城市系统Ⅰ里的内容：第一个方面：（1）就业人员数量、质量及场所;（2）游憩区的规模、质量及场所。（3）城市基础设施诸要素，如使用的方便性、可获得的范围、距离情况等;（4）居民区的规模、质量及场所。这四个方面的因素对于城市居民的生活质量有决定性的影响。前三点与第四点在位置上的关系决定了城市居民的消费生活或上班的交通距离。第二个方面：三种交通距离和各场所结构及基础结构的质量，决定了城市居民获取福利要素的条件。对于不同的社会、经济收入阶层来说，人们的行为方式不同。第三个方面：从居住场所衡量上班的方便与否、游憩条件及基础设施的方便程度来决定居民的福利情况。第四个方面：城市系统中各子系统的内在联系。如基础设施的质量对居住区地点的影响。适用于城市私人及公共交通的基础设施越好，居民们越有自由选择居住地点的可能性。良好的城市公共交通系统使得城市居住区可以分布在更为广阔的区域内，从而有利于宜居环境的建设。基础设施的质量还与工业生产和服务行业活动场所之间有着重要联系。这与产品和原料运输对工业生产和服务行业的重要性相关，良好的交通运输体系使得工厂和服务部门可以更加自由地决定其活动地点。另外，工作地点和居住地点之间的相关性也很重要。因为上下班通勤距离对每个就业者来说都是必须考虑的重要因素，是他们选择居住地点的重要影响因素。还有两种因素主要体现在居住环境中，一是人们对游憩的需求，二是城市基础设施诸要素完善与否，往往被认为是居住环境质量优劣的重要评价指标。

广义的西方城市管理政策主要与城市系统Ⅰ中的各个因素相关。也就是说，一个完整的城市管理政策是一个包含了多项附属政策的政策体系或政策束，这些政策分别针对着城市系统中的不同因素。城市系统Ⅱ中则涵盖了城市管理政策中最基本的因素，分别是有工业场所政策、游憩政策、舒适性要求方面的政策、住宅政策、交通政策及基础设施政策等等，这些政策分别以不同的方式影响着城市系统Ⅰ中的各个因素。

西方学者把城市管理政策分为完整的城市政策、片面的城市政策、明确的城市政策及不明确的城市政策等。概括起来，完整的和明确的城市政策是充分考虑到各有关政策措施对城市系统诸要素所可能产生直接与间接的影响

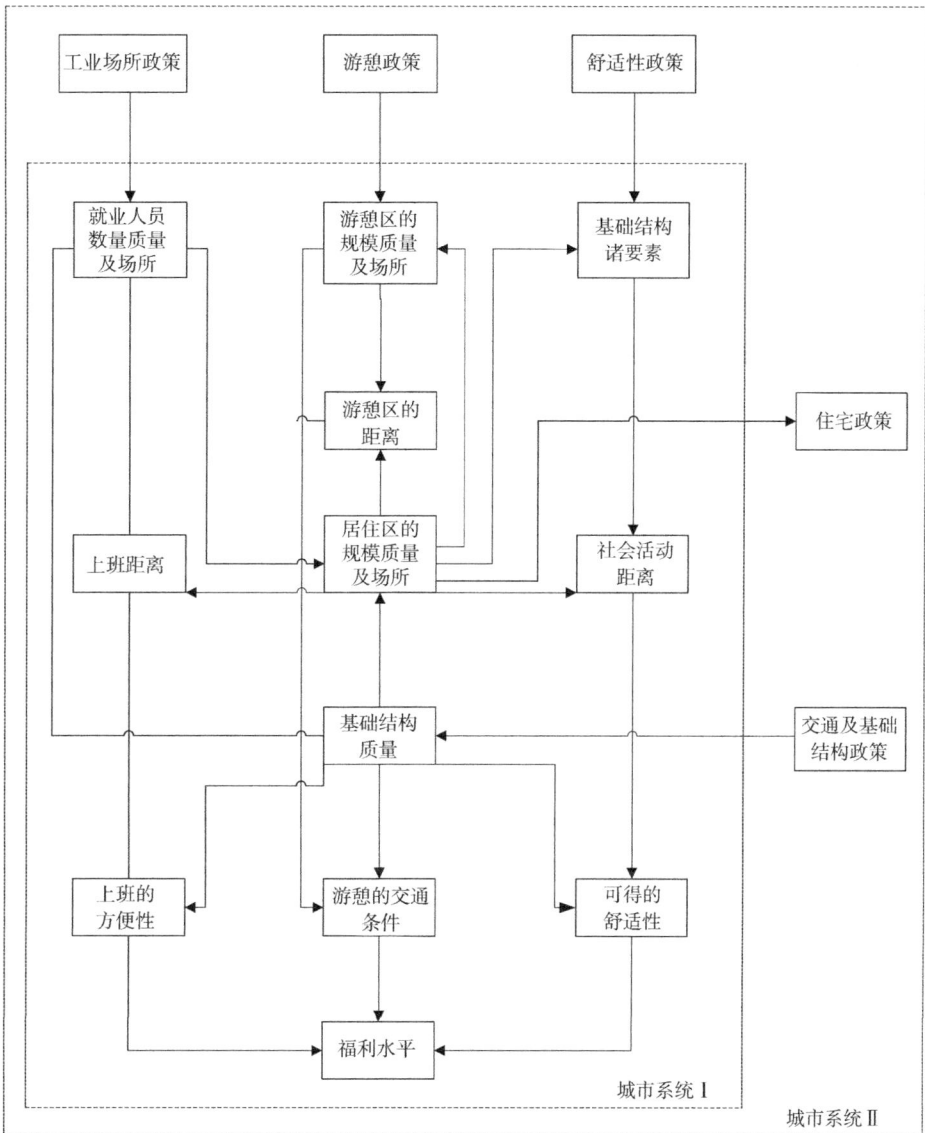

图 9-6　西方城市管理政策的作用过程

资料来源：连苏华 . 西方城市政策的理论 . 城市问题，1985（1），29.

的。只有当这些措施所实现的目标始终一致并且相互协调时，这种政策才可能制订。片面的和不明确的城市政策恰恰相反，它们不是从城市系统中各个因素的相互依赖关系出发，没有连贯的一致性，主要是城市系统中各子系统的，为了实现有限目标 的政策。如果住宅政策既不考虑人们工作场所的地点，也不考虑乘车上下班对交 通及道路容量的影响，那这个住宅政策就属于片面的城市管理政策，它也就发挥不了城市政策应有的推动整个城市系统福利状况的改善和发展的作用。一个完整 的城市政策包含了各种有关的附属性政策，不仅城市的各个组成部门要执行这些附属政策，各级政府机构也要奉行这些政策。

9.2　西方城市管理政策模型

9.2.1　西方城市管理政策形成过程

　　西方城市管理政策可以抽象为一个一般的"输入——输出模型"（见图9-7）。在这个城市管理政策的一般模型中，城市管理政策所存在的环境是城市系统，城市系统有两种输入类型：外部力量和政策手段，以及引起的两种不同类型的输出：难以预知的结果，或目的与目标。城市系统是第 1 个箱子，它由个体和机构组成开放系统，拥有一系列已形成的传统或价值，其变化来自内部力量的影响。这个系统的本质是连续运动的"过程"而非"地方"，造成变化的动力机制较为复杂且形成一定规模，相互作用增强加大张力，加剧了城市危机从而产生了城市问题进行输出。过程城市的变化加剧引发张力增加，刺激城市危机产生城市问题，作为一种输出类型。城市系统的变化存在较强的无目的性，因此，制定城市政策的目的主要在于确定城市体系的整体目标。这是国民和市民领导的责任。这些政策必须是未来导向型的。它不能局限于过去产生的问题，以及仅仅限于现在产生的问题，它必须预测未来可能产生的问题。❶

　　这一要求导向政策模型中的第 2 个箱子，这里是目的和目标。建设性的城市政策被看做是对获得长期目标和实现特定目的的引导。❷ 每个城市系统都存在一个受文化和历史约束的世界。这些约束条件（如法律制度和落后的政治结构等）都可能使目标难以达到。作为一种结果，城市管理政策经常承担应对性的、医疗式的角色，这就是第 5 个箱子。模型的第 3 个箱子是外部力量，

---

❶　[美]布莱恩·贝利.比较城市化.北京：商务印书馆，2014：196.
❷　[美]布莱恩·贝利.比较城市化.北京：商务印书馆，2014：197.

即所有输入系统的因素都会影响未来的行为，输入的原因依赖于城市管理政策制定受到的影响。城市管理政策制定者不仅需要具备城市系统内部结构的知识，而且必须要熟悉系统外部的影响因素。政策制定者在了解所置身的城市系统性质和洞察外部影响要素的基础上，将政策放入城市系统来得到预期目标（第 4 个箱子）。这时，政策制定者最重要的问题就是要确定问题的性质，即所需要的政策类型，从而使政策完成工具化。最终"政策是否有效"取决于政策制定者对问题的理解程度和为政策提供的工具与控制的有效性。

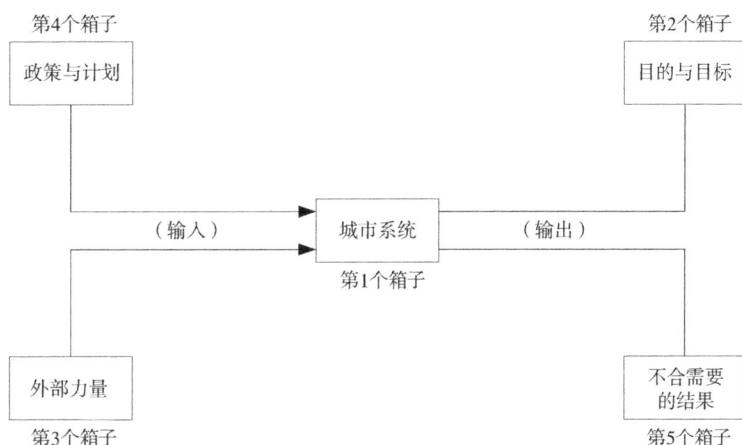

图 9-7　城市管理政策模型

资料来源：[美] 布莱恩·贝利 . 比较城市化 . 北京：商务印书馆，2014：197.

9.2.2　西方城市管理政策的类型

保罗·彼得森将西方城市公共政策做了一个"三叉型"的划分。他认为，从逻辑上可以分为这样三种：发展政策、分配政策和再分配政策。发展政策促进城市的经济地位；再分配政策让低收入居民获益，但同时对地方经济产生负面影响；分配政策对于城市经济的效应或多或少是中性的。❶ 三个因素影响到了发展政策、再分配政策和分配政策的供给：财政能力、服务供给的成本、服务需求。这个分类可以粗略的对西方城市管理政策做一个归类。

❶　[美] 保罗·E. 彼得森 . 城市极限 . 上海：格致出版社，2012：42.

如果要对西方城市管理政策做一个更加细致的划分，需要从上一部分布莱恩·贝利的西方城市管理政策一般模型出发，做一个进一步的推进。虽然布莱恩·贝利总结的是城市规划政策的形式，但是这四种形式基本适用于西方城市管理政策。从社会—政治关系出发，西方城市管理政策的一般模型可以演变出四种类型：应对性的或改善性的问题解决型、分配趋势调整型、开发机会寻找（发展导向）型以及常规的目标导向型（见表9-1）。目标导向型规划和未来导向型规划，未来导向型规划的真正效用是为更为理想的决策提供一个基础。

不同的规划模式　　　　　　　　　　　　　　　　　表 9-1

	适合目前关注的规划	应对未来发展的规划		
	对过去问题的回应	对未来预期的反应		创造理想的未来
	问题解决型	分配趋势调整型	开发机会寻找型	常规目标导向型
规划模式	对于目前的规划	面向未来的规划	关于未来的规划	源自未来的规划
	分析问题，设计干预办法，权衡资源分配	决定和制定最佳趋向，并根据提升或改变它们的预期来分配资源	决定和制定最佳趋向，并分配资源，以利于发挥潜在的优势	根据理想的未来做决定，并分配资源，以致发展趋势可相应改变或产生新发展趋势。理想的未来可能基于现状、预想的或新的价值观
行动的目标或短期结果	**改善当前问题**	**希望感** 新分配转移活动	**战胜命运感** 新分配转移活动	**创造命运感** 新分配转移活动
行动的未来或长期结果	**随意更改未来前景** 通过减少未来负担和当前问题的后遗症来实现	**温和的平衡和更改未来前景** 通过避开预期问题和获得"均衡"过程来避免创造大的瓶颈和新问题	**不平衡和更改未来前景** 通过利用预期的优势，避开一些问题，也不考虑会出现其他问题或担心出现新问题	**广泛修改未来前景** 确定"将会是什么"来实现。并且通过改变价值或目标来改变预测，获取与理想相匹配的结果，避免或改变问题使其容易处理或容忍

资料来源：[美]布莱恩·贝利.比较城市化.北京：商务印书馆，2014：196.

最常见的城市管理政策是问题解决型（见图9-8），即按照自然趋势什么也不做，直到问题出现或感知"预料外的功能紊乱"存在时，采取纠正或修改行动❶。这类"应对性"或"医疗式"政策通过研究"问题"，设定可以接受的功能紊乱水平并设计方法使问题降低到可接受的程度来推进。从过程的角

---

❶　[美]布莱恩·贝利.比较城市化.北京：商务印书馆，2014：200.

度看，这类政策是过去指向的，其内在的逻辑是对过去"主流"价值观的维持，以缓解问题来解决问题。

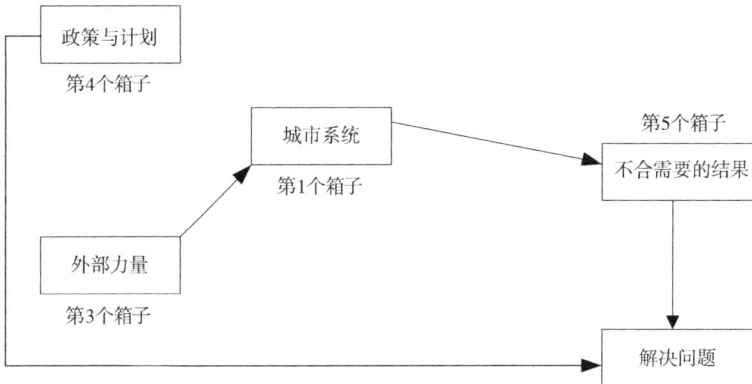

图 9-8 问题解决型

资料来源：[美] 布莱恩·贝利 . 比较城市化 . 北京：商务印书馆，2014：198.

第二类是分配趋势调整型（见图 9-9），这是"应对问题解决型"的未来导向版本。基于问题是可预测的，通过设计调整机制来修改发展趋势，使已有的价值在未来得到持续，避免可预知的未来问题。

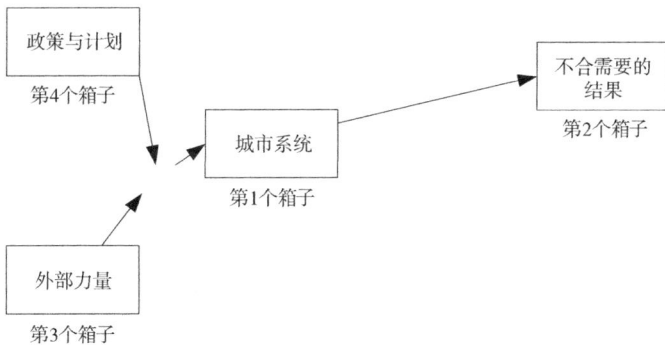

图 9-9　趋势调整型

资料来源：[美] 布莱恩·贝利 . 比较城市化 . 北京：商务印书馆，2014：198.

第三类是开发机会寻找型（见图 9-10）。它的目标是寻找新的增长机会，之后的政策行为也是追求在可行性与风险方面最有利的机会。这种情况适合企业家们共同决策，房地产开发商、实业家、私人风险投资者以及公共企业家代表私人利益，或者作为政府领导人关注已经存在的开发领导权关系。

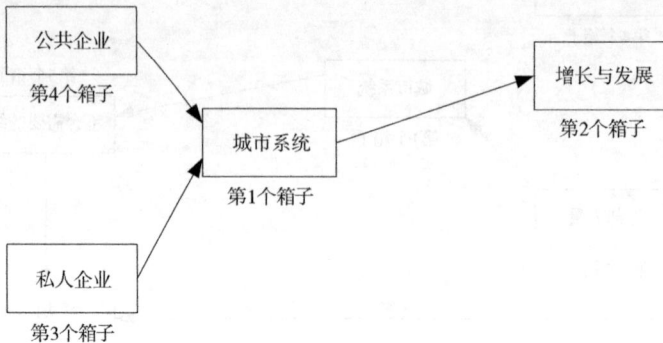

图 9-10　发展导向型

资料来源：[美] 布莱恩·贝利 . 比较城市化 . 北京：商务印书馆，2014：198.

最后一类是常规目标导向型（见图 9-11），它采用系统分析的控制论方法。基于对未来预期的设想设定目标，政策设计和实施用于引导系统朝着目标发展，如果目标不能实现，就用于改变现有系统。

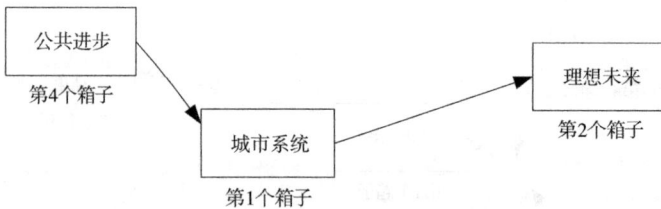

图 9-11　目标导向型

资料来源：[美] 布莱恩·贝利 . 比较城市化 . 北京：商务印书馆，2014：198.

四种不同的政策类型具有明显不同的长期后果，涉及从"应对性问题解决型"对未来没有计划的调整，到由企业利益追求引起的极端不均衡变化，再到对预期的特定理想未来的创造。很明显，在任何国家必定会存在所述规划类型的一些混合，但是同样的，主流价值系统决定优先的政策制定和规划类型。❶公众支持的私人开发类型以美国最为典型。它涉及主要利益团体之间的讨价还价，主要通过应对性的或管制性的规划保护开发利益，以确保美国城市未来沿着现在的趋势发展。社会与政治的等级制度更容易推动国家层面城市与区域增长政策，这是城市增长政策在英国比在美国更早发展的原因之一。通过与将理想未来的公共概念系统化并欢迎私营部门寻求发展的规划相结合得到有效管制。

同时，为经济增长目标服务的城市政策，提供教育、道路、公共住宅的使用与供给、福利和保护性服务，这就使城市规划限定在一种改良地解决问题的角色。（20世纪）北美有的只是一套不和谐、经常性对立、本质上随意的公共政策和计划的复杂组合，而且这些公共政策和计划的产生还是因为受到了启动城市增长日程的强大经济力量的激发。因此，如果说过去的城市化根本上是受一些有意识的公共目标支配的，那么其目的一方面是鼓励增长，这很明显是为了它自己的利益；另一方面，是提出公共建设工程和公共福利计划以支持主要由私人动机推动的零碎的、自发的发展。❷

9.3　西方城市管理政策影响模式：英国"合作伙伴组织"政策

"合作伙伴组织"（Partnerships）是20世纪60年代中后期以来英国政府为适应市场环境、关注国家转型、促进城市发展而进行城市治理探索的重要工具和重要政策手段方式。经过20多年，已经从最初自助性合作到形成中央政府与地方政府、地方政府之间、政府与私有部门之间、政府与非盈利民间团体之间等多维度层次关系；从不具有项目执行权到各层面均可以深入参与影响城市发展整体效应的具体项目；从资金支持有限到成为主要城市发展基金支持的重要对象；从缺乏对民间社区团体参与规划能力保障到改革城乡规划法，提高公众参与能力，这一政策体系的完善。

9.3.1　"合作伙伴组织"政策：应对城市发展危机问题的城市管理政策

自20世纪60年代中后期以来，整个英国城市发展尤其是众多老工业城

---

❶　[美]布莱恩·贝利.比较城市化.北京：商务印书馆，2014：201.

❷　[美]布莱恩·贝利.比较城市化.北京：商务印书馆，2014：83.

市的原有中心区陷入危机困境。通过系列试验性城市政策实践，英国政府逐渐认识到，城市发展困境的根源主要是由于二战后英国的城市发展管理方法没有跟上由于城市空间重新分布引发的人口结构变化。在此情况下，英国政府开始将城市发展重心转向城市中心区的改造。但是，由于中心区与新城所面临的资源关系与利益主体有着根本不同，当时占主导的新城开发方式，即以中央政府支持的"新城发展公司"为主体的模式，无法有效应对内城改造的新问题。因此，在总结 1968 年实施城市计划项目试验经验的基础上，1977年英国政府在《内城政策》白皮书中明确表示政府希望建立合作伙伴机制，与相关政府及机构组织联合起来应对城市衰败问题。这样，合作伙伴组织成为当时综合解决城市更新与城市再生问题的重要政策手段。从城市与社会发展管理理论角度而言，合作伙伴关系政策的出台事实上也是公共事务管理从单一中心管理（Government）到多中心治理（Governance）的早期探索。❶

9.3.2 "合作伙伴组织"政策的困境与调整

1978 年英国政府通过《内城政策》创建了 7 个合作伙伴组织、15 个项目机构局委、19 个指定合作项目区。各合作伙伴组织结构大致相同，由三个层面组成：最高层是合作伙伴组织委员会（The Partnership Committee），中间层面是行动领导小组（Officer's Steering Group），基层是由相关地方官员等组成的内城项目组。其中，合作主导者是地方政府。但是，因为合作伙伴组织在实践初期并没有执行权力，使相关公共与私有部门的有效合作遇到各种困难。同时，1979 年撒切尔夫人上台后推行全面市场化经济政策，使城市治理主要为私有化与市场化方式，使得此时的合作关系更多地表现为中央政府与私有部门之间的合作，真正包括各地方政府与社区自愿团体利益的合作伙伴组织便被边缘化了。

另一方面，撒切尔夫人时代的新自由主义政策使城市政府的角色转换，政府集中负责关键性公共产品与公共服务，对其他非关键性公共产品与公共服务采用监督与指导的方式提高其产出效率，这为合作伙伴关系继续奠定了良好基础；新自由主义政策也带来诸多社会发展问题，促使多方参与的有效合

---

❶ 曲凌雁. "合作伙伴组织"政策的发展与创新——英国城市治理经验. 国际城市规划，2013（6）：74.

作再次成为城市政策创新的关注焦点；传统的"公民社会"概念的兴起，形成
了国家与公民社会新的维度关系，由此也促使人们重新思考公民社会建构对
于社会发展的积极促进作用。以中央政府与私有部门之间合作为主要形式的
私有化与市场化城市治理方式才有可能进一步向前迈进。随着 20 世纪 80 年
代时期，基于 20 世纪 60 ~ 70 年代的合作伙伴政策试验的治理经验首先在英
语世界然后在全球范围内得到持续推介。促使英国城市政策也无法抗拒这种
动态进程，开始"一种重建城市权力平衡的进程"❶。这促使 1987 年撒切尔政
府不得不及时调整城市管理政策，于 1988 年 5 月出台了关于未来城市再生发
展战略思考的"城市行动"计划（Action for Cities）。在这一计划中，英国政
府明确表达了其寻求有效城市治理与合作协调发展的愿望，不同于城市开发
公司政策偏重于强调政府与私有部门之间的合作，城市行动计划更加强调私
有部门以及城市居民在城市再生中的主导作用，鼓励他们在城市更新再生进
程中积极参与。

9.3.3 合作伙伴组织成为英国城市管理政策的主要形式

20 世纪 90 年代初时，信息技术革命与新自由主义共同推动了全球化进程
持续走向深入，全球社会经济发展环境发生重大变化。在这样的条件下，城
市之间虽然有竞争，但更多的却是合作发展，传统城市管理强调单向、两元
的管理方式必须被新的城市管理理论所取代❷。这样的新经济环境促使英国政
府开始有意识地鼓励地方提高国际竞争力。同时，在城市治理思潮影响下，
合作思想也得到了社会主要政治派别的一致拥护，公共部门和私营机构及地
方社区的积极参与被认为应该成为超越政治界线的一个城市再生的基本策
略❸。这些因素共同促使原来的合作伙伴组织重又走向前沿，成为新时期城市
竞争政策的主要政策形式。

20 世纪 90 年代初梅杰政府上台后，英国政府开始着手调整原有的城市
发展政策，并于 1991 年出台"城市挑战"计划（City Challenge）。环境部
（DoE）在给各地方政府的指导原则中明确要求城市发展规划的制定与执行必

❶ 巴纳德，朱维.城市治理：通向一种新型的政策工具？国际社会科学，2009（4）：24-38.
❷ 谢媛.当代西方国家城市治理研究.上海经济研究，2010（4）：82-89.
❸ Nick Oatley. Cities，Economic Competition and Urban Policy. Paul Chapman Publish Ltd，1998：30.

须包括多层面的合作伙伴关系。1992 年，在第一轮城市挑战计划基础上，环境部又出台了有关合作伙伴关系实施方式组织安排所需要的详细导则。导则建议：执行机构应相对独立于当地政府，确保迅速和有效的决策制定，充分发挥包括私有部门与社区团体合作伙伴的积极性，使得主要合作者能够参与关键决策 ❶。由此可以看出，城市管理政策的制定不仅开始向合作伙伴组织倾斜，而且开始探讨有关合作伙伴组织的执行方式，使主要合作者能够参与关键决策，这是与 20 世纪 70 年代的合作伙伴组织相比重大的思想原则性发展和创新。合作伙伴组织开始走向制度化建设，并成为城市与区域发展进程中主要的政策形式。

9.3.4 英国合作伙伴组织政策的深入和创新

1992 年继"城市挑战"计划之后，英国城市发展的各有关领域开始了综合改革，使得合作伙伴组织进一步制度化，并在组织要求、组织形式和保障机制等方面均得以深入地发展和创新。

为强调合作伙伴组织在城市再生进程中的重要地位和作用，1994 年英国政府推出了单一再生预算（SRB：Single Regeneration Budget）政策，代替了城市挑战计划成为新一轮主要城市再生促进手段。这一政策的重要改革是将城市再生资金统一预算管理，以方便对城市再生有显著促进作用的合作伙伴组织给予必要的资金支持。在这一政策中，中央政府明确强调对于合作伙伴组织的要求、地位与财政支持 ❷：（1）建立由地方合作伙伴所主导的发展规划；（2）确保弹性有效地使用政府再生基金预算；（3）和其他再开发策略建立相互联系；（4）确立地方需要及优先顺序；（5）吸引私人及其他公共部门的投资；（6）发挥社区群体与志愿者团体的潜力与资源。自 20 世纪 90 年代中期以来，英国在地方政府层次推出不少改革措施，特别是 1997 年新工党政府上台后，包括发布地方政府白皮书，陆续修订地方政府法，将相关改革议程加以法制化等，主要精神为强化地方领导，提升地方福祉。目前，合作伙伴组织已经

---

❶ Department of the Environment. City Challenge Implenenting Agency- ATypical Structure. London：HMSO, 1992e：10.

❷ Department of the Environment. Draft Bidding Guidance：A Guide to Funding Under the Single Regeneration Budget. London：Department of the Environment, 1994.

成为跨越不同组织与利益团体的合作形式，成为城市与区域发展进程中区域（Regional）、城市（City）、邻里社区（Neighborhood）等各个层面上进行横向联盟的整合与合作。在形式上一般表现为四个维度：中央政府与地方政府的伙伴关系、地方政府之间的伙伴关系、中央或地方政府与私有部门的伙伴关系、政府与非营利组织的伙伴关系。

从英国近百年来的现代城市发展历程来看，英国城市管理政策推进的重要经验便是形成了清晰的"目标—手段—实施保障"等各方面环节所构成的系统运作，如 1940 ~ 1950 年时，为配合战后新城建设，英国政府特别成立了新城发展公司，并颁布《新城法案》、划拨相应新城开发基金等；20 世纪80 年代时为促进内城地区的更新再生，英国政府又特别成立城市开发公司（UDCs），并通过颁布《地方政府、规划和土地法》赋权城市开发公司对公共土地的征属和开发权；20 世纪 90 年代，英国政府又及时倡导合作伙伴组织制度，并推出"城市挑战"计划，"单一再生预算"基金政策等予以相应支持；之后，2000 年又推出"城市复兴"计划，实施系列城市发展的"社区新政"（NDC：New Deal for Communities Programme）政策，使城市发展从偏重于经济振兴转向更为关注民生建设，并使城市发展基金能够对城市再生与复兴有显著促进作用的合作伙伴给予必要的支持。

第10章　西方城市管理政策工具

城市管理政策工具侧重从城市管理所采用的管理工具、管理流程、管理方法和管理机制入手，重点探讨实现城市管理效率、效益和经济的基本途径。

10.1　城市管理政策工具

所谓"工具"有两层含义，一是"泛指从事劳动、生产所使用的器具"；二是"比喻用以达到某种目的的事物" ❶。本文中"工具"的准确含义是"政策工具"（Policy Tools）。B·盖伊·彼得斯、弗兰斯·K·M·冯尼斯潘认为"政策工具"是指政府可以用来实现某种政治目标的手段 ❷；欧文·E·休斯认为"政策工具"是指"政府的行为方式，以及通过某种途径用以调节政府行为的机制" ❸；张成福、党秀云认为"政策工具"是"政府将其实质目标转化为具体行动的路径和机制" ❹；陈振明将"政策工具"定义为"人们为解决某一社会问题或达成一定的政策目标而采用的具体手段和方式" ❺。本文的"政策工具"与陈振明的定义相似，更多地强调政策工具的"手段"含义。

10.2　西方城市管理政策工具的演变

10.2.1　古希腊、古罗马帝国时期西方城市管理政策工具

西方城市管理的基本政策工具在这一时期已经基本都出现了萌芽。

---

❶ 辞海（缩印本）. 上海：上海辞书出版社，2002：536.

❷ B·盖伊·彼得斯，弗兰斯·K·M·冯尼斯潘. 公共政策工具：对公共管理工具的评价. 北京：中国人民大学出版社，2007：163.

❸ 欧文·E·休斯. 公共管理导论. 北京：中国人民大学出版社，2001：99.

❹ 张成福，党秀云. 公共管理学. 北京：中国人民大学出版社，2001：62.

❺ 陈振明. 公共政策分析. 北京：中国人民大学出版社，2003：147.

（1）公众参与：古希腊城邦开创了新形式的政府，其影响反映在随后的民主参与式城市管理模式中。这是古希腊对后世城市管理最深远的影响。

（2）行政管理手段：古罗马就有通过行政执法治理大城市病的历史：交通管制和市容的执法行为，以及宗教建筑、市政厅等公共工程。罗宾逊（D. F. Robinson）对古罗马的城市管理这样记载："在相关的法律条文中，最突出的是帕皮尼安（Papinian）提出的关注维护和修理街道的城市维护方面的规定。城市的监督者管理城市街道，保持它们的平整，使房屋免受洪水破坏，并在需要的地方修建桥梁。①他们负责确保私人的墙和房屋临街处封闭的墙得到良好的修理，这些墙体的所有者应当按照要求清洁和修复它们。如果他们没有进行清洁和修复，管理者将会对他们进行惩罚，直到这些墙体变得安全为止。②他们要确保没有人在道路上挖洞、截断道路，或者在街上私搭乱建。在违法的情况下，奴隶可能被任何发现他的人痛打，自由人必须通知管理者，管理者将按照法律对他进行罚款，并且弥补损害。③每个人需要负责他自己住宅外面公共街道的维修，清洁排水沟，并且保证车辆可以畅通行驶。出租房屋中的居住者必须自己承担上述修理工作，如果所有者没有完成上述工作，那么将从他们的租金中扣除这些费用。"❶

为了应对城市急剧发展带来的各种"城市病"，古罗马城市也采取了各种今天都还在实施的城市管理政策。在公元1世纪的罗马城，因为街道狭窄曲折，且人口不断膨胀，罗马城的交通变得不堪重负，车辆交通与行人之间冲突不断，交通拥堵现象就已经开始成为城市管理的主要课题。恺撒上台后的首批行动就是禁止车辆白天在罗马城中心地区通行，只有一些建筑用车和少数几种政府马车除外。哈连德则进一步将交通限制政策具体到进入城市车辆的挽畜数目和载重量，以从流入量上消减夜间交通。另外，罗马城最主要的人口居住在公寓之中，早在公元前3世纪就已经出现了3层高的公寓楼。随着人口的不断增加，公寓楼的高度不断增高，于是恺撒不得不通过法令对楼房限高，规定不能超过70英尺。要求住宅屋顶使用不可燃的砖瓦，两座楼之间的距离为28.75英尺。

（3）城市管理法律：古希腊、古罗马城市建立初期，城市管理秩序是通过

❶ 转引自：[英]A. E. J. 莫里斯. 城市形态史. 北京：商务印书馆，2011：56.

宗教活动来体现，呈现出井然的秩序性和契约性。与仪式、祷词和节庆的规定写在圣书上，或者用诗歌的形式表达出来，罗马人将法律称作"诗"，希腊人则称之为"歌"，如各城的古法是有关仪式、仪式程序的指导、祷词以及管理条令的汇编。对神的敬畏塑造了城市人们极强的守法意识，成为古代法治最早的源头。

（4）城市规划：古罗马城市与古希腊城市有一些共同点，那就是都是基于方格网系统建设，中央是用于市场和政治集会的"广场"，周围是防御性的城墙，古罗马城市主要是首都和地方行政中心。

10.2.2　中世纪商业城市时代西方城市管理政策工具

这一时期随着商业的发展繁荣和城市自治的完善，西方城市管理政策工具的基本体系初具规模。

（1）公共财政与公共工程：中世纪城市的城墙又得以恢复，这种具有城墙的城市又具有了一种新的政治功能，"它可以用来维护城市内部的自由"[1]。一旦有了城墙，城里居民就能够获得安全保障、能够井然有序地从事各种活动和工作。因此到 1184 年康斯坦斯合约把属于皇家特权的建筑城墙的权力授予给了意大利各自治市。而居民承担建筑城墙的费用则成为城市管理的最初功能。最有意义的一件事是招募了财政官员以及实行税制改革。[2]

（2）城市法——特许状：请求授予它们自治城市许可状（一般以购买获得居多），确保市民获得一些重要的特权。经常被申请的权利是允许每星期举办一次交易市场，最好还能每年组织一次或者多次大的集市。一些公社编撰公社立法机构、民众集会或大议会的决议，这些决议通常被称为法规，有时，按罗马共和国的法律分类被称作立法。"特许状是国王或领主承认城市的自治地位并授予其相应权利的法律文书，它确认城市的自治权和经商特权，明确市民的基本权利和义务。它是城市法的渊源，确定了城市法的轮廓和城市立法的原则。"[3]当城市需要土地用于建造新的防御工事或扩展已有的防御工事的时候，涉及公民的"强制购买（土地）"法令，这是西方世界现代城市和农村

---

[1] [美]刘易斯·芒福德.城市发展史——起源、演变和前景.北京：中国建筑工业出版社，2005：269.

[2] [英]彼得·卡拉克.欧洲城镇史：400-2000年.北京：商务印书馆，2015：92.

[3] 陈恒等.西方城市史学.北京：商务印书馆，2017：132.

规划的法律前提，荷兰早在 13 世纪和 14 世纪就已经在这方面达成了一致。❶
剑桥的议会在 1388 年通过英国的第一个城市卫生法，禁止向沟、河、水中丢
弃污物和垃圾。

（3）市场手段：商业的繁荣与城市的组织是否良好存在着非常直接的关系，
所以商人不得不主动负责供应城市最不可少的必需品，城堡主也没有任何理
由阻止他们用自己的财力供应明显急需的公共物品。就这样在 11 世纪圣奥美
尔商人的自发组织和城堡主之间达成协议，虽然没有任何法律的依据，商人
行会主动地从事于新生城市的建设与管理，实际上在每个城市中执行着公社
长官的职责。中世纪城镇管理的一个特点，"它是由社会团体来组织，具体由
各户分片包干。""当然这适用于道路铺面、照明和管道供水。""打扫街道长
时间内也一直是私人管的，这个习惯在伦敦一直遗留到 19 世纪以后。"❷

（4）行政管理手段："在整个中世纪期间，建筑物都表现出一种倾向，那
就是侵占街道（包括桥梁）和其他公共空间。限制这种现象的种种尝试都没
收到什么效果。"❸

（5）城市规划：中世纪欧洲城市按照方格网式道路规划布局，已经司空见惯。

10.2.3 工业城市时代西方城市管理政策工具

这一时期西方城市管理政策工具显示出较强的技术化和系统化的趋势。

（1）市场管理手段：近代早期，欧洲城镇的财政困难使得城镇需要富有
的议员自掏腰包来实现城镇管理并使得其摆脱困境，这些因素使得城市寡头
政治得到了进一步的巩固。到工业革命初期英国仍把城市公用设施建设与城
市工商业的发展等同看待，并没有认识到其公益性，政府对公用设施建设完
全采取自由放任的态度，由私人主宰城市的建筑、自来水、下水道、煤气照
明等公用事业。美国城市也是这样，他们通常依靠自身能力解决面临的问题，
相当一部分人支持城市排除外界干涉、争取自我治理的权力。

（2）公共工程：18 世纪标志着城镇政府和服务质量的提升。在拆除旧建
筑同时，市政当局建造了新式的建筑包括诸如歌剧院和医院这些为休闲和慈

❶ [英]A.E.J.莫里斯.城市形态史.北京：商务印书馆，2011：365.
❷ [美]刘易斯·芒福德.城市发展史——起源、演变和前景.北京：中国建筑工业出版社，2005：329.
❸ [英]A.E.J.莫里斯.城市形态史.北京：商务印书馆，2011：268.

善活动准备的建筑。街道被重新铺设，设立了人行道，城镇中心安装了路灯。水泵的出现使得城镇能够更好地为体面地区供应自来水。特别是英国的约瑟夫·张伯伦提出市政社会主义的概念，市政社会主义认为城市基础设施投资被用于提高当地企业的运营效率和盈利能力，而对城市自豪感和与其他城市竞争的强调也与这一思想紧密的交织到了一起。20世纪20年代，城市需要投资建设公路、飞机场等巨型公共工程。

（3）城市规划：霍华德洞察到城市要有一个公共的统一的组织机构，"霍华德请大家注意：城市的发展必须有一个代表制的公共权力机构来掌握，而这个权力机构只有在它有权集中并占有土地，有权制定城市的规划，决定建设时间，提供必要的服务，只有在这种情况下，才能取得最好的结果。再也不能让城市发展的最重要的原动力掌握在私人投资者手中"❶。

（4）行政管理手段：面对日益复杂的城市问题，英国城市通过地方法案以"特事特办"的方式解决专门问题，这一时期出现了约300个城镇改善委员会❷。其中,伯明翰和曼彻斯特的改善委员会工作较为成功。早在18世纪下半叶，伯明翰的改善委员会就曾成功地清除了街边有碍交通的障碍物，如凸肚窗、门前的石阶、地下室入口等，以便于铺设起人行道、安装街道照明设施。19世纪初，该委员会又获得了征收新税和举借贷款等新权力，工作更有成效。曼彻斯特的第一个改善委员会是1765年成立的警务委员会，到19世纪40年代，它已涉足铺路、照明、拆迁、消防、供水、清洁和煤气供应等领域，进行专项治理。❸20世纪初在德国城市政府时不时会通过将长期污染企业搬到郊外的方式来应对环境问题。在1945年以后，欧洲城市成为了社会福利、医疗、教育和社会住房大规模增长的试验田。英国政府干预的政策目标十分明确，就是要保证社会成员按照社会经济不同阶段的要求去采取行动。政府干预的手段也日趋多元，除了传统的法律途径，行政力量的直接干预开始强化，同时辅之以必要的舆论宣传，取得了不错的成效。以城市住房为例，"1945—1980年，英国全国竣工住房1000多万套，其中半数是由政府负责建设的"❹。

❶ [美]刘易斯·芒福德.城市发展史——起源、演变和前景.北京：中国建筑工业出版社，2005：533.
❷ 陆伟芳，余大庆.19世纪英国城市政府改革与民主化进程.史学月刊，2003（6）：107.
❸ 陈恒等.西方城市史学.北京：商务印书馆，2017：270.
❹ 徐强.英国城市研究.上海：上海交通大学出版社，1995：138.

1949年的美国的《住房法案》加强和扩展了贫民窟清除和公共房屋计划。

（5）公众参与：在英国，以1835年的《城市自治机关法》为开端，其基本原则是在民主的基础上改造自治城市政府。通过市府财政公开，定期公布账目和年度预算，进行账目审计，审察地方政府开支情况，审计员由市民选举产生，市镇司库受命对账目进行摘要，其备份由纳税人公开审查，从而增加了市府财政和透明度；市议会的讨论公开，允许公众旁听。通过1835年的市政改革，加快了现代城市管理的公众参与进程。

（6）绩效管理：1911年，泰勒出版《科学管理原则》❶，1912年纽约市政研究局首任董事长亨利·布鲁埃尔出版了一部著作，讨论了如何将效率原则应用到市政管理工作之中。这需要应用有序和科学程序，这些程序就是详尽的记录和报道工具，用来规定城市官员的职责、他们应该采取什么样的行动来履行职责、操作设备和管理人事以及其他方面的细节。并建立了一套打分体系来对城市效率进行排名和比较，将城市的职能行使情况简化为一个数字❷。

（7）公私合作伙伴关系：20世纪二三十年代，北欧的城市中公共与私人合作关系比较常见，许多城市由政府负责修建场地，然后交给体育俱乐部或工人协会维护。

10.2.4 后工业城市时代西方城市管理政策工具

这一时期的西方城市管理政策工具更加多元化、复合化。

（1）市场手段：20世纪70年代和80年代，由于经济危机的影响，欧洲国家财政能力受到极大地削弱，这一转变导致城市政府寻求与私人机构建立更为紧密的联系。英国削弱了城市政府的自治权力，把一部分城市公共服务责任转移给城市开发公司或者经济开发区等机构，加大影响了市政部门提供城市服务的能力。欧洲国家财政政策转向保守，这使得中央政府开始削减对城市的财政支持，而城市政府预算也正面临因制造业衰退所带来的巨大压力，二者叠加造成城市建设资金投入的巨减。英国和法国的城市纷纷开始私有化

---

❶ Frederick Winslow Taylor，The Principles of Scientific Management，New York：Harper and Brothers，1919；first published in 1911.

❷ Henry Brueré，The New City Government：A Discussion of Municipal Administration Based on a Survey of The Commisszon-Governed Cities，Upper Saddle River，NJ：Prentice Hall，1912.

改革，在节省开支的前提下尽量维持公共服务。到了 20 世纪 90 年代，绝大多数西欧城市已经或多或少的进行了私有化改革或者将部分市政服务分离出去。

（2）公私合作伙伴关系：英国更多的地方议会尝试通过一系列私有化的政策在节省开支的前提下尽量维持公共服务。这种政策最早在 20 世纪 60 年代的北美出现，而后在 80 年代通过国际会议引入欧洲。英国和法国的城镇纷纷开始私有化改革。到了 20 世纪 90 年代，绝大多数西欧城镇已经或多或少的进行了私有化改革或者将部分市政服务分离出去。20 世纪末地方政府的另一转变是建立了与私人机构更为紧密的联系。从某种意义上看好似又回到了 19 世纪的样子。但是，公共事业的私有化、政府管理的放松以及新技术的发展共同带来了城市服务的多样化，扭转了 19 世纪末市政机构所主导的标准化趋势。

（3）绩效管理：到了 20 世纪 70 年代，西方国家对政府绩效的理论研究和实践进入了一个高潮。20 世纪 90 年代，政府绩效评估更加规范化和系统化。1993 年美国政府成立全国绩效审查委员会，美国公布的《政府绩效与结果法》是政府绩效评估达到高潮的标志。

（4）公众参与：到了 20 世纪 80 年代和 90 年代，许多欧洲城市的规划项目都引入了某种形式的公众听证制度；20 世纪末的城市议会不仅重新建立了与私人机构之间的合作桥梁，而且还试图将志愿组织纳入政治体系之中❶。

（5）公共预算：这一时期在传统预算工具之外，还产生了生态预算。所谓生态预算，是 20 世纪 80 年代后期由负责管理地方环境事务的国际理事会欧洲区理事康拉德·奥托·齐默曼（Konrad otto—Limmermann）依据财政预算原理首次提出的一种关于自然资源管理的理论与方法，其主要目标是弥补城市环境管理制度的不足，尽快实现城市环境的可持续发展。

（6）城市规划：20 世纪 60-80 年代，伴随着美国大城市人口大批向郊区迁移城市空心化日益严重，西方学者提出了"新城市主义"的新城市规划思想。20 世纪 80 年代中期，在美国一些州的相关立法中正式引入了"增长管理"一词。随着城市无限增长的危害日益明显，针对城市增长管理的研究日益丰富，相继出现了"精明增长"、"增长管理"、"填充式开发"以及"新城市主义"和"区域城市"等众多理论思潮，对城市增长管理概念的描述也同样众说纷

❶ [英]彼得·卡拉克.欧洲城镇史：400-2000 年.北京：商务印书馆，2015：349.

绘。体现了城市规划"优先考虑的问题……逐渐从物质取向转向以人为本"❶。

（7）智慧城市："智慧"一词就是由美国企业首先提出的，数字城市和智慧城市是两个具有阶段意义的城市信息化形态。数字城市源于前美国副总统戈尔于1998年提出的数字地球理念。随着信息新技术的不断发展，以透彻感知、深度互联、智能应用为特点的智慧城市成为城市信息化的发展趋势和新的愿景。

10.3　西方城市管理政策工具类型

10.3.1　市场手段

市场手段是指依靠经济组织，运用各种市场经济杠杆，按照市场的客观规律来调节和管理城市，将管理对象引导到预先设定的轨道上来。西方城市管理政策中的市场手段主要是不干预、自由放任，可以说城市管理出现的历史有多长，市场手段的时间就有多长，甚至比城市管理存在的时间都要长，因此市场是使用的时间最长、也是最常用的手段。亚当·斯密主张政府扮演"守夜人"角色，认为政府的职能主要是：保护国家和个人的安全，提供私人难以有效供给的公共服务。受这一见解的影响，西方的公共服务在很长时间内总量及范围都很小，市场在公共服务的供给过程中发挥主导作用，政府很少直接提供公共服务，而主要以土地赠予、政府贷款、股票认购等间接方式参与公共服务的供给。直到进入19世纪之后，由于瘟疫和社会问题加重引发的社会运动，才促使西方国家的这一局面有所改变。当前城市管理政策的主要市场化工具包括：民营化、用者付费、合同外包、内部市场、产权交易等。

10.3.2　城市管理法律

法律手段是一种城市管理者通过各种法律条款行使城市管理职能的途径。它体现在城市的规划、发展、建设、服务、运行的各个环节上，并通过城市管理者的组织、指挥、协调、管理等方式表现出来。城市即是社会契约的表现❷。

---

❶ Thomas W. Fletcher, "What Is the Futrue for Our Cities and the City Manager?" Public Administration Review 31（January-February 1971）: 6.

❷ [英]加里·布里奇，[英]索菲·沃森. 城市概论. 桂林: 漓江出版社，2015: 20.

古希腊、古罗马神权政治思想提供了城市管理法萌芽，古罗马的城市管理这样记载："在相关的法律条文中，最突出的是帕皮尼安（Papinian）提出的关注维护和修理街道的城市维护方面的规定。城市的监督者管理城市街道，保持它们的平整，使房屋免受洪水破坏，并在需要的地方修建桥梁。（1）他们负责确保私人的墙和房屋临街处封闭的墙得到良好的修理，这些墙体的所有者应当按照要求清洁和修复它们。如果他们没有进行清洁和修复，管理者将会对他们进行惩罚，直到这些墙体变得安全为止。（2）他们要确保没有人在道路上挖洞、截断道路，或者在街上私搭乱建。在违法的情况下，奴隶可能被任何发现他的人痛打，自由人必须通知管理者，管理者将按照法律对他进行罚款，并且弥补损害。（3）每个人需要负责他自己住宅外面公共街道的维修，清洁排水沟，并且保证车辆可以畅通行驶。出租房屋中的居住者必须自己承担上述修理工作，如果所有者没有完成上述工作，那么将从他们的租金中扣除这些费用。"❶强制性法规制度的引入，这主要是 19 世纪工业城市社会的结果，但早在工业革命之前，欧洲就有各种的尝试，由于缺乏管理机构，总体上不算成功。

法律保障城市的职能工作与国家政策相协调必要的措施。通过立法的形式确保财政职责分配的公正性。 国家立法应该确保地方自治组织的民主性；国家立法应该鼓励大都市区内部各城市之间的相互合作和财政平等；立法确保地方政府获得的财政（税）收入同他们所发挥的作用相一致，实行促进财政平等的措施；鼓励居住区合同制，包括收取"绿化"税和鼓励其他避免城市土地浪费和高额（超前）基础设施投资的措施。

10.3.3　行政手段

行政手段，主要是指城市政府依靠政府行政的权威，运用决议、命令、规章、纪律、指示等措施，以权威和服从为前提，直接组织指挥、监督城市内各部门的各种社会经济活动的管理方法。具有权威性、强制性、层次性、时效性等特点。

---

❶ 转引自：[英]A. E. J. 莫里斯:《城市形态史》, 北京: 商务印书馆，2011 年版，第 56 页。

10.3.4 公私合作伙伴（PPP）

公私合作伙伴，即 PPP（Public Private Partnership），是 20 世纪 80 年代以来西方国家政府治理创新中出现的一个概念 [1]。欧洲城市治理中，更加宽泛地称为"伙伴制"，就是指为了解决某一特定问题，由一个特定的城市政府部门与其他人结盟来推行一项政策的过程，这种联盟可能只是一种临时性的特别安排，或者是由若干人参与的一种长期战略 [2]。

市场（第三部门）与政府合作主导——公私伙伴（PPP）最早由英国提出，20 世纪 90 年代在西方逐渐流行，目前已经在全球范围内被广泛应用。公私伙伴关系既是一个管理学概念，也是一个政治学概念，它弥补了先前私有化和市场化改革的不足，是私人部门效率与公民社会参与的结合体，试图达成公私部门单独不能达成的目标。[3] 欧盟绿皮书将 PPP 解释为，一种公共部门与私人企业进行合作的广泛的形式，私人部门为公众提供服务或基础设施并收取费用。

城市管理是公私伙伴关系的重要实践领域，也是一个重要研究领域。在欧美发达国家中，PPP 几乎应用到所有的公共部门，包括公路、医院、学校、监狱、信息技术设施和一般性政府行政任务等。PPP 在这些公共项目的建设、运营和维护过程中具有多种实现形式，其具体类型取决于这些公共项目的特点。公私伙伴关系最初在英国发展起来，并在美国、加拿大、日本、澳大利亚、法国、德国等主要西方国家得到了较大发展，甚至欧盟、联合国、世界银行等国际组织也在全球范围内大力推广公私伙伴关系的理念和经验。

10.3.5 城市规划

现代城市规划首先出现在 19 世纪末 20 世纪初的伦敦，是政治过程的产物，它往往体现为化解城市问题的公共政策。在政治学的视野中，城市规划无疑是城市公共政策的重要组成部分；在城市规划学看来，城市规划是充满工具主

[1] [美] E. S. 萨瓦斯 . 民营化与公私部门的伙伴关系 . 北京：中国人民大学出版社 . 2002 年 .

[2] Rhodes, R. A. W. 1986. "power dependence": Theories of central-localrelations: A critical reassessment. Pp1-33 in M. Goldsmith（Ed）New Research In Central-Local Relations. Aldershot: Gower.

[3] Gerhard Hammerschmid, "PPP as means to manage large cities-current experiences from the city of Vienna", 3rd Specialised International Conference, Berlin, Germany, Sept 20-23, 2005.

义色彩的。在加文·帕克和乔·多克看来，"规划学牵涉利益群体之间的权力差别，术语'公共利益'的使用如技术一样也是政治的。它会被用作证明一种相当功利结果的正确性"。在城市规划学者看来，这种价值的批判可以通过工具来加以解决。在他们看来，城市问题往往是一致的，因此解决的方案往往也无差别，城市规划无非是空间、建筑的关系问题；在建筑师看来，城市问题的解决同样必须从重建建筑这些凝固的音乐入手。

城市设计和规划表达了"人们驯服城市、秩序化城市以及预期操控城市的愿望"❶，城市设计与规划是一种政策工具，而且这一工具从不是中性的，以20世纪90年代美国纽约共和党市长鲁道夫·朱利安尼采取的清理城市的策略为例。主流意识认为城市是危险的、肮脏的和被遗弃的，采取严厉措施从街道上驱逐流浪者是合法的。该策略不是通过住房政策解决无家可归者的问题，而是把他们强行从曼哈顿驱逐到其他区域，这样曼哈顿居民就在街上遇不到乞丐了。这代表了企业的利益，并且以生活质量和财富状况为依据确定居民身份，结果是无家可归的人进一步被边缘化。❷

10.3.6　城市公共项目

传统意义上的城市大型项目（Mega-project）是指针对单一目标而对城市进行的大规模投资，特别是基础设施的投资和建设，如道路交通系统、水利工程、住房工程等。19世纪80年代后这一概念的内涵在西方学术界得到扩展，演变为"新型大型项目"，指城市中建设的具有强烈象征性意义的宏大建筑（例如旗舰博物馆），或是具有居住、就业、商务办公、休闲娱乐等多种功能的综合性项目❸。大型项目涵盖了很多类型，如基础设施——桥梁、隧道、高速公路、飞机场、污水处理工程等，有学者定义了4种大型项目，即大事件项目、城市复兴项目、旗舰项目和基础设施项目。发达国家的新型城市大型项目主要包括四类：（1）滨水区复兴项目；（2）旧工厂或仓库的改造项目；（3）建设新的交通设施；（4）历史街区改造项目。该类型的大型项目通常是

---

❶　[英]加里·布里奇，[英]索菲·沃森. 城市概论. 桂林：漓江出版社，2015：16.

❷　[英]加里·布里奇，[英]索菲·沃森. 城市概论. 桂林：漓江出版社，2015：17.

❸　Orueta F D，Fainstein S S. The New Mega-Projects: Genesis AndImpacts. International Journal of Urban and Regional Research，2008，32（4）：759-767.

公私合作项目，通过创新的融资方式建设，用来满足城市的发展需求。

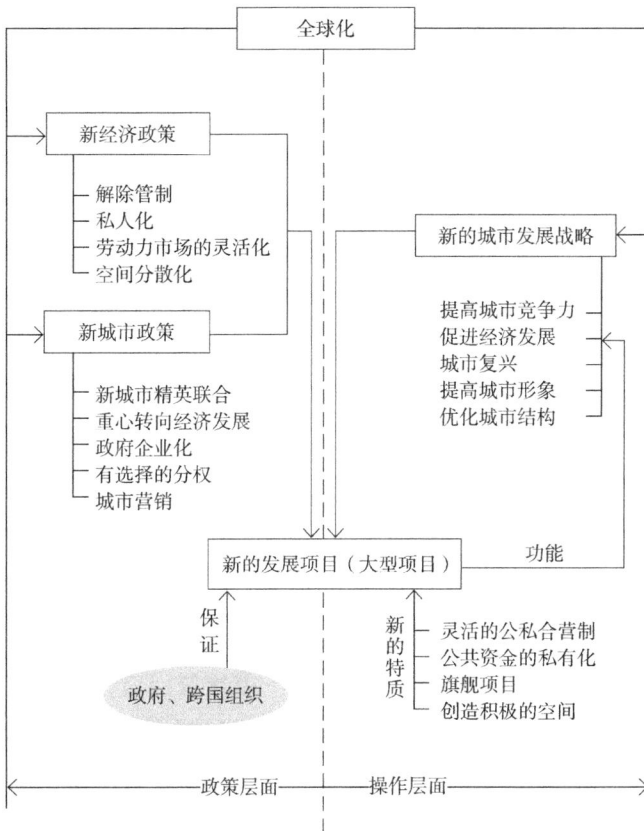

图 10-1　大型项目

资料来源：宋煜．大型项目的发展与欧洲城市建设．国际城市规划，2009（3）：67.

　　城市公共项目是城市公共管理政策的具体落实，是直接关联到市民工作生活需求的内容。如欧洲城市的城墙、运河、铁路等都是早期的城市管理政策的重要内容，并一度成为垄断寡头和城市机器等的重要手段。在实践中，一方面，城市公共项目大型项目都发生在城市范围内，受城市各个领域如城市政策、预算以及公众参与等的影响；另一方面，城市公共项目也会影响到城市的各个方面。大型项目不仅仅是一种对政治、经济变化简单的回应，而且还是城市发展的催化剂（见图 10-1）。

10.3.7 公众参与

"公众参与"是一个起源于西方现代公共／政府治理理论和实践，经由以联合国机构系统为主推动的国际政策法律文件的推进而广泛应用于世界各地的概念，其核心内涵和外延已经定型。正如美国学者托马斯（John Clayton Thomas）所指出的："将公民参与作为现代公共管理不可分割的有机组成部分是一个比较新的思想或观念，是20世纪末叶的管理创新。"❶

"公众参与"（Public Participation，英文有时也用 Public Involvement）这一术语，与"公民参与"（Citizen Participation）、"利益相关者参与"（Stakeholder Participation，Stakeholder Involvement）、"社区参与"（Community Involvement）之间存在相同或者近似涵义，有时相互替换使用。推动公众参与进入国际和国内公共政策领域是1992年6月联合国《环境与发展宣言》原则。它提出"环境问题最好在所有有关公民在有关一级的参与下加以处理"。欧洲公众参与研究院（European Institute for Public Participation）在其2009年研究报告《欧洲的公众参与：比较的视角》中这样定义公众参与：它"是这样一种审议程序，感兴趣的或者受影响的公民、市民社会组织，在有关政府或其部门／机构做出一项政治决定之前，共同参加到决策中来。就审议而言，我们是指一种在给出和决定的选择理由基础上的深思熟虑的讨论过程"❷。

在城市管理领域，公众参与方式主要是在城市管理政策讨论中大量引进听证会、公众咨询、议事委员会、公众调查等形式。

10.3.8 绩效管理

政府绩效管理是指通过对不同部门和个人的工作结果进行评价来实施管理职能，它是伴随着西方国家新公共管理运动的兴起而发展起来的一项政府治理工具。自兴起以来，政府绩效管理就逐步被世界大多数国家政府奉为管理实践的圭臬。同时，随着城市化以及区域竞争的日渐加剧，如何通过良好的城市治理来提高城市竞争力和创新城市治理模式发展，成为现代城市尤其

---

❶ 〔美〕托马斯. 公共决策中的公民参与. 北京：中国人民大学出版社，2010：2.

❷ European Institute for Public Participation. Public Participation in Europe：An international perspective [R]. Bremen：EIPP，2009.

是城市政府亟待解决的问题。西方各主要国家都在市政管理中实施了绩效管理工具，城市政府绩效管理也随之广泛、深入地推广。国外政府在绩效管理实践中，十分重视运用 360° 绩效考核法，并且基于 360° 绩效考核法构建以政府为主导的多元主体体系；国外城市政府绩效管理将其与城市战略规划、公共预算改革结合起来，注重加强对政府支出的绩效审计，注重构建政府绩效管理 "3E" 模式（"3E" 模式就是注重从成本、效率、效益三个角度来设计政府绩效管理系统）；英、美等国家将城市政府绩效管理与公共预算改革结合起来，在预算配置方面强化绩效结果导向，将预算拨款与各部门绩效紧密联系起来；国外城市在推行政府绩效管理时，一个非常鲜明的特色就是注重运用 KPI 设计绩效评估指标体系（Key Performance Indication，即关键业绩指标，是衡量流程绩效的一种目标式量化管理指标，是把政府的战略目标分解为可运作的远景目标的工具）；平衡计分卡也在国外的绩效评估中受到广泛应用。

参考文献

［1］ Adam Smith，An Inquiry into the Nature and Cause of the Wealth of Nations（London，Methuen，1961），Vol. II.

［2］ Asa Briggs. Victorian Cities[M]. London：Odhams press Ltd，1963. p. 59

［3］ Pierre J. Models of Urban Governance：The Institutional Dimension of Urban Politics [J]. Urban Affairs Review，1999，34（03）：372- 379

［4］ Christopher Hood，1991. A Public Management for All Seasons. Public Administration，Vol 69，Spring，pp. 3-5.

［5］ Harold Carter &C Roy Lewis. An Urban Geography of England and Wales in the Nineteenth Century[M]. London：Edward Arnold，1990. p. 208 -209

［6］ Smith，，An Historical Geography of Western Europe before 1800.

［7］ Thomas W. Fletcher，"What Is the Future for Our Cites and the City Manager？" Public Administration Review 31（January-February 1971）：5.

［8］ 奥斯本·盖布勒. 企业家精神如何改革着公共部门. 上海译文出版社，1996.

［9］ 林登. 无缝隙政府. 中国人民大学出版社，2002.

［10］ 尼斯坎南. 官僚制与公共经济学. 中国青年出版社，2004.

［11］ [荷兰]曼纳·彼得·范戴克. 新兴经济中的城市管理. 北京：中国人民大学出版社，2006.

［12］ [古希腊]亚里士多德. 政治学. 北京：商务印书馆，1965.

［13］ [英]约翰·伦尼·肖特. 城市秩序：城市、文化与权力导论. 上海人民出版社，2015.

［14］ [英]诺南·帕迪森. 城市研究手册. 上海：格致出版社，2009.

［15］ [美]保罗·诺克斯，琳达·麦克卡西. 城市化. 北京：科学出版社，2009.

［16］ [美]乔尔·科特金. 全球城市史. 北京：社会科学文献出版社，2014.

［17］ [美]丹尼斯·R. 贾德，托德·斯旺斯特罗姆. 美国的城市政治. 上海：上海社会科学院出版社，2017.

［18］ [美]艾伦·阿特舒勒，大卫·吕贝罗福. 巨型项目：城市公共投资变迁的政治学. 上

海：格致出版社，2013

［19］ [美]保罗·M.霍恩伯格，林恩·霍伦·利斯.都市欧洲的形成 1000-1994.北京：商务印书馆，2009.

［20］ [英]加里·布里奇，[英]索菲·沃森.城市概论.桂林：漓江出版社，2015.

［21］ [美]布莱恩·贝利.比较城市化.北京：商务印书馆，2014.

［22］ [美]保罗·E.彼得森.城市极限.上海：格致出版社，2012.

［23］ [德]马克斯·韦伯.经济与社会（上卷）[M].北京：商务印书馆，1998.

［24］ E.S.萨瓦斯.民营化与公私部门的伙伴关系 [M].北京：中国人民大学出版社，2002：105.

［25］ [美]刘易斯·芒福德.城市发展史——起源、演变和前景.北京：中国建筑工业出版社，2005.

［26］ [比利时]亨利·皮雷纳.中世纪的城市.北京：商务印书馆，2006.

［27］ [英]彼得·卡拉克.欧洲城镇史：400-2000 年.北京：商务印书馆，2015.

［28］ [英]A.E.J.莫里斯.城市形态史.北京：商务印书馆，2011.

［29］ [美]罗伯特·B·登哈特.公共组织理论 [M].北京：中国人民大学出版社，2003.

［30］ [荷兰]曼纳·彼得·范戴克.新兴经济中的城市管理.北京：中国人民大学出版社，2006.

［31］ 彼德斯.政府未来的治理模式.中国人民大学出版社，2001.

［32］ [美]杰西卡·特朗斯汀.美国城市的政治垄断.上海：格致出版社、上海出版社，2017：232.

［33］ [法]菲斯泰尔·德·古朗士.古代城市：希腊罗马宗教、法律及制度研究 [M].上海：世纪出版集团，2005.

［34］ 辞海（缩印本）.上海：上海辞书出版社，2002：536.

［35］ B·盖伊·彼得斯，弗兰斯·K·M·冯尼斯潘.公共政策工具:对公共管理工具的评价.北京：中国人民大学出版社，2007：163.

［36］ 欧文·E·休斯.公共管理导论.北京：中国人民大学出版社，2001：99.

［37］ 薛澜.顶层设计与泥泞前行:中国国家治理现代化之路.公共管理学报，2014（4）:1.

［38］ 薛凤旋.中国城市及其文明的演变.北京：世界图书出版公司，2015：319.

［39］ [德]韦伯.韦伯作品集Ⅵ:非正当性的支配——城市的类型学.桂林：广西师范大学出版社，2005.

［40］ 罗马帝国时期（上）[M]. 北京：商务印书馆，1985：34.

［41］ 黛安娜·法夫罗. 奥古斯都时期罗马的城市印象 [M]. 剑桥，1996：139.

［42］ 刘君德，范今朝. 中国市制的历史演变与当代改革. 南京：东南大学出版社，2015：26-27.

［43］ [英] 阿诺德. 汤因比. 历史研究 [M]. 上海：上海人民出版社，2000：394.

［44］ 塔西佗. 编年史 [M]. 北京：商务印书馆，1981：279.

［45］ [美] 亨利·丘吉尔. 城市即人民. 武汉：华中科技大学出版社，2016：38.

［46］ [美] 戴维·R. 摩根，罗伯特·E. 英格兰，约翰·P. 佩利塞罗. 城市管理学：美国视角（第六版）. 北京：中国人民大学出版社，2011：60.

［47］ [英] 乔纳斯·S. 戴维斯，[美] 戴维·L. 英布罗肖. 城市政治学理论前沿（第二版）. 上海：格致出版社，2013：20.

［48］ 杨俊明. 奥古斯都时期古罗马的城市管理与经济状况. 湖南师范大学社会科学学报，2004（4）：119.

［49］ 踪家峰. 城市公共管理研究的新领域—— 城市治理研究及其发展. 天津大学学报（社会科学版），2003（4）：359.

［50］ 袁祖社. 权力与自由：市民社会的人学思考. 北京：中国社会科学出版社，2003：15，18.

［51］ 夏书章. 市政学引论. 广州：中山大学出版社，2017：39.

［52］ 陈恒等. 西方城市史学. 北京：商务印书馆，2017.

［53］ 马克斯·韦伯. 文明的历史脚步. 上海：上海三联书店，1988：170.

［54］ 姚尚建. 城市政治——正义的供给与权力的捍卫. 北京：北京大学出版社，2015.

［55］ 夏书章. 市政学引论. 广州：中山大学出版社，2017.

［56］ 李剑鸣. 大转折的年代——美国进步主义运动研究. 天津：天津教育出版社，1992.

［57］ 唐建荣等. 智慧南京——城市发展新模式. 南京：南京师范大学出版社，2011.

［58］ 童明. 政府视角的城市规划. 北京：中国建筑工业出版社，2005.

［59］ 王旭，罗思东. 美国新城市化时期的地方政府——区域统筹与地方自治的博弈. 厦门：厦门大学出版社，2010.

［60］ 张红樱，张诗雨. 国外城市治理变革与经验. 北京：中国言实出版社，2012.

［61］ 张成福，党秀云. 公共管理学. 北京：中国人民大学出版社，2001.

［62］ 陈振明. 公共政策分析. 北京：中国人民大学出版社，2003.

［63］ 中共中央国务院关于深入推进城市执法体制改革改进城市管理工作的指导意见. 北

京：人民出版社，2016.

［64］ 张国庆．"十一五"期间北京城市管理的观念、体制、机制研究．北京：北京大学出版社，2010.

［65］ 苏国勋．理性化及其限制——韦伯思想引论 [M]．上海：上海人民出版社，1988.

［66］ 徐强．英国城市研究．上海：上海交通大学出版社，1995：138.

［67］ 翁羽．城市增长管理理论及其对中国的借鉴意义．城市，2007（4）.

［68］ 张庆才．西方新城市管理理论轮廓与反思．公共管理学报，2005（3）.

［69］ 邱红梅．城市神权与古希腊罗马城市制度的建立．湖北社会科学，2011（1）.

［70］ 刘科，李东晓．价值理性与工具理性：从历史分离到现实整合．河南师范大学学报（哲学社会科学版），2005（6）.

［71］ 陆伟芳，余大庆．19世纪英国城市政府改革与民主化进程．史学月刊，2003（6）.

［72］ 范广垠．城市管理学的基础理论体系．陕西行政学院学报，2009（2）.

［73］ 赵锦辉．西方城市管理理论：起源、发展及其应用．渤海大学学报，2008（5）.

［74］ 张翼，顾朝林．国家城市政策．城市规划．2002（9）.

［75］ 叶南客，李芸．现代城市管理理论的诞生与演进．东南大学学报（哲学社会科学版），2000（2）：48.

［76］ 叶南客．城市管理模式比较论．学海，2000（1）.

［77］ 杜启铭．城市管理的理论基点溯源和组织措施．城市，1992（2）.

［78］ 童明．城市政策研究思想模式的转型．城市规划汇刊，2002（1）.

［79］ 黄洋，付昱．欧洲中世纪城市的兴起与市民社会的形成．探索与争鸣，1998（2）：44.

［80］ 盛广耀．城市治理研究述评 [J]．城市问题，2012（10）.

［81］ 阎照祥．英国政治制度史 [M]．北京：人民出版社，1999：365.

［82］ 托克维尔．论美国的民主（上卷）．北京：商务印书馆，1989：45.

后记

　　这本书的缘起是自己学习城市管理的一个体会。数年前，蒙殷存毅老师的指点，我开始了对城市管理的学习和研究生涯。也许是清华公管五年养成的一个强迫症，做什么都喜欢先从学术规范的基础理论范式开始，所以我进入城市管理领域，也首先想先弄明白城市管理的研究范畴、理论范式和政策工具等是什么。可偏偏城市管理是一个很奇怪的学科，无论是国内的城市管理研究还是西方的城市管理研究，成熟的理论成果较多的属于城市规划、区域经济领域，而城市管理所从属的公共管理领域则缺乏清晰学科特色的体系，这造成了现有的城市管理史和城市管理理论总是与城市规划史、城市发展史纠缠不清的乱象，好像总有种说不清的"不明不白"的关系。这最初让我陷入无从下手的茫然，继之潜藏在心底的"明德为公"使命感激励我要做一个明白人，要从这混迹于城市规划和城市发展的丝丝缕缕之中，剥丝抽茧理出一个符合公共管理范式的城市管理体系。

　　经过大半年的努力，总算有了一个不太满意的结果，现在呈现给大家的这本小书便是以上努力的初步体现。通过对国内外现有的城市史、城市理论、城市政策方面的专著、论文等的大量阅读和艰难梳理，本书从历史演变、理论体系和政策模式三个方面对西方城市管理做了一个较为全面的概括，试图明确西方城市管理发展过程中形成的城市管理学体系的轮廓。在对西方城市管理与城市规划、公共管理进行比较分析的基础上，作者构建起对西方城市管理的基本认识，西方城市管理的基本内容包含对外的城市结构管理，对内的城市公共事务管理，其中对内的城市公共事务管理又分为城市行政管理和城市服务管理；从主体关系上，西方城市管理又包括城市政府与中央政府等上级政府的关系，城市政府各部门之间的关系，城市政府与其他行为体的关系；在政策实践方面，西方城市管理政策包括价值导向、政策模式和政策工具。希望对后来的城市管理研究者有所借鉴。由于时间仓促和认识水平等种种原因，还有很多不如意的地方请各位方家指正批评，作者将会在后续的时间里继续完善相关的内容。

　　照例要感谢在本书形成过程中给予作者鼓励的师友、亲人。首先，感谢我在清华大学公共管理学院的老师殷存毅先生，是存毅师指引我走上了城市管理这条道路，一直鼓励有加，并在百忙中欣然应允作序；其次，感谢我的家人，妻子贾静、儿子业业和女儿乐乐以及我的父母在此期间容忍我抛弃家庭，全身心投入这一工作之中；再次，感谢我在北京建筑大学的领导姜军院长、彭磊书记、周霞副院长、秦颖副院长和诸位同事的帮助和支持；最后，感谢牛松编辑专业、耐心而极富效率的工作，使本书得以顺利与读者见面！当然，由于本书更多注重文献的归纳梳理，借鉴了大量国内外学界的研究成果，在此一并致谢，如有疏漏谨致歉意！最后，基于文责自负的原则，本书中的观点由作者本人负责。

作者

2018 年 5 月于清华园